国家社科基金项目"矿产资源密集型区域可持续发展研究——基于生态创新系统的视角"(12BJL074)

国家社科基金丛书
GUOJIA SHEKE JIJIN CONGSHU

矿产资源密集型区域可持续发展研究

——基于生态创新系统的视角

A Study on Sustainable Development of the Mineral Resource Intensive Areas:
Based on Eco-Innovation System

严良 武剑 孙理军 著

人民出版社

目　　录

前　言

本书主要关注矿产资源密集型区域的可持续发展问题。在保证矿产资源密集型的区域在资源储量下降、环境压力持续增长的现实背景下实现区域可持续的发展，对政府、学界和当地的居民而言，是最为重要的问题。我国的矿业城市大多是由矿产资源禀赋和国家政策驱动而建立的，但是，在城市建立的初始阶段，由于矿产资源储量丰富，加之国家政策和其他资源都会向以矿产开发利用为导向的产业结构倾斜，整个区域会呈现一种单一的状态。这种单一产业结构的状态可以帮助区域经济快速腾飞，同时，单一的产业结构会自发地调整区域经济系统内部的要素向一种较高的配置效率偏移，区域的发展会带动周边经济的全面发展。但随着矿储量的下降和效率的失调，为了保证区域的可持续发展，我们必须采取一系列措施以阻止区域经济衰退。

那么，如何达到一个可持续发展的目标？首先，过于单一的产业结构会随着经济增速的放缓而对经济系统要素结构调整失效。之所以会导致这样的结局，最为关键的一点是，作为最重要经济增长动力的矿产资源储量的持续供给乏力，导致资本在整个生产函数中发挥的作用减弱，在这种情况下，如果不能调整区域产业结构，那么，要素的提高也就不可能实现。其次，技术创新的实质是经济系统内各要素重新配置的过程，如果我们要对要素效率作出调整，就必须以技术创新为手段来实现。最后，如果技术创新可以驱动区域经济系统要素配置调节,那么区域产业结构的变化就会越发明显,而产业结构的变化最为明显的表征即是产业规模和产业有序度的变化。如果这种推论无误的话,我们可以通过观察区域经济系统这样的变化来对区域经济系统的波动进行描述,进而推导一种可持续发展的路径。

对于可持续发展的研究,学界已经有了相当的积累,大多数的研究也聚焦在如何通过技术创新来推动区域的转型及发展。通过分析发现,我们可以很快地构建区域可持续增长的路径模型,并导出提高资源利用效率、降低环境压力、扶持新产业等结论。但是在对客观世界进行考察之后,我们却很难在一个微观尺度上解释这些政策对区域经济系统的影响机理。究其原因,最重要的是我们并不能完全还原新技术产业是如何平稳嵌入传统产业结构体系之中的,也不能很好地解释新产业和传统产业的互动关系,甚至不能还原技术嵌入区域经济系统的前因后果。

在对上述区域进行分析之前,本书首先对研究的方法论进行了明确,运用非线性理论对考察的目标区域经济系统的性质进行了判定。本书认为,影响区域经济系统发展的各要素之间的相互作用机制并非是线性、确定的,而是显示出一种能量耗散、非线性震荡的波动轨迹。由此可见,要想对目标区域实现可持续发展的路径进行分析,必须厘清区域经济系统内部各要素和各主体之间的交互关系。鉴于上述考虑,本书用 Logistic 方程来定义区域经济系统内部各要素和主体量的变化趋势,并创造性地引入自抑效应来解释区域经济系统内部各投入量和主体规模变化的趋势。同时,考虑到技术对区域经济系统的重要作用,本书除了使用技术投入等指标来衡量之外,还用技术型企业和传统型企业数量波动来考察技术在区域经济系统内部的重要作用。

在从理论层面分析区域经济系统内部各要素之间关系的基础上,本书将视角放到微观层面,具体考察了三个矿产资源密集型区域产业结构升级转型的状况。在对黑龙江省大庆市、湖北省大冶市和甘肃省白银市的实地调研基础上,研究除了考察影响资源产业发展的各要素的贡献率和稳定性之外,还分析了产业规模和有序度对区域产业结构演化的影响,以期从更深层次上解释区域产业结构变化的原因。从对三个案例区域的分析入手,本书具体考察了上述区域中影响资源产业发展各要素的稳定性和技术在区域内部的转化水平,其中大庆的区域经济系统内部各要素的贡献水平、技术型企业数量变化规模和稳定性等方面都逊于其他两个目标案例,甘肃省白银市在三个案例中无论是在要素贡献率,还是在技术型企业规模和稳定性程度上都表现最优。选取的三个案例中,大庆是矿产资源密集型区域可持续发展转型中困难的代表,大冶是正在转型过程中的代表,而白银市则是转型较为成功的代表。本书认为,以往的研究多从区域经济学和产业经济学的视角出发,集中讨论矿产资源密集型区域可持续发展的策略导出问题,对新技术是如何在区域经济系统内部发挥作用而实现可持续发展目标并没有清晰的结论,这是由于我们没有详细考察区域经济系统内各个要素波动的趋势,并不能对区域产业内部如规模变化、有序度变化、要素波动等问题给出一个清晰的答案。据此,本书尝试从解释区域经济系统新技术嵌入机理入手,新技术对区域产业结构的影响和资源产业要素配置两方面入手,力图还原矿产资源密集型区域经济系统波动的实质。本书以 Logistics 增长方式来定义区域产业规模变化趋势、技术扩散的方式和系统内各要素的波动轨迹,在此基础上,结合现实数据,对矿产资源密集型区域经济系统产业结构规模、有序度变化趋势以及资源产业要素配置效率进行分析,并创造性地形成了矿产资源密集型区域经济增长的区域生态创新系统,以期为矿产资源密集型区域可持续发展提供理论支持及现实依据。

本书共分为八个部分,具体如下:

第一章主要对研究背景进行了分析,从资源开发利用和环境保护的二重矛盾入手,讨论了技术的嵌入对矿产资源密集型区域实现可持续发展目标的影响作用,并在此基础上进行了研究设计,明确了研究的方法论。

第二章从矿产资源密集型区域的可持续发展、生态创新理论、生态创新与可持续发展、区域国家生态创新系统四个方面入手梳理文献。

第三章从确定区域经济系统的性质入手，明确了系统中各主体的运行规则，并引入 Logistic 方程来描述区域经济系统内部各主体的变化趋势。

第四章首先对大庆的基本情况及经济现状等进行了案例介绍，而后研究了大庆地区基于产业规模的产业结构演化，以及基于产业有序度对产业结构的演进。

第五章首先描述了技术创新对资源枯竭型城市发展的影响，再进行相关理论回顾，而后引入大冶作为案例，度量了大冶产业规模的变迁以及产业有序演变。

第六章首先对白银和玉门的发展进行了对比描述，从转型的开始阐述了产业规模的更迭，在深入转型的过程中研究了产业有序度，最后对白银的可持续发展与区域生态创新系统进行了阐述。

第七章描述了技术创新、矿产资源开发以及新生态的建立，技术流动与矿产资源密集型区域发展，新技术的嵌入和增长的极限，以及生态创新系统四个方面的内容，最后给出了生态创新系统的指示图。

第八章根据本书研究内容，得出结论，并给出政策性建议。

根据文章内容，得出本书框架路线图（见图 0-1）。

本书的创新之处主要体现在下述四个方面：

首先，运用非线性系统理论，发现区域经济系统内部各要素之间相互的影响路径是非线性的，要素之间量的变化受自抑效应的影响；

其次，发现了在矿产资源密集型区域产业结构变化中产业规模和产业有序度对区域经济系统波动的影响作用机理；

再次，对影响资源产业的各要素进行分析，并对其要素配置效率进行比较，发现影响资源产业持续发展的关键原因；

最后，构建了矿产资源密集型区域生态创新系统指示图，揭示了矿产资源

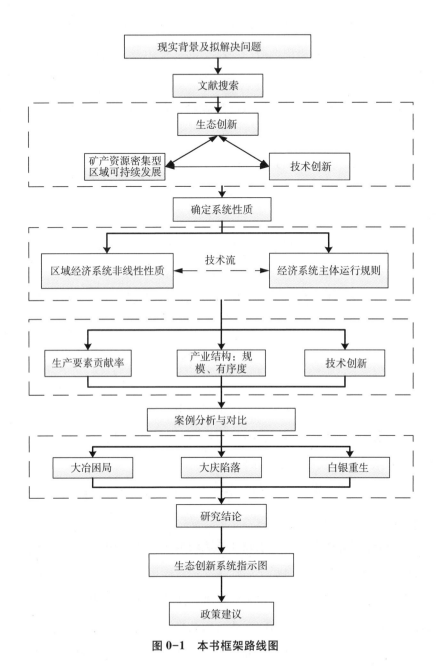

图 0-1　本书框架路线图

密集型区域实现可持续发展的路径,并阐明了其中各个要素之间的作用机理。

研究的具体结论主要有以下八点:

第一,矿产资源密集型区域可持续发展的标志在于区域产业结构的变化;

第二,矿产资源密集型区域产业结构的变化由产业规模和产业有序度的变化来定义;

第三,矿产资源密集型区域经济系统内各要素的变化趋势会影响资源产业的发展;

第四,要素的投入效率会制约区域经济系统的平衡;

第五,过高向传统产业投入要素会制约区域经济系统产业规模变化效率,降低区域产业结构的有序度;

第六,外部的投资会刺激新技术在区域经济系统内部的流动,加速区域产业规模的变化和升级;

第七,实现矿产资源密集型区域可持续发展的关键在于新技术在产业内部发挥的效用;

第八,生态创新系统的建立是矿产资源密集型区域实现可持续发展的关键。

基于以上结论,本书的政策建议也主要由八点组成:

第一,拓宽投融资渠道,加大对新技术产业的扶持力度,是实现矿产资源密集型区域可持续发展的必要条件;

第二,优化固定资产投资策略,保证资金向新技术产业倾斜,支持新技术产业与传统产业协调发展;

第三,降低传统产业在区域经济系统内部所占的比例,提升新技术产业对区域经济的贡献水平;

第四,鼓励外部资本和新技术对区域经济系统的投入,优化区域产业结构和布局,提升区域经济系统内部产业组织的自治能力;

第五,提高区域经济系统内部产业组织的协同效应,加强传统产业和新技术产业的交互,并促进其形成战略联盟;

第六,运用政策杠杆,充分调节区域产业结构,保持经济系统内部各投入要素之间的平衡；

第七,通过职业技术教育、人才引进等途径改善区域内部劳动力结构,满足新技术产业发展的需要；

第八,鼓励新技术产业与外部市场之间的合作,提高区域经济系统的抗压性,实现区域可持续发展的目标。

第一章 关于矿产资源密集型区域可持续发展的研究背景、意义及方法

第一节 矿产资源密集型区域可持续发展的研究背景

一、资源与环境二重矛盾

本书涉及两个看似相关,实则缺乏因果描述的微妙概念——矿产资源密集型区域和可持续发展。目前没有足够的证据链条来讲述可持续发展的来龙去脉,或者说,如果"可持续发展"是一种过程的结果的话,通过这个尚不清晰的过程回推其原因是困难的。我们常常相信亚里士多德式的推演可以帮助我们在复杂的芸芸众生中连接各种因果之间隐藏的脉络,但是很明显的,在"可持续发展"这一命题中,这种方式遭受到了一定程度的挑战。迄今为止,没有哪个学者可以归纳出某种路径来还原"可持续发展"这个令人向往故事的本来面貌。将"可持续发展"理念奉为圭臬的学者们深信,这个从 1976 年春天"罗马俱乐部"里传出的词汇会改变世界潮流变迁的轨迹,创造出一种永不休止的经济发展之路。"可持续发展"的理念相信在一个封闭的经济系统中,资源、环境和经济发展会依照某种预先设定的路径循环往复,在这个往复过程中

的最优选择(资源消耗最少、环境破坏最低、经济增长最快)便是可持续发展的路径。这种美好的愿景建立在一种信息实现完全的开放与交互的前提条件下,在这种发展模式中,交易费用必将向坐标系中的原点收敛——就像是罗纳德·科斯(Ronald Coase)所预期的世界一样——一种最优的美妙配比。可持续发展要求这种尽量减少能量损耗的封闭系统按照一条信息完全的发展路径向前演进,依照科斯的理论,这种演进路径必将导出一种最优的发展模式。但是如果目标系统内部的市场结构并非"纯粹竞争型"的话,即使信息完全,在这种市场结构内的所有主体依然会存在扩张或者收缩的动态变化,从而会模糊每个主体的动态边界。由于这种边界的变化向度是不确定的,所以即使实现了信息完全的状态,整个系统的发展也不会收敛向一种"最优"路径。

这种犹如伊壁鸠鲁"二难困境"的矛盾直接动摇了可持续理念的逻辑前提——"可持续发展"的路径是否时间无涉?若将"可持续发展"作为一种最优的结果来看,那么,这种模式必将通过影响系统内部的各个因素来实现一种向最优状态(可持续发展)的接近,而一种可以遍历系统内部所有主体的发展模式必将是恪守信息完全假定前提的。由于"时间无涉",我们可以通过某种"可持续发展"的结果,推导这种发展过程在任意时间点上的状态,可以进行完全的回溯与预测。这种逻辑思路将"可持续发展"的路径看作确定性的(在某种系统调节方式下必然出现),而实现这种确定性关系的前提是信息完全,而一个信息完全的系统如何向最优收敛?科斯的理论告诉我们,这个系统内的市场结构一定是完全竞争的,所有非竞争性的要素必须从这个系统内部剔除,否则这种推论就会进入无法自证的逻辑困境。但在真实的世界中,并没有哪一个系统内部的市场结构不存在非竞争要素,如果仅考虑市场定价机制,那么非竞争要素就会破坏交易费用向最优收敛的趋势,这是坚信"可持续发展"理念学者们可能最不能接受的论断。因为如果将非竞争要素带入可持续发展的系统,真实的世界和"可持续发展"的路径将永远处于平行的两极而不可贴近。

严格来说,可持续发展是一个超越学科背景的话题,任何领域的研究者似乎都可以在此找到研究的切入点,经济学和管理学领域的学者对这一话题尤显积极。但是在全球环境意识和可持续发展的需求不断增长的背景下,传统经济学方法却无法提供一个完整的解决问题的视角,但是无论如何,现今关于可持续发展的争论依然是建立在新古典经济学理论原则基础上的。近来,有文章讨论了关于环境和资源经济传统理论的缺点,阐明了许多概念和方法的局限性,包括货币估价、经济资本的替代、传统的成本—收益分析和规范政策理论。目前来说,基于主流,规范的和积极的环境政策理论的缺口难以被界定的主要原因在于对"资源"和"环境"进行分析难以揭示经济系统可持续发展的动力(经济增长);另一种关于这个缺口的解释是规范政策关于行为的假设与实际行为是不符的,实际行为以有限理性为特征,通过习惯和模仿,以及利益团体的形成来表现。然而,关于大量可持续发展的研究没有充分认识到这些传统理论存在的基本问题,于是导致了在这种存在缺口的框架下,可持续性增长和弱可持续性的概念只能一味强调市场在处理环境问题的基础性作用,就好像在"峰值矿物"产区和其销售对象之间进行调节,但这只能减缓产区资源枯竭的速度而并不能真正实现区域的可持续发展。另外,传统经济学框架下的环境政策认为政策实施存在社会最优性,这种结论建立在尚有争议的理性人假设基础之上,而且从根本上并不能解释这种"最优"(可持续)的结果是通过什么动力而实现的。

可持续发展理念涉及了两个终极的客观要素——资源和环境,可持续发展要求资源与环境可以以某种类似于连通器的调节机理来协同演进,在为系统内部经济发展提供动力的同时保持一种可控状态。这两个客观要素是可以通过现有的技术手段实现完全观测的,其信息可以在最大程度上实现共享。但是,当这两种要素以某种形式进入系统内部的经济发展过程中的时候,便多少染上了一些不确定的色彩。有理由相信,整个系统内部经济发展是依赖于资源的直接用度的,而资源的提取及使用方式会给环境带来正向或负向的影响,如果将现实世界看作线性宇宙的延伸,那么我们是可以将可持续发展看作一种基于环境因素和资源因素的有向调节,但是,我们如何证明现实世界的运作规律符合线性方程的特质?显然现实世界中复杂的运作过程往往难以用抽象的语言加以简单描述。

二、技术的嵌入

在一个预期的、可持续的系统中,我们可以通过技术层面的挖掘来明确关于"资源"与"环境"两个客观要素的信息,但是,当这两个要素一旦进入系统的市场结构中,那么整个系统就开始倒向一种不确定的发展道路。究根结底,这种系统的不确定来源于市场的不可知性,市场中结构的变动和主体间不可预测的行为很可能完全改变系统的运行轨迹。换言之,系统是否向可持续发展的方向运行,其主要的影响因素来自市场结构的内部——企业之间的行为。在一种给定的技术变化速率和初始条件的系统中,我们通过已知的市场环境、资源等信息可以大致描绘出一种系统的运行轨迹,姑且不论这种轨迹是向何种方向演进,在一个将技术视为不变因素的系统中(如同哈罗德—多马模型),我们是有可能实现对系统演进路线的预先描述的。但是,如果认为系统内部的市场结构是一种竞争性的,那么刨除资源条件的影响外,技术的变化速率是会对整个系统的运动轨迹产生影响的。如果这种推理的逻辑不存在问题的话,那么一个关于"可持续发展"的大体轮廓就可以看见了。所谓的可持续发展,就是要在"资源"和"环境"要素给定的情况下,通过调整(如果这种可持续发展真的是一种确定论的表述)市场结构来实现一种持续增长的情形。而市场结构中最大的可变要素除了我们传统上理解的储蓄和劳动力之外,应当就是——"技术"。

在传统的古典经济学里,技术进步一直被看作经济增长的源泉。索罗(Solow)提出了一个稳定的经济增长过程所需要的条件,但却不能解释一个连续的外生的技术进步是如何实现的,而外生的连续技术进步是索罗认定的长期持续经济增长过程中重要的力量源泉。把一个"外生的"技术进步当作克服资本报酬递减的重要手段难以使人足够地信服，所以一些学者将解释经济增长的假定调整为了"非规模报酬递减"的。在 1962 年，阿罗（Arrow）提出了"干中学"（Learning by Doing）和知识外溢（Knowledge Spillover）思想，认为技术扩散的路径存在于经济的外部性之中，而非有意识、有组织的科研活动。这表明，技术进步并不是一个外生的常数，而是由生产中的积累而来，对劳动生产率存在正向的影响，那么这就与新古典理论中的"规模报酬递减"假设相矛盾，并会导致要素收益的递增。阿罗优雅地将技术进步内生于经济增长理论模型中，对经济增长的驱动力进行了有力的解释，克服了索罗模型的两难境地——如果技术进步是经济增长的关键因素，那么把它看成是外部因素的话就无法从根本上解释经济增长的动力和源泉所在。索罗模型在技术与资本之间竖起了一道天然的墙壁，认定仅靠资本积累不可能保证经济持续而稳定地增长，而阿罗的工作使技术进步与资本之间出现了联系的曙光。在阿罗工作的基础上，保罗·罗默（Paul Romer）提出了较完整的内生增长模型。保罗·罗默最大的贡献在于将"技术进步"内生于经济增长模型之中，这事实上是处于新古典理论假设中最困难的工作之一，因为引入"技术进步"会直接导致"完全竞争"假定的合法性危机。如果保持规模报酬不变，则无法体现出技术进步对经济增长的影响。但经济增长是不可能离开收益递增的，而稳定的均衡经济增长模式则是以规模报酬递减为基本假定的，这种矛盾制约了索罗模型的解释力，而罗默的工作则是要解决这个矛盾。

不能把技术进步带来的新知识作为生产要素进行考虑是新古典理论实现完全竞争假定的一种妥协。在新古典理论中，生产要素集合在规模报酬不变的前提下是可以实现经济的稳定增长的，因为劳动力、储蓄率和资本都可以被当作有"竞争性"的要素，对其进行分析是能够找到唯一的均衡点的，这符合新古典理论的精神。这种均衡的局面不能容忍非竞争性要素的存在，那么，对经济增长的描述中，如果有知识（技术进步）这种非竞争性因素存在，那么其在经济增长中由于竞争性要素在完全竞争假定中已将产品完全分配而变得毫无意义。这样就会与索罗模型本身自相矛盾,换言之,将技术进步引入经济增长模型,首先就会把规模报酬不变的假定破坏殆尽,这正是索罗模型"规模报酬递减"假定的由来。罗默在1986年提出的内生增长模型却把这种非竞争性因素理解为是在具有外部性的投资过程中出现的,具有一定的"公共性质"。除此之外,技术进步的创造者由于在一个时期内对新知识占有"垄断"的权力,所以会获得一部分的超额利润,这就直接表明,罗默的模型摆脱了"完全竞争假定"的制约。

在这里为何要花如此篇幅来对技术进步进行探讨?因为我们要明确一个确定性表述的进程中,影响系统演进路径的最关键因素。作为终极目的的可持续发展,其演进路径应当符合经济增长的基本规律,由于"资源"和"环境"被给定了初始条件,那么符合规模报酬递增的现实世界情况不能用这两个初始的常数来解释。所以,把"技术进步"纳入整个系统的演进过程就会导致系统的变化方向不确定,当然,"可持续发展"也应该是结局之一,但不是唯一。所以,如果在一个涵盖"资源""环境""经济增长"的系统中,真的存在一种调节关系使上述三者产生规则或不规则的变化,那么那个会导致经济增长变化的可变要素就成为我们解释可持续发展奥秘的重点。结合上文的分析,"技术进步"就是那个关键的可变要素。

三、可持续发展路径

以上的分析导致最初对"可持续发展"的认识与通过推演而来的暂时结果处于了矛盾中对立的两极。一种确定性的"可持续发展"的路径为何会被一种不确定的"技术进步"所影响?回答这个问题是解决本书最为关键所在。这种对立的存在导致了"可持续发展"在认识论层面缺乏存在语义上的困境。换一个思路,如果不把可持续发展认为是一种确定论的表述形式,那么,我们有理由相信,技术进步在这种系统演进的过程中扮演了极其重要的角色。而技术进步并非单纯地、出于天才式的创造,而是通过系统内部所有主体之间的交互而形成的。换一种说法,可持续的目标的达成并非依赖于那些已经存在的或是确定的要素集合,而是强烈依赖于一种不确定的,经由主体之间频繁交互而形成的"创新"。

但是,显而易见的是,对于矿产资源密集型的区域,即便引入一个涵盖众多要素(生产、消费、回收以及经济社会和技术系统)的分析框架,也并不能轻而易举地找到解决的方案,因为一个过于复杂的系统很难从理论层面进行有效的分析。矿产资源区域面临的危机在于矿产资源的有限性和不可再生性,如果可以实现资源运用的自给自足,是可以在资源子系统层面实现局部的可持续发展的。但是从技术层面进行考虑,实现这种局部的(区域的)可持续发展需要提高资源的利用效率、依赖那些有可能再生的资源潜力和一个去中心化的资源系统,但在目前的技术水平条件和高水平资源消费的前提下,除非引入某些非生产要素(政策和创新等),否则实现以上三个条件几乎是不可能的。对于悲观主义者来说,全球的矿产资源正在快速地枯竭,一种美好的愿景是通过提高资源的利用效率并在地区之间通过协同效应来实现自然资源的"可持续性恢复"。而秉持乐观主义的人却认为技术进步的速度会使我们不停地发现新能源以支持经济社会的持续发展,但是这种技术创新活动如何驱动区域的可持续发展,目前还是一个未解之谜。

毋庸置疑地,描述一个可预期的可持续发展的结局是不能离开对经济、社会以及环境的分析,但是目前我们拥有的方法和工具在以上三个维度的分析中却略显苍白。这主要是因为一种可持续发展结果的原因被"感性地"认为是节约资源、主动改善环境和废物循环利用的结果,这种确定论的描述直接否定了经济系统本身的动态特性。在这种语境下,关于可持续发展的研究成果高度收敛在了对经济、社会和环境的评价之上,而忽视了这种美好结局究竟由何而来?

通过熊彼特、索罗和罗默等人的工作,我们终于明白了经济增长的奥秘——持续的创新活动保证了经济社会的高速发展。而对于矿产资源密集型区域来说,这种技术创新对持续发展贡献的重要程度更是不言而喻的,从客观要素(资源与环境)转向对主观要素(投资与政策)的分析,进而对由技术创新驱动的演化过程进行分析有利于寻找矿产资源密集型区域可持续发展的关键影响因素。创新是一种技术进步的结果,是一种系统内部主体间(企业)复杂交互行为产生的结果。这种结果的出现,往往会带来经济的增长,从前文所述,历代经济学家都尝试解释"创新"在经济周期波动中的作用,将经济系统的报酬递增,交给"技术创新"来解释,学者们将"技术创新"要素从外生向内生所作出的努力为我们尽量清晰地还原了经济增长的本质。接下来,我们所要做的最重要的事情就是要将"技术创新"带入"可持续"的世界中去,让它为我们解释现实世界实现可持续发展的奥秘。

但是,当"矿产资源密集型区域"和"可持续发展"这两个概念相遇时,大部分的研究者会将研究的目光聚集在关于矿产开发利用对该区域的影响或者破坏上去。但这真的是问题的本质吗?通过前文的推理演绎,在假设前文的推演路径为真的前提下,我们发现,也许仅将目光放在环境和资源的协调互动上,是在与可持续发展的目标渐行渐远。真实的世界似乎也是如此,每当我们出现在一个被冠以"矿产资源密集型区域"的地方时,我们的目光总是不由自主地被吸引在环境的破坏程度及低效的资源开采上,之后的研究也不会跳出关乎"资源"与"环境"的谜题。本书认为,与其将精力放在如何界定"矿产资源密集型区域"和"可持续发展"的概念之上,倒不如谨慎地,重新思考这两者之间的逻辑关系。

本书的基本观点认为,事实上,传统意义上关注于"资源"和"环境"要素的可持续发展理念是不能够真实揭示矿产资源密集型区域身陷发展桎梏的真正原因的。因为上述两个要素在经济系统的演进过程中并不能起到绝对的作用,作为竞争性要素,它们不能完全地解释经济增长和衰退之谜,那么,我们又如何可以认定为对它们实现调节就会将经济增长方式推向一条可持续之路?

在任何一个具有较高矿产资源禀赋的地区,都会出现超级的巨型矿产资源企业。由于企业的规模巨大,其对当地产业结构的辐射及影响力是超过其他同类型的经济系统的。可以说,矿产资源巨型企业会使这个地区形成一种独特的产业结构,在这个独特的产业结构中,构成市场主体的其他企业会强烈依赖于这间矿产资源企业的发展。在一个技术水平不变的经济系统中,随着资源的枯竭,巨型企业必将走向衰败,同时在该产业结构内部的其他企业也会随之解体,可持续发展成为一种空谈。即便投入再大的精力来对"资源"和"环境"两个要素进行调节,也不会实现真正的可持续发展。那么,解决这个局面的最有效手段便是使这个依赖于矿产资源巨型企业的产业结构内部可以出现一种尽量不依附于巨型企业发展的生态系统。有学者认为,创新使某一自然资源具有特定开发价值,是自然资源成为魔咒还是财富的关键因素。复杂创新系统支持资源型产业发展、知识创造和创新活动,成为理解区域增长的关键所在。如果这种理解逻辑无误,那么,这种存在于产业结构内部的新的生态系统应当是一种保有技术水平可变的系统。在这个技术可变的系统中,各主体(企业)可以通过知识重构和创新来抵御矿产资源巨型企业本身发展轨迹所带来的影响,以保证经济系统的永续发展。所以,本书认为,实现矿产资源密集型区域可持续发展的关键并不在于如何实现"资源"和"环境"这两个要素的最优调节,而是要在该区域产业结构内部的各主体(企业间)形成一个创新的系统——生态创新系统。

这就是本书的最终目的。

第二节　矿产资源密集型区域可持续
发展的研究意义

本书的出发点在于探寻矿产资源密集型区域的可持续发展路径。目前我国400个左右的矿业城市中约有1/3面临资源枯竭,占县域工业经济总量

30%的矿产资源型县的发展普遍面临压力。矿产资源具有分布的不均衡性，在密集型区域可以形成矿业城市或矿产资源型县，其矿业从业人员占工业就业人数比重≥50%，矿业产值占工业总产值的比重达50%—70%。经济增长质量不佳、居民收入偏低等"富饶的贫困"现象及矿产资源开发引起的环境等问题，制约着这些区域的可持续发展，矿产资源密集型区域的可持续发展问题亟须解决。

新中国成立之初，由于生产力等因素的制约，我国的经济规划倾向于在矿区附近建立完整的移民城市，城市中几乎所有居民都在矿区工作。因此，任何一个具有较高资源禀赋的地区，都会出现巨型的矿产资源企业。由于企业的规模巨大，其对当地产业结构的辐射及影响力是超过其他同类型的经济系统的。可以说，矿产资源巨型企业会使这个地区形成一种独特的产业结构，在这个独特的产业结构中，构成市场主体的其他企业会强烈依赖于矿产资源企业的发展。但在一个技术水平不变的经济系统中，随着资源的枯竭，巨型企业必将走向衰败，同时在该产业结构内部的其他企业也会随之解体，那么可持续发展就成为一种空谈。即便投入再大的精力来对"资源"和"环境"两个要素进行调节，也不会实现真正的可持续发展。那么，解决这个局面的最有效手段便是使这个依附于矿产资源巨型企业的产业结构内部可以出现一种尽量不依赖于"资源"和"环境"要素的生态系统。

有学者认为，创新使某一自然资源具有特定开发价值，是自然资源成为魔咒还是财富的关键因素。复杂创新系统支持资源型产业发展、知识创造和创新活动，成为理解区域增长的关键所在。经由区域经济系统内各主体间知识的重构和转移，技术创新可以在一定程度上抵御矿产资源巨型企业本身发展轨迹所带来的影响，并且随着技术扩散速率的增长而实现经济增长重心的转移，为区域的可持续发展奠定基础。所以说，矿产资源密集型区域发展只有摆脱对"资源禀赋"的依赖，并在该区域经济系统内部的各主体形成一个复杂创新系统——生态创新系统，才能够在真正意义上实现区域的可持续发展。

但是,问题的关键在于,如何解释技术创新活动的驱动力来自何处? 技术创新是生态创新系统的核心要素,但是技术创新并非基于天才般的创造或妙手偶得的机缘,而是一种复杂的知识交互和重构的过程。自组织理论(Self-Organizing Theory)认为系统内部的各主体间持续地、频繁地进行着信息交互,在这种交互过程中,由于外界环境和条件的变化,主体会产生一系列基于这些变化的自适应行为。依照该理论,我们可以把技术创新活动看作区域经济系统内部各主体间自适应行为交互的结果,同时考虑到技术创新和制度创新之间存在协同演进的关系——任何技术创新的产生都是制度创新的结果。那么,认为制度创新驱动区域经济系统内部各主体产生自适应行为以实现技术的创新和扩散,并进一步导致矿产资源密集型区域经济增长方式的转变以实现可持续发展这一思路,在逻辑上是无误的。

因此,本书的意义在于,运用区域创新系统的视角来解释矿产资源密集型区域可持续发展的内涵和机理,借助创新理论、非线性系统理论及区域产业结构变化理论来探索矿产资源密集型区域创新系统的动力机制,明确技术创新对矿产资源密集型区域经济增长方式转变的重要作用,进而说明矿产资源密集型区域能否实现可持续发展的关键取决于制度创新能否驱动区域经济系统内部各主体间的自适应行为向技术创新的目标演进,以期在此基础上为我国矿产资源密集型区域的可持续发展提供政策建议。

第三节 矿产资源密集型区域可持续
发展的研究设计

找寻矿产资源密集型区域的可持续发展道路,有几个关键的问题必须要明确。我国大部分的矿产资源密集型区域在我国的经济建设史上都发挥过非常重要的作用,得天独厚的资源禀赋使矿产资源密集型区域的发展插上翅膀,但是,高速的经济发展是建立在大量采掘矿产资源的基础上的。当地下资源被日复一日地挖出、在自由市场上流动换成财富时,在看不见的角落,环境恶化和资源枯竭等问题时时刻刻地威胁着当地居民的日常生活,地下水被污染,地陷事件等屡见报端,区域可持续发展的目标被蒙上阴影。

但当矿产资源密集型区域经济发展高度依赖矿产资源,而环境开始步入恶性循环,并没有受到重视,空气的质量也因此走向质变,空气污浊时人们要多一点新鲜空气就变得很现实了。在这样的情况下,新鲜空气就再也不是一种免费物品,而是一种经济物品。于是就产生了对新鲜空气的需求,对优质生活环境的需求,该方面的需求量与资源型地区依赖资源发展需求产生了矛盾,如何寻找两者的平衡点,需要转变思路。同时,在矿产资源经济从成长型发展到成熟型甚至是衰退型(事实上,大部分的中国资源型城市已经步入了后两个阶段),其经济边际增长率也变慢,呈现负增长的趋势,经济转型迫在眉睫。基于此,本书对以下几个问题特别关注。

一、几个关键的问题

(一)不同的投入要素对区域可持续发展的贡献率

地方经济政策,是一个地方经济发展的"晴雨表",是经济发展方式的指南针,只有现有政策的支持,企业才有魄力与压力联合进行改革。矿产资源密集型区域,高度依赖资源发展,不思技术的改革,其原因与当地的政策有莫大的联系。

首先,政策上缺乏对基础设施的投建,例如对污水、废气的处理设施极度缺乏,使环境加速恶化;同时,运输网络不完善,使开采成本增加,当地只有通过"量"的优势弥补"成本"的劣势,如此"薄利多销"如同饮鸩止渴。基础设施是一方面,但落后地区的弱项更为重要的是缺乏社会资本,如制度、组织、研究与开发(Resrach and Development,简称 R&D)、人力资本、创新网络、信任与互易关系等,此外还缺乏企业对技术供给、技术服务等的需求。因此,区域政策将转向鼓励区域社会资本的形成与完善,强调通过在自下而上和互动潮流中建立集体学习能力的过程,重视通过服务中心对区域内企业有系统地帮助,促使企业紧跟技术发展来提高整体能力,增强行动能力。由于不同区域的情况不同,所以,相同的投入要素对区域的发展的贡献率是不同的。

(二)产业结构变化过程对区域可持续发展的影响机理

当政策上开始对资源密集型区域经济转型进行扶持时,判断政策的效果如何的关键问题是:是否这些在纯粹的市场进程范围之外,或是否在城市或者乡村范围内成功地在各类企业的交叉面上创新、共同转型。

在资源密集型区域,长期的依赖资源发展,使当地的各个企业关系相当微妙,他们基本奉行的是相似的传统价值观,这是路径依赖的结果;同时他们又有通过对资源的开发获得经济利益的竞争关系,当资源开发进入成熟期或者衰退期时,企业间同时都产生了相同焦虑——如何持续经济增长,如何避免被市场淘汰,事实上,资源型地区各个竞争着的企业,在对资源开发上是一种浪费。浪费,即存在另一种方式可以更好地发展生产力,创造更多的价值。因此,为避免资源的浪费,需要对企业进行改革转型,形成产业链,提高资源深加工水平,加快完善上下游产业配套,从而高效开发利用资源,提高资源型产业技术水平,延伸产业链条。这是一种线性的发展模式,强大的"地区相近性"可以催化"关系上的相近性",以同化、协调不同的模式到统一的目的上。产业链的形成,使区域发展模式多元化,技术开始分散化,由集中的一点,向各个不同的行业方向扩散。处于产业链边缘的企业,由于自身技术"边缘化"的特点,已经逐步脱离了依靠资源发展的模式,这样,在自身技术革新的过程中,它将积极游离在其他区域中,在不同的地带传递信息,在这个程度上,可以称为"经济发展的信使"。如此,给最初一味依赖资源发展的区域,注入了新的技术力量,活跃了经济发展模式,推动线性模式开始向网络模式发展。即使从数学的组合可能性来说,后者也比前者多了许多个数量级。

(三)技术创新对区域可持续发展的驱动机制

近期研究表明,线性理论还不足以催化创新的形成,创新的真正形成,需要在横向和纵向上有新的交织,也就是上文所说的网络模式。这种积极的区域创新刺激,称为"推动横断进程",引起横向、纵向上的企业、集群的相互吸纳。

产业集群的最重要特点之一,就是它的地理集中性,即大量的相关产业相互集中在特定的地域范围内。由于地理位置接近,产业集群内部形成一个大的生态系统,有系统就存在竞争,而由竞争带来的强化机制将在集群内形成"优胜劣汰"的选择机制,刺激企业创新的衍生。在产业集群内,大量企业相互集中在一起,在展开激烈的市场竞争的同时,又进行多种形式的合作,提升产品附加值,避免形成资源的浪费,如联合开发新产品、开拓新市场、建立生产供应链。

由于地理位置集中,企业间密切合作,这样将有利于各种新思想、新观念、新技术和新知识的传播,特别是"信使"们的活动,小型边缘企业,在对劳动力的消化上起到了巨大的作用,提升了新的就业,消化了由于资源企业衰退带来的人口失业;同时,在寻求企业生存时,会更多地接触其他区域的企业,这样,形成了以区域龙头企业为支撑,小优企业为基础的产业聚集带,进而形成知识的溢出效应,获取"学习经济",增强企业的研究和创新能力。网络型的集群有利于促进知识和技术的转移扩散,产业集群与知识和技术扩散之间存在相互促进的自增强关系。在新经济时代,产业布局不再像工业经济时代各行各业简单地、线性地聚集在一起,而是相互关联、高度专业化的产业有规律地聚集在一个区域,形成各具特色的产业集群。集群内由于空间接近性和共同的产业文化背景,不仅可以加强显性知识的传播与扩散,而且更重要的是可以加强隐性知识的传播与扩散,并通过隐性知识的快速流动进一步促进显性知识的流动与扩散。在传播和扩散的过程中,降低了企业创新的成本(这是由于地理位置接近),相互之间进行频繁的交流就成为可能,为企业进行创新提供了较多的学习机会。尤其是隐性知识的交流,更能激发新思维、新方法的产生,使集群内专业化小企业学习新技术变得容易和低成本,更深层次地使小企业更积极地参与到区域创新的系统中。

集群体内持续发生的这种创新,使产业集群内部的企业对共性技术的需求不断增加(也是竞争的结果),促使共性技术创新的速度加快。另外,产业集群内大量具有专业化技能的人力资源集聚,为企业间的创新交流准备了基础。企业在这种高效的、竞相改革的氛围内可以更方便地获得最新的技术知识,并激发出创新意识,当这些创新意识在产业集群网络间流溢并不断地累积后,形成了产业集群的共性技术创新体系的涌现。这种涌现性又会促进共性技术被企业的引入并应用于实践中,保证了企业独有技术创新的可持续,从而提高了产业集群的整体创新水平和核心竞争能力。

二、案例的选择

从 2008 年开始,国务院一共批准了 69 个矿产资源枯竭型城市。尽管它们的资源禀赋各有差异,地下蕴藏着的矿产资源种类也不尽相同,但是当它们陷入发展的困难之时,所展现出的压力则是相同的。与矿种无关,甚至和外部市场的波动关系也并不大,陷入资源枯竭的城市的问题在于如何找到重振旗鼓的动力。对本书而言,选择哪种矿种或哪个地区的矿产资源密集型区域并无区别,因为这样的地区总是显现出相同的发展模式。

但是,在所有的矿产资源枯竭型城市中还是有部分地区极具典型性。因为虽然这些城市在建立之初所选择的产业布局相近,但是在矿产资源储量下降之后的可持续发展道路各不相同。有的城市积极延伸现有的产业链条,也有其他的城市重新选定一条以新生产业为主的发展道路。基于此,本书特选择了三个类型的区域进行研究,它们分别是向下游产业链延伸、现有产业布局和新产业共融发展和独立新技术驱动产业转型三种。在具体的地区选择上确定湖北省大冶、黑龙江省大庆和甘肃省白银。

大冶是中国的冶铁之乡,从 2000 年前开始就有人在大冶铁山进行冶炼,到了近代,张之洞之所以在汉阳设立近代中国第一个钢厂,正是由于汉阳与大冶之间距离较近,资源可获性能够得以保证。但是,由于长期缺失科学的开发和利用规划,使大冶在 21 世纪初变成资源枯竭型城市。随着首批国家资源枯竭型城市的批准,大冶市开始积极寻找一条可持续发展的道路。目前,大冶除了冶炼工业之外,矿山旅游、生态农业和食品加工业都取得了较快的发展。

大庆是新中国成立后独立勘探的第一口油井所在地,也是我国真正的石油之乡。大庆开采的石油为中国经济社会的发展作出了重要的贡献。但是到目前,油采比不断下降,生产成本节节攀升,为大庆石油企业的发展带来了巨大的压力。由于大庆的产业结构相对单一,在石油开采成本提高的今天,整座城市很难通过产业结构的调整来实现发展的目标。目前大庆市正在积极地探索下游产业链条的延伸和以矿业开采利用为主的新技术商业模式。

白银市地处中国西北部的甘肃省,是中国重要的铜业基地和甘肃省重要的煤炭产区。白银也是国务院首批矿产资源枯竭型城市。在矿产储量严重下降并威胁到城市的正常发展的时候,白银市开始积极与外部科研机构合作,建立科技园区,调整地区的劳动力结构和产业分布,尝试走一条以新产业替代传统产业的可持续发展之路。

这三个地区均是矿产资源密集型区域,且在其产业转型和实现可持续发展目标的过程中选用了不同的模式。同时,在地域的分布上,分别处于中国的东北、西北和中部,也具有较强的区域昭示性。选取这三个地区作为研究的样本具有较强的典型性,也对研究问题的分析有着直接的指导作用。

第四节　矿产资源密集型区域可持续
发展的研究方法

一、方法的选取依据

本书遵循定性和定量相结合分析的研究方法，尝试从事物的矛盾出发，对研究问题进行推理分析。本书面对的第一个层次的矛盾就在于对于经济系统性质的判定。依照新古典理论的两条重要假设"理性预期"与"静态均衡"，这就说明任何被考察的经济现象都会向一个稳态的均衡靠拢，而本书要考察的矿产资源密集型区域经济系统在微观层面却显示出了不规则的震荡；第二层矛盾在于，对于矿产资源密集型区域而言，经济系统中所有的要素变动的轨迹不是连续的，很难用传统的分析方法来定义某一要素波动的趋势，这是因为由于该类型区域强烈依赖于自然资源的保有量，在资源储量丰富的阶段，要素会随着时间的推移而增加；在资源衰败阶段，则会显示出完全相反的轨迹。简言之，在矿产资源密集型区域中，要素水平的波动不是无极限的，而是受各种因素相互影响而动态变化的。

本书的分析将从以上两个矛盾入手分别进行分析，力图对研究问题进行清晰的阐述。

在确定了研究的认识论及方法论基础后，本书亟须进一步确定研究所需要借用的各种已知理论。一项研究要得以顺利进行，特别是社会科学的研究，必须做到依照研究对象的性质作出合理的选择。这个过程是一个充满挑战性和想象力的过程，也是决定一个研究是否可以完成的重要依据。

本书研究的对象是带有非线性性质的矿产资源密集型区域经济系统。研究对象已经表明在选取研究方法的时候必须充分考虑系统的性质，必须借助已有的非线性科学方面的研究成果才符合研究目标。除了对区域经济系统的讨论之外,在操作层面,有必要运用具体的模型来描述各种要素和产业结构内组织和个体波动的趋势。因此,本书在研究的操作层面,选取 Logistics 方程来构筑本书所观察的矿产资源密集型区域产业结构变化的过程。具体的方法介绍由接下来的两节给出。

二、非线性系统理论

非线性系统把系统中所有个体的行为看作复杂相互影响着的。其核心思想在于,一个系统或系统中的个体的行为不能用其他任何一个单一的要素或个体完全解释。对于区域经济系统而言,这种判断是具有极重要的依据的。矿产资源密集型区域在其产业结构的变化过程中,各要素之间的变化轨迹难以被简单地描述。尤其是考虑到区域原本单一的产业结构开始向更为复杂和开放的新产业结构转移的过程中系统内各要素再配置过程的复杂性,本书在此选取非线性理论的方法是适合的。

非线性系统理论认为,系统的稳定性是系统最本质的特征。系统的稳定性是系统各种活动的反映,这种反映来自系统的初值对系统的运动影响可以选择性地忽略。但在实际的过程中,系统却反映出一种对初值的敏感性依赖。这种依赖的缘由一般被认为是来自系统内部的参数摄动或者不可预期的随机性扰动,在这种情况下,如何通过这些来自于时滞或系统内生扰动来对系统的稳定性进行估计,就成为研究系统性质的最重要问题。在一般的研究过程中,我们更倾向于寻找系统的平衡点,通过对系统平衡点的分析来解释系统波动的性质。

对于区域经济系统而言,如何从复杂的经济关系中抽象简单的规律极为困难。对系统性质的判定极易影响研究的方向和取得的结果。对于一种确定性的表述而言,我们尝试为经济系统的波动和某项要素的变化之间建立联系,尽管我们可以在某一尺度上获得结论,但这一切都基于一条极为强大的假设——这种要素变化的过程并不受其他因素的影响,若受到影响我们可以把其看作外生扰动的结果，而非系统本身规则的影响。

但是就现实的观察而言，很难将上述的判断与真实的情况相联系。矿产资源密集型区域的经济波动轨迹并不稳定，在其初始阶段，我们可以观察到产业结构单一和运行稳定的情况，但是随着资源储量下降，各种要素的配置关系也随之发生转移。每种要素波动的趋势都是呈现出一种先扬后抑的运行轨迹，这就说明在给定类型区域的产业结构的演进过程中，任何要素的增长都不可能是无极限的。因此，必须考虑更为复杂的情况，将这种数量级的变化看作一种非线性的波动过程，有可能更适合我们对区域经济系统的描述。

矿产资源密集型区域经济系统恰恰体现出了这种特质。在对该区域经济系统的波动进行研究时，不论是一种趋向于静态均衡状态的认识论，还是坚信系统定会存在于无序的非线性之中，都不能完全地反映出系统真实的状态。本书认为，在资源枯竭阶段，矿产资源密集型区域经济系统作为一个特征明显的复杂系统，传统的静态分析并不能完全描述其产业结构变化的过程。一个不确定的系统绝不会出现一个确定性的状态，不论这种状态是确定性的还是不确定性的。本书在第四章、第五章和第六章中，运用了非线性系统理论而对区域经济系统的性质、运动轨迹和产业结构变化等问题进行分析。基于以上的分析，可以认为运用的理论方法是适应于研究中该部分的分析的。

三、Logistics 方程

Logistics 方程最早是运用于关于人口增长的研究中，Logistics 方程在分析人口增长的过程中发现人口增长与马尔萨斯（Malthusian）所预测的指数增长的曲线是不符合的，因此，Logistics 方程最重要的部分是方程右边第二项的减速因子，这是与马尔萨斯的理论最根本的差异。Logistics 方程综合考虑了内部增长率和外部环境的双重影响，这正是其适合于复杂系统理论研究的关键证据。

用 Logistics 方程描述一个动态波动的经济系统，最主要的是由于 Logistics

方程本身就是一个非线性的方程,其描绘的曲线是 S 型而非 J 型,在描述非线性动力系统方面有着较好的效果。在多数经济学的研究中,Logistics 方程被使用的频率极高,研究者们常常使用 Logistics 方程来描述经济增长的过程,或采用 Logistics 回归分析来确定影响经济走势的因素并对其进行一定的预测。Logistics 方程最重要的是两个参数的确定:一个是表示内禀的增长,另外一个是描述增长的极限,参数的变化会直接影响到模型曲线的变化。由于这两个参数的存在,Logistics 方程可以被运用到各种研究之中,包括生物、医学以及大部分的社会科学领域内。

本书同样需要借助 Logistics 方程来完成研究,对于矿产资源密集型区域而言,由于资源有限性的约束,作为"资本"的资源是持续下降的,那么,不论是产业组织内部的企业,还是人力和投资,都不会无限制地增长下去,都是符合 Logistics 方程呈现出一种波动的数量变化趋势。本书首先假设矿产资源密集型区域的可持续发展的标志是实现产业结构的转变,而产业结构转变的标志则是企业规模的变化和产业结构有序度的波动,基于此假想,本书认为在产业结构转变的过程中,企业规模和企业有序度的变化趋势符合 Logistics 的分布。在 Logistics 方程的世界里,经济系统的波动是被两个参数决定的,在本书中,原本表示内禀增长率和增长极限的参数被理解成区域经济增长速率和产业结构变动一个可能系统的极限值,区域经济系统的波动可以被这样描述。另外,在考察对资源型产业的支持要素的过程中,不同要素投入水平的波动也可以通过 Logistics 方程来解释。

同时,如果将一个技术因子引入设定的描述区域经济系统波动的方程中,继续讨论这个技术因子对方程的扰动,可以帮助我们理解技术创新对矿产资源密集型区域可持续发展的贡献。在本书中,Logistics 方程是导致了区域系统内部各要素的变化尺度,因此,考察技术进步速率的波动是否具有不确定的因素对整个区域经济系统的性质解释具有重要的作用,本书也对技术进步的波动做了详细的分析。所以说,Logistics 方程在本书所有的讨论中是一切推理演绎的基础。

第五节 矿产资源密集型区域可持续 发展的研究创新点

本书的创新在于以非线性理论为基本出发点,分析了矿产资源密集型区域产业结构演进的过程中各要素变化的趋势和路径,以期得到矿产资源密集型区域深陷发展桎梏的根本所在,为国家制定矿产资源密集型区域可持续发展的政策提供理论支持和现实依据,具体创新点大致有如下四点:

一是运用非线性系统理论,发现区域经济系统内部各要素之间相互的影响路径是非线性的,要素之间量的变化受自抑效应的影响。

在区域经济系统内部,由于系统在运动的过程中存在能量的耗散,系统内部的各主体之间的变化轨迹并非是确定的。系统能量的耗散意味着系统无序程度的增加,如果在分析区域经济系统发展的过程中忽略系统本身的性质问题,就无法得出正确的结论。

本书在对目标案例进行分析之前,首先对考察目标的经济系统进行了性质判定,运用非线性理论的方法,对区域经济系统进行了分析,发现系统内部各要素量的变化受自抑效应的影响,明确矿产资源密集型区域经济系统内各类型产业组织的数量变化不是无极限的,而是符合 Logistic 曲线的变化趋势的,这是本书的重要创新之一。

二是发现了在矿产资源密集型区域产业结构变化中产业规模和产业有序度对区域经济系统波动的影响作用机理。

矿产资源密集型区域的产业结构具有独特性,不同于产业发展较为均衡的区域,矿产资源密集型区域的产业布局呈现出一种"单一化"的特点。这种"单一化"是由于矿产资源禀赋的优越性而决定的,一般认为,区域产业布局会受到内外部市场、经济发展水平、人口和有效劳动力数量、教育水平和资源禀赋等要素的影响。对于矿产资源密集型区域来说,实施单一化的产业布局有利于其在总体产业布局尚不完善的阶段实现区域经济快速增长的目标,尤其考虑到我国大部分资源型城市都是因矿而建这样一个历史特点,这种产业布局具有一定的合理性。

无论任何区域在任何历史阶段下,其发展的质量必须从区域经济系统的稳定程度出发。系统的稳定性说明了区域经济是否呈现出一种良性的、可控的发展趋势。尤其是区域在步入经济发展的成熟阶段之后,其系统的有序度也会达到一个较好的水平。但在区域经济发展陷入停滞、传统产业出现衰退的情况下,经济系统的有序度就会下降,特别是新产业替代传统产业的过程中,这种有序程度就显得更为重要。

因此,对一个区域是否实现了可持续发展的问题上,必须通过考察区域产业结构的变化情况和有序程度来判定,这是本书要着力实现的目标之一。

三是对影响资源产业的各要素进行分析,并对其要素配置效率进行比较,发现影响资源产业持续发展的关键原因。

矿产资源密集型区域在其发展生命周期的大部分时间里,都主要是由资源型产业来驱动的,即便是在区域经济发展陷入停滞的矿产枯竭时期,其资源产业的发展水平依然深刻地影响着区域经济的安全和稳定。由此可见,要考察矿产资源密集型区域的可持续发展水平,必须首先明确影响资源产业持续发展的关键原因。

因此,本书对不同的矿产资源密集型区域进行了研究分析,通过对影响资源产业发展的各要素的配置效率考察,来对区域资源产业的发展水平进行评估,为探寻矿产资源密集型区域实现可持续发展目标奠定基础,这也是本书的重要研究目标之一。

四是构建了矿产资源密集型区域生态创新系统指示图,揭示了矿产资源密集型区域实现可持续发展的路径,并阐明了其中各个要素之间的作用机理。

构建生态创新系统指示图是为了阐明新技术是如何对区域经济系统内部

传统企业和新技术企业产生作用,以实现区域可持续发展的目标。对于地方政府、企业、大学、科研院所等中介机构而言,如何在区域经济衰退的今天找寻一条实现可持续发展的道路,并给出具体策略尤为重要。强调技术在矿产资源密集型区域经济发展中的重要性,并对其作用机理进行分析和阐释,是本书的最重要目标,也是本书的重要创新之一。

第六节　相关理论介绍

一、矿产资源密集型区域

奥蒂(Auty)于 1993 年从经济学视角提出了"资源诅咒"(The Resource Curse Thesis)的推论,他认为"CURSE"(诅咒)一词恰到好处地刻画出资源与城市经济之间的微妙关系,而事实上他也不断地尝试用数据证明城市资源的储量与其经济增长之间存在反向变动关系,这也是学术界第一次为资源密集型区域发展的道路敲响了警钟。本书可以理解为一个城市拥有丰富资源反而会加大该城市经济发展对主导资源过分依赖,而导致产业结构单一、人力结构单一、知识创新能力不足、资源的掠夺性开采和浪费而加剧环境压力等问题从而拖累经济的发展。

一般来说,资源密集型区域并不是传统上的城市聚集区,尤其在中国,往往分布在西部、中西部等地区,这些地区在城市形成的基础自然条件上都表现拙劣,而城市本身基础设施建设也处于较低水平。这并不难理解,从地理学的角度来看,人类的聚集区大多分布在河流两侧的冲积平原,一方面,这样的区域由于洪水的反复冲积而拥有了肥沃的土地,有利于农业文明的行成;另一方面,河道在前工业社会是天然且高效的物流通道。但是,冲积平原附近缺乏复杂而又频繁的地质运动,因此,缺少矿产资源储藏所必要的断裂褶皱。反观矿储较为丰富的地区,则缺少农业文明发展的必要元素。

二、生态创新系统理论

(一)创新理论

探索技术创新对经济发展的作用并将创新活动与收益上升到理论高度进行研究,约始于 20 世纪初的熊彼特(J. A. Schumpeter)的《经济发展理论》(Theory of Economic Development, 1912)。以"创新理论"为核心,熊彼特在该书中详尽地阐述了他所认为的资本主义经济发展的实质、动力与机制——通过建立一种新的生产函数来实现生产要素的重新组合(而这恰好是创新的表征),从而实现资本主义经济的增长;并且他认为创新存在过程非连续性和扩散非均衡性等特征,会直接或者间接地导致经济发展呈现周期性的波动。

第二次世界大战后,全球几乎都陷入了经济萧条、生产呆滞的恐慌,而以微电子技术为主导的新技术革命蓬勃兴起还坚定地推动着技术的进步和经济的增长,这促使更多的经济学家投身于创新理论,探索恢复经济发展和社会生产的动力和机制。在熊彼特"创新理论"之后的几十年内,经济学领域学者们开始将不同的研究方法引入研究模型中,去验证或者归纳创新与经济增长之间的关系,并依据研究的内容差异而发展成两个分支:以技术变革和技术推广为主要研究对象的技术创新经济学和以制度变革和制度形成为主要研究对象的制度创新经济学。从现在的研究水平往前看,本书可以很容易理解技术创新和制度创新只是从不同的视角研究创新对于经济增长的作用。

以互联网为代表的第三次工业革命,推动着"信息"在更广阔的范围内更加高速地流动,促使学术界对创新和创新的流动作出进一步研究。学者们逐渐发现对于同一项新技术的接受程度、采纳时间(差)以及新技术的吸收和内化程度似乎都不同程度地影响经济效益的实现,最终导致企业、区域或者其他主体呈现出发展上的差异,这似乎意味着对创新与创新扩散的作用结构还有更多的牵制因素等待本书了解和认识。

简单来说，创新可以表述为"新＋市场价值"（INNOVATION＝NEWNESS+MARKET VALUE），也就是说，本书认为普遍意义上的创新活动不仅包括区别于以前的生产结构及组织结构等方面的创造行为，也必须满足创新的出现能够实现一定的商业价值。同时，在《奥斯陆手册》（Oslo Manual，2011）中指出，创新活动还应包括这些新的方式和方法在别的企业中采用及扩散的行为。

（二）生态创新理论

生态创新，在创新过程上同样需经历研究、设计开发、试制、投产、传播等过程，与一般意义上的创新并不存在显著差异。而生态创新与创新的差异在于，生态创新——追求环境与经济效应的"双赢"，因此其更加强调，通过创新活动将负面的环境效应消化和改善从而溢出正面的经济效益。

生态创新（Eco-innovation）概念于1996年首次提出（Fussler和James），便引起了学术界强烈的共鸣，他们界定生态创新是指能够同时满足"显著减少环境影响""为顾客和企业实现价值增值"两个充要条件；2000年时任宁（Rennings）对福斯勒（Fussler）和詹姆斯（James）界定的生态创新进行补充，他更加强调生态创新必须从源头上进行定义，必须要以环境收益为目的。而后，以欧盟（European Union，简称EU）为代表的经济实体逐渐意识到生态创新对于提升区域竞争力的重要性，开始设立研究项目和专题（Measuring Eco-innovation，简称MEI）系统地研究如何建立生态创新的统计体系以及如何厘清和界定生态创新的概念，着手推动经济体内的其他成员参与生态创新以提高区域经济力。经过研究，MEI将生态创新定义为：组织机构对那些在其运作的生命周期内能够有效降低环境破坏、污染和资源消耗以及在这过程中的其他负面影响的各种形式的创新活动的生产、采用和开发行为。但经济合作与发展组织（Organization for Economic Co-operation and Development，简称OECD）在其"可持续制造与生态创新"（Sustainable Manufacturing and Eco-innovation）的报告中指出了无论是否以生态创新和环境收益为目的,抑或是创新行为的发生无论是有意还是无意,它们都能够带来更好的环境改善,这就将更多的创新活动(类似于末端治理等行为)纳入生态创新的范畴。

而后学者们多聚焦于生态创新的特性研究,他们认为生态创新因同时受创新和环境属性的约束而表现出"双重外部性"直接导致了生态创新存在技术推动与市场拉动的推拉动力特征;而推与拉并行的动力特征进一步导致了生态创新中环境管治的推拉效应,这三部分共同构成生态创新的特征。"创新推拉模型"的建立,开始推动着生态创新的定量研究分析,例如泰勒(Taylor)等经过统计分析指出需求拉动更多作用于生态创新的萌生和加速创新扩散的速率,却很少能够在真正意义上助力于生态创新活动本身。2012年,卡西杜(Kesidou)在其研究中通过对部分英国企业进行问卷调查的方式来采集数据定量研究生态创新的动力机制,并得出:生态创新并非依靠市场需求的拉动,而技术进步和政府规制才是生态创新的主要驱动力的结论。

这些研究均体现了与"生态思想"相联系的创新研究热点领域的一个方向——创新生态化,是指以生态的尺度(如环境友好、低碳环保等)去衡量一项创新活动所能够实现的价值。而本书则更多地聚焦于把创新活动看作某种生命体,探索其在生成、进化、衰退的过程中对于该区域内其他资源的再配置和整合的作用效果及与周边环境的互动关系。

三、创新扩散理论

随着经济全球化进程的加速,市场自由配置下劳动分工开始在全球范围寻找最优布局,这提高了劳动分工程度,高程度的劳动分工使得"隔行如隔山",创新价值的实现依赖于创新成果广泛而高效的扩散,而信息不对等造成的区域经济成果上的差异,使学术界开始关注创新和创新扩散的作用与作用机制。创新成果以及创新成果的扩散能够在更广阔的时间和空间范围内促进技术、知识、信息、人才、资金等生产要素趋向于空间区域的聚集和整合,从而促进区域实现经济增长和价值溢出,因此区域创新能力的提升取决于区域内各创新要素的良好协同以及创新成果的高效扩散。

(一)从"模仿"到"扩散"

创新扩散其实可以简单地理解为一种学习行为,受"经济学原理"和"理性人"的支配,对于这种因双方在生产效率和生产效果上存在显著落差而导致的学习和模仿行为的研究最早起源于农业。其最初是区域间因使用不同的农作物品种而导致产量的差异使产量低的地区对产量高的地区发生农作物品种的引进行为(瑞恩和格罗斯)。

创新扩散是创新过程中的创新成果在社会体系中进行广泛传播的环节。其在经济学领域最早的概念可以追溯到熊彼特(Schumpeter)在 20 世纪初提出的"创新理论"中的"模仿"。他认为,模仿是潜在接受者通过获得新技术相关信息的一种内生的、自发的学习行为,是创新信息和成果的一个自我繁殖的过程,即传染效应(Epidemic Effect)。创新成果的应用带来丰厚的利润,在市场配置的作用下,驱动着更多的企业进行创新成果的"模仿"和"追随"行为,从而推动创新成果在更广阔的时间和空间范围内应用,继而推动社会发展和经济增长。1961 年美国学者曼斯菲尔德(Mansfield)将这种对于创新成果的大规模、大面积的"模仿行为"归纳为"创新扩散",并创造性地将"传染原理"(Epidemic Principle)和"Logistics 成长曲线"(Logistics Growth Curve)运用于扩散过程研究,提出了"S 型创新扩散模型"(见图 1-1),拉开了对创新成果扩散行为进行宏观和定量分析与研究的帷幕。

美国学者罗杰斯(Rogers)在前人研究的基础上,对扩散行为的界定进行了梳理和归纳,他认为扩散是指在一段时间范围内,创新成果借由某些渠道在社会系统各成员之间传播和应用的过程。他还通过后续一系列研究提出扩散的本质是信息的传递,而这种通过某个人或者某种渠道方式将自己的新想法、新点子告诉社会系统中另外一个人或多个人或者组织的行为,则是创新扩散

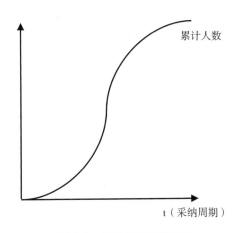

图 1-1　S 型创新扩散模型

最本质的形态。

随着研究的深入、涉及的领域更广,更多的参量被引入创新扩散研究模型,学者们逐渐发现创新扩散并非始终呈现线性结构。在扩散过程中,扩散效果和效率的影响因素不单单包括创新源(创新本身和创新内容)、扩散媒介(渠道)、采纳者(消费者)三者,而还有更多可控、不可控的因素进入研究范畴构成复杂网络,影响扩散效果。例如,创新内容的特性、创新企业的行为是否建立在符合市场需求的前提上;创新采用者和垂直扩散后的目标客户在消费认知水平和消费偏好上的表现;潜在采用者本身的创新性和在采用过程中的地位(是说其对于创新的采纳行为能够有多大范围的影响和带动力);创新扩散过程中各主体所代表的节点之间构成的网络结构和相互关系;潜在采用者之间的竞争关系与合作水平;各主体之间知识差距及新事物的吸收能力对于创新溢出效果的影响;区域内部各节点之间的空间距离、产业联系、技术差距;以及政府的创新投入(主要表现为 R&D)以及政策导向等宏观环境因素交错影响构成了创新扩散的复杂网络。

(二)创新扩散时间特征

创新源借由一定的渠道将创新成果传递出去,到使用者接受到信息、内化并运用。该创新成果之间必然存在一定的时间差,这是客观存在也是符合经济规律的,并且不同传播渠道(介质)在传播效率和效果上都存在差异,这就导致创新成果在传播过程中会发生不同形态的变化或者"二次创新",这个过程也存在时间差。

同时,根据许多学者研究成果可知,在创新成果的传播过程中,并不是所有的潜在接受者都同时接收并采纳该信息,而是会依据潜在接受者自身创新性、自身的认知水平和偏好等特性分选出一批率先采用者,后继潜在采用者会对率先采用者在采纳该信息之后产生的风险和收益以及效果反馈(评价)作出衡量评价,并最终决定是否跟随和效仿,而这之间也存在时间上的落差。

因此,创新扩散过程的实质是通过创新成果的传播,从而促成社会体系中不同的成员对于同一种创新活动选择和追随行为,这个过程必然存在等待和拒绝等行为,因此创新的扩散并不是一个线性的、流畅的过程。

(三)创新扩散空间特征

创新扩散的效率和效果受到扩散源(创新源)与潜在接受者之间的空间距离、技术差距、产业联系的强度以及政府政策导向等因素的直接或间接影响,学者们将其统称为"创新空间扩散系统"。本书将从城市体系(圈)、空间距离、网络结构三个角度来阐述创新扩散的空间特征。

1. 城市体系(圈)

创新能力多受制于 R&D 投入、政府政策支持水平、高水平人力资源以及生产实践与需求等方面的影响。而城市在生产专业化、功能多样性、人力资本和信息交流网络上存在绝对优势,且与城市体量几乎呈正相关,导致了大多数的创新活动都发生在体量较大的城市,而这样的城市对于周边城市的发展有着天然辐射和带动作用,逐渐形成了城市体系(圈)的联结方式。因此发展到 20 世纪 60 年代,开始出现将创新扩散和城市体系(圈)联结进行研究的趋势,并认为城市体系(圈)的生产结构则是创新扩散的一种介质,创新成果则通过这种渠道由城市中心向次级城市及周边地区呈波浪形扩散(Morrill,1968)。而后更多的学者开始引入数学模型对城市体系(圈)的等级扩散进行定量分析(Boon,1967;Hudson,1969;Pedersen,1970)。在这个过程中,中心城市往往扮演着创新源的角色,并且通过城市与城市之间的交通、信息、政策等网络向其他各级城市扩散创新成果,而处于下端的次级城市则是扩散体系中的节点,通过吸收和采纳创新成果,形成不同的产业中心,最终形成一个由中心城市、次级城市以及网络结构构成的自上而下、交互的城市体系(圈)。

2. 空间距离

在创新扩散中的空间距离中,不仅仅包括城市与城市之间存在的地理空间距离远近,还应包括社会环境、经济环境和文化环境等方面表现出的地缘性亲近。

首先,城市与城市之间的客观存在的地理空间距离远近,会直接影响创新扩散的速率,地理上越靠近中心城市或者创新源的区域,创新成果扩散的时间差越小,并且越容易受到创新成果运用所带来的收益的吸引,而更敏捷地产生模仿和追随的行为。其次,因城市之间的地理距离而产生的空间依赖性,对创新扩散中区域的产业选择和发展存在影响,形成城市体系(圈)的产业联系,而产业联系的强度也会反哺创新扩散体系,产业联系越紧密,新生的技术和产品往往会在区域内有更高的消费认知和接受度。再次,空间距离导致区域内地缘亲近、社会文化(习俗)相仿,区域内各主体之间更容易建立良好的信任关系,形成一种本地化分享和学习的氛围,使城市体系中既有自主创新行为的发生,也有共享设备、技术、思想和其他科技资源的自觉性,从而导致的创新体系中各主体的技术差距缩小,而缩小的技术差距会进一步提高创新扩散的效率和效果。

3. 网络结构

因城市体系(圈)内各主体存在地理上距离,会影响创新扩散的效率和效果,因此无论是竞争还是合作导向下的城市体系(圈),总是希望能够通过构建一种更高效、更敏捷的交流网络来抵减这种空间距离所带来的负面影响,因此在创新扩散空间结构中最热门的研究领域则是创新扩散的网络结构。所谓的网络结构也可以从三个角度来展开分析:一是区域内各主体之间的联系(本书称之为虚拟网络);二是区域内为缩短彼此空间距离而建立的交通网络;三是区域内各种竞争与合作行为共同导致的区域生产和治理结构。

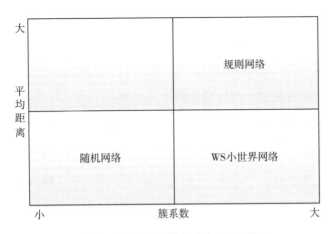

图1-2 虚拟网络的分布结构特征

图1-2展示虚拟网络各节点的分布式特征。首先,在虚拟网络中,区域中各个主体被认定为不同的节点,进而寻找出联结每两个节点之间的最短距离。而所谓网络的平均距离则是指:所有节点对(每两个节点)的最短距离求平均后得到的距离;平均距离越大,区域内各主体的联系越规则,反之则越随机。簇系数是测评各节点聚集成团的参数项,网络簇系数是指:所有节点簇系数的平均值;簇系数越大,表明各个节点之间拥有更高程度的聚集度,也就是说各个节点之间更容易表现出同质化的倾向,那么其在网络结构中则更容易表现出规则的联系,反之则联系越随机。

因同质化(彼此之间的相似性)而聚集的节点形成不同核心的团体,而两个异质团体之间的差异是阻碍创新扩散的重要因素,由此引入了"弱势链优势理论"(也称长程链接),来构造两个独立的、异质团体之间的联系,帮助实现创新更广阔范围的扩散。这正是小世界网络的特征,它通过一定程度上的断键重连,构造两个异质团体之间的联系,打破虚拟网络原有的两种极端但并不完美的结构,使在保证簇系数无大幅度下降的情况下,有效地缩短虚拟网络的平均距离,从而在空间上实现异质团体之间有效的扩散。

其次,区域内通常通过建设完善的水、陆、空交通基础设施来缩短城市体系各主体之间的地理空间距离,借由更加高效的达到方式(途径)来缩短创新成果在传播过程中消耗的客观时间,为创新成果(包括新的产品、服务、工艺、技术、商业模式等)在区域内其他主体内部进行消化、吸收和转化赢得充足的时间,从而在时间标度上实现更敏捷的创新扩散。

最后,除去虚拟网络、交通网络以外,创新扩散还呈现出匹配区域生产结构和制度结构的空间特征。本书知道随着技术进步,在生产的过程中更倾向于进行标准化、模块化的专业生产,而这就导致了劳动分工程度提高,劳动分工程度的提高使在更大的区域范围内,各个企业(城市)之间需要遵循区域内的生产结构和产业结构布局,寻找恰当合作伙伴进行协同生产和制造,在这个过程中,通常协作会帮助合作企业共同解决问题甚至实现协同创新。同时,区域内的创新扩散还受到区域的制度结构,包括政府的宏观经济调控行为和政策性引导等导致的制度结构差异和产业结构差异的影响。

充分地理解创新扩散在时间和空间上呈现的特征,有助于本书更深刻地了解如何进行创新扩散良好氛围和条件的创造和改进。

四、领土嵌入式区域创新系统

(一)生态创新系统

依据牛津创新手册中的阐述,"创新系统"的概念可以有狭义和广义两种理解方式。狭义的定义主要包括高校、公共与私立研究机构与企业的研发职能,反映了一种自上而下的线性的创新模型。埃茨科威兹等提出的三螺旋结构论证和支撑这样的创新模型,他们在三螺旋结构中界定"政府""企业"与"大学(研究型)"是社会内部创新的三大支柱。它们被市场需求推动构成系统联结,形成创新体系的"三足鼎立"态势,并在下端建立起与市场经济活动恰当的接口,在区域内发挥技术创新辐射和带动作用。而我国目前所推崇备至的"区域产学研协同创新"便是一个极为典型的自上而下的创新模型的体现。

目前关于生态创新系统主流的研究方向如此,例如福田萱野和渡边千寻对日美两国创新生态体系进行比较研究,提出了四条创新生态原理:通过替代而可持续地发展、通过共同进化而自我增殖、保有对竞争者的学习和追随的组织惯性、异质协同,是从创新活动本身出发去探索生态创新系统的普遍规律的一种体现。

而广义的创新系统定义指出"经济结构与制度结构的各个部分和方面,对于学习、研究和探索都有影响"。这种定义是一种自下而上的、互动创新的模型,强调创新系统的多样性、适应性和自发性。广义的创新系统定义指出,任何一个创新体系(系统)都是在特定的地理空间、政治经济环境、社会文化环境下生成和演变的。因此本书认为所谓生态创新系统是指,创新活动(尤指技术创新)作为一个生命体,其生成、扩散、进化、衰退的过程均受区域经济结构和制度结构的制约,遵循"优胜劣汰"的自然法则,并且能够对该区域内其他资源的再配置和整合以及与周边环境之间形成良性的、可持续的互动关系。

(二)领土嵌入式区域创新系统

1998年阿歇姆(Asheim)为了论证一个区域内生产结构和制度结构存在不同的组合关系并且不同的组合关系也影响着区域经济发展结果,因此将区域创新系统划分为三类,而第一种类型便是——领土嵌入式区域创新系统。

所谓的"领土嵌入式区域创新系统",可以拆解为两个关键概念:首先"领土嵌入式",是指在社会关系的空间结构上要以领土(地理空间范围)作为一切活动刻画和嵌入的载体,就像是计算机语言的底层代码,从根本上限定着所有个体能够进行活动的空间范围;其次是"创新系统",是指包含创新源、创新成果本身、创新扩散渠道、创新潜在接受者以及创新扩散的效率与效果等多种要素在内的共生的集成体系。

领土嵌入式的创新系统往往在区域内部分工时形成"技术中心""创新扩散网络"和"产业中心"三大重要板块,并以此构造出完整的自下而上、基于网络支持的良性互动体系。企业作为领土嵌入式创新系统中最小的活动单元,在创新活动中多受制于地缘、社会和文化上亲近性,在创新活动中更多地表现为对借由创新扩散网络而将由技术中心扩散出的新技术进行良好的、高效的本地化学习和内化。

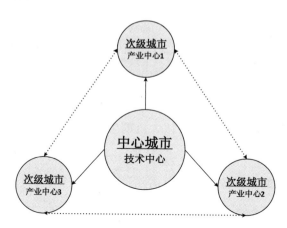

图1-3 领土嵌入式区域创新系统结构示意图

在领土嵌入式区域创新系统中,技术中心一般由在交通、区位、资本、人力资源、研发能力(高校)等要素上占有绝对优势的城市承担,担任技术中心的城市往往同时具备有自主创新能力以及通过吸引资本和人力等要素实现前沿技术引进的能力,能够扮演技术输出和创新扩散源头的角色。而创新扩散网络则是由地缘上亲近的城市构成的城市体系、网络结构(虚拟网络、交通网络以及生产结构和制度结构)等构成。技术中心借由扩散网络将新技术输送到区域内的其他次级城市和周边地区,从而影响他们的产业选择和发展,并通过新技术的内化吸收形成各种不同的产业中心;同时,各产业中心也能够为区域创新系统提供市场研究的客观依据,促进领土范围内适用性更高的技术的研发和运用,具体构造示意图如图 1-3 所示。

第二章 矿产资源密集型区域可持续发展的相关文献综述

矿产资源密集型区域的发展路径始终是学界关注的焦点,矿产资源的可耗竭性和不可再生性会使这些区域陷入困境,不但发展难以持续,甚至会面临生存危机。在一个可以预期的未来,仅依靠资源禀赋作为区域发展的唯一动力,并不能解决其在发展过程中遇到的各种问题。因此,可持续发展就成为解决这一困境的关键路径,而矿产资源密集型区域的经济结构决定了其实现可持续发展的关键在于要建立一种可以摆脱资源禀赋敏感依赖的发展模式。对于矿产资源密集型区域来说,摆脱传统的依靠资源消耗的增长方式必须实现产业结构的升级和转型,这就要求在传统增长方式的基础上通过一系列的创新活动以达到区域可持续发展的目标。

第一节 矿产资源密集型区域的可持续发展

矿产资源领域是可持续发展研究主要关注的对象,这是由矿产资源的不可再生性所决定的。早期对矿产资源开发利用的可持续性分析主要是从矿产资源开采的最优路径与战略选择的角度展开的(Hartwick,1977),相关的研究认为通过对资源禀赋和环境承载力进行调节可以保证矿产资源产业实现一定程度上的可持续发展。但事实上，矿产生产除了受其稀缺性和环境因素的影响之外，技术和社会约束对其也会产生深远的影响（T. Prior, D. Giurco, G. Mudd, L. Mason, J. Behrisch, 2011）。同时，由于可持续发展的目标着眼长期利益而非眼前的得失，所以考虑矿产资源收益的代际分配和利益主体间分配的模式就显得尤为重要（Brewer, 2008）。那么，从一个较长的时间尺度来看，矿产资源的代际分配主要取决于矿产资源的开采水平和消费水平。依照传统的观点，提高矿产资源的利用效率是实现可持续发展的关键，不断提升矿产资源开发、管理的循环经济模式（Krutilla, 1967；王晓琳, 2010）有利于矿产资源产业的持续发展。但是，持续增长的居民消费、资本投资和出口压力会压缩其开发利用效率提高的空间（Dabo Guan, K. Hubacek, C. Weber, 2008）。

因此，矿产资源的消耗对经济增长的影响是直接和显著的，但在对其影响向度的认识上，"乐观"和"悲观"的论点同时存在（Simmons, 2005；Watkins, 2006）。悲观派认为，经济的增长受制于有限的自然资源，以石油为例，油价不断攀升的背后是石油储量的衰减，由此带来的是经济增长的减缓（Meadows, 1992；Deffeyes, 2001；Simmons, 2005）；而乐观派的研究结果则表达了完全相反的结果——他们从物品的总供给量和替代品的价格机制的角度切入，得出了增长无极限的结论（Radetzki, 2002；Watkins, 2006）。但无论如何，高速经济增长对能源的需求是矿产资源需求居高不下的关键原因这一点是不需怀疑的。有学者从"有效能"（Exergy）的角度对经济增长压力导致的能源高需求和矿产资源开发利用可持续性之间的关系进行了分析，通过将有效能的聚合能力和重置成本作为指标，对矿产资源消耗过程进行了评价（Al. Valero, A. Valero, I. Arauzo, 2008），并进一步在矿产品的产量符合赫伯特钟形曲线（Hubbert's Bellshaped Curve）的假定前提下，对矿产品的消耗进行了预测，结果令人感到悲观——没有足够的可利用资源满足未来矿产资源的需求（Al. Valero, A. Valero, 2010）。之后，他们继续运用相同的方法对非燃料矿物的价值进行了分析，得出的结论有些似是而非——人类面临的不是能源的枯竭,而是矿产品的短缺(Al.Valero,A.Valero,A.Martinez,2011),但无论如何,一种以改变矿产资源利用效率而实现可持续发展的路径被证明是存在的。

虽然能源和矿产资源是不同的概念,但在现有的技术水平和经济增长方式的约束下,经济社会对那些主要矿产资源的能源种类,在相当长的一个历史时期内,需求的增速都不会减缓。从不可再生能源和可再生能源的替代效应的角度出发来看,即使在使用不可再生能源的同时,加强对可再生能源的替代投资,也无法使经济社会保持一种长期的增长趋势(Bastianoni,2009)。尽管如此,如果建立矿产资源补偿机制,改善能源系统的消费结构,能源需求或消费曲线在某一尺度上或许可以达到一个稳态(L.Mason,T.Prior,G.Mudd,D.Giurco,2011)。但是,问题在于,达到某种稳态并不是实现可持续发展的标志,矿产资源密集型区域实现可持续发展的关键是要保证在不考虑未来矿产资源开采和消耗的情况下,该区域的经济水平依然可以保证持续地增长。

经济学和管理学领域的学者对"可持续发展"这一命题表现出了异乎寻常的兴趣。但是在全球环境意识和可持续发展的需求不断增长的背景下,传统经济学方法却无法提供一个完整的解决问题的视角。但是无论如何,现今关于可持续发展的争论依然是建立在新古典经济学理论的基础上。有学者讨论了关于环境和资源经济传统理论的缺点,阐明了许多概念和方法的局限性,包括货币估价、经济资本的替代、传统的成本—收益分析和规范政策理论(Vatin 和 Bromley,1994)。目前来说,一种积极的、规范的环境政策理论缺口存在的主要原因在于,对"资源"和"环境"进行分析难以揭示经济系统可持续发展的动力(Dietz 和 Vollebergh,1999);另一种关于这个缺口的解释是规范政策关于行为的假设与实际行为是不符的,实际行为以有限理性为特征,通过习惯和模仿,以及利益团体的形成来表现。然而,大量关于可持续发展的研究并没有充分认识到这些传统理论存在的基本问题,于是导致了在这种存在缺口的框架下,可持续性增长(Solow,1992)和弱可持续性(Pearce 和 Atkinson,1993)的概念只能一味强调市场在处理环境问题的基础性作用,就好像在矿物产区和其销售对象之间进行调节(T.Prior，D.Giurco，G.Mudd，L.Mason，J.Behrisch，2011)，但这只能减缓产区资源枯竭的速度而并不能真正实现区域的可持续发展。另外，传统经济学框架下的环境政策(Baumol 和 Oates，1988)认为政策实施存在社会最优性，这种结论建立在尚有争议的理性人假设基础之上，而且从根本上并不能解释这种"最优"(可持续)的结果是通过什么动力而实现的。

我国目前对矿产资源的需求呈现逐年增大的趋势，资源环境压力和对区域可持续发展的预期使越来越多的研究者开始聚集在这个领域，并分别从矿产资源可持续发展的评价指标体系的建立(吴仲雄、高清平，2007)、矿山环境管理、矿产资源开发的生态补偿及监管机制(张贤平、胡海祥，2011；孔凡斌，2010)、科技创新对资源型产业转型的重要作用(于喜展、隋映辉，2009)以及矿业循环经济与矿产资源综合利用、资源生态管理(施晓清，2010；张树良，2010)等方面做了大量的工作。这些研究侧重于矿产资源产业本身的开发和利用，注意到生态环境与创新问题，但较少结合区域边界、资源产业可持续发展机制以及制度变迁进行讨论。

由此可见，提高矿产资源的利用效率可以延续矿产资源的开发周期，但是并不能真正地实现矿产资源密集型区域的可持续发展。资源和环境两个要素尽管非常重要，但对于矿产资源密集型区域可持续发展的实现而言，并不存在实际上的路径依赖。本书认为，在一个以矿产资源密集型区域作为对象的分析框架中，仅对作为不变要素的"资源"和"环境"进行分析，是不能够解释经济增长的实质的，那么也就不能真正揭示矿产资源密集型区域可持续发展的机理。

第二节　生态创新研究现状

综观国内外研究，可见各位学者关于"生态创新"的概念研究和测度较为丰富,在不同领域对生态创新进行了明晰的分类,从 50 篇国内外的文献中可以发现生态创新的研究始终离不开环境保护,无论是微观的产品设计,还是宏观的区域发展,无一例外都在强调环境、人与经济发展之间的关系。

从不同类型来讲,生态创新的研究重点在于与环境可持续性发展的关系,创新产品的研究开发,生态创新在企业成长中所扮演的角色,科技创新对生态创新的作用等。因此,本书将生态创新与环境可持续发展、企业成长、科技进步、产品设计之间以及生态创新系统与区域产业之间发展的关系进行如下综述。

一、创新

何为创新?从现有的思维模式跳出来,提出非常规的见解,利用现有的知识及物质,在满足基本社会需求的前提下,改进或创造新的事物并能获得一定效果。随着创新的研究逐渐深入,人们发现创新系统其实就像一个生态系统。1994 年,克林顿政府指出,科技事业就像一个有机生态系统,而不仅仅是单纯的生产线了。1996 年,福斯勒和詹姆斯(Fussler 和 James)首次给出了生态创新的定义,并于次年又界定为显著减少环境影响,并能给顾客和企业带来增值的新产品以及新工艺。近几年,"生态创新"的思想被广泛应用于环境的管理和政策的制定中,在这一方面,欧盟取得了不错的发展,2004 年欧盟在其成员国的推动下进行生态创新,并且在 2007 年设立了生态创新专题(Measuring innovation,简称 MEI),MEI 将生态创新定义为:组织机构对新产品、创新过程、服务、管理或经营方法的制定,这些行为能够在整个产品或企业的生命周期内有效降低环境风险、污染以及资源使用过程中的其他负面效应。在大环境的影响之下,各个学者也加入了研究的行列。埃姆拉·卡拉卡亚(Emrah Karakaya)还进一步提出了"生态创新传播"的概念,指出,目前的生态创新研究已有各种定义,但是生态创新传播的概念及作用缺少分析,但不管是在实践上,还是学术上,对于生态创新传播的概念的认知越来越重要。所以,在生态创新的过程中,可引导市场假说,实现可持续发展以及加强对生态模型化的认识有助于生态创新传播的领域发展。从 2008 年开始,关于生态创新的定义开始挂钩于工业动力学,安德森(Andersen)将生态创新定义为"创新是能够吸引绿色市场租金的",他强调生态创新应该集中分析对经济过程的整合。在这种观点下,经济合作与发展组织(Organization for Economic Co-operation and Development,以下简称 OECD)将生态创新定义为"实现新的创造,较大程度地改善产品,生产过程,市场路径,组织结构和制度性安排,这将引导环境的可持续性发展"。如今,生态创新的研究开始多元化,从单一的领域或维度进入了多角度的研究之中,奈尔·霍夭斯特拉(Nel Hofstra)基于历史观点的发展以及人与自然交互的相关概念,提出了一种新的生态创新的类型。他用多样化的观点来看自然这个概念,以生态为中心,通过人与自然之间的关系来对生态创新进行分类,并且强调自然的价值可以从经济、哲学、社会、文化、宗教等各种观点考虑。他用一种多向的观点来取代单向的,强调"可持续发展的",人类不应该与自然分离,而是把自己变成自然的一部分,我们应该像对待自己一样,尽管培养真正可持续的设计和实施的发展应该实施在最初的设计阶段,但是以生态主义为中心、恢复性的、生态创新型的模型和方法的发展,对社会作出改变有必然的好处,所以,生物模拟创新、自然主体等都是转换过程中的第一步。

国内学者聂洪光提出,生态创新是创新类型的一种,可以通过节约资源、减少有毒材料的使用,以此减少对环境的危害。在这个过程当中,也可以通过特别的技术来减少使用化石燃料以减少环境的污染。生态创新在环境影响中的研究一直未曾间断,也一直强调生态创新在创新中是不可分割的一部分,不管是在社会、生态还是经济中,都有着极其重要的作用。在企业中,管理者不断研究开发出绿色产品,支持企业往环境友好型的方向发展。也有很多企业在这个过程中,不断加大对科技改革的投入,以此实现生产过程朝着绿色进化。

国内外学者在对生态创新定义之后,从不同的方面加大对绿色产品及工艺流程的投入,实现社会、环境以及经济的可持续发展。学者们也从不同的维度出发,对生态创新进行了测度(见表 2-1)。延斯·霍尔巴赫(Jens Horbach)在 2008 年对德国社区进行创新调查,通过一种独特的数据库来实现根据不同的环境影响,对生态创新进行分类,用以测试不同类型的生态创新是否会被不同的因素所影响。研究发现除了不同的供应商、公司的特殊性以及需求要素,还将生态创新的决定因素与制度、成本的节约以及顾客的利益相联系,研究发现目前的政府调控对于拉动企业减少空气污染、水污染和噪音污染是非常重要的,既减少了危险物质的传播,又加强了产品的可循环利用。成本节约对于减少能源消耗和物料的使用是一项重要的驱动因素,能源和原材料的价格、税收也是非常重要的因素。而顾客需求对于生态创新是非常重要的,特别是用来改善产品的环境绩效和创新过程,以此增加材料的使用效率,以及减少能源的消耗、废物的产生以及危险物质的使用。

哈维尔·卡里路(Javier Carrillo)也通过一系列关键性的维度(比如设计、使用者、产品服务以及政府控制)来寻求生态创新的多样性。尽管设计的角度决定了创新的环境影响力,但是所有的维度都能够在生态创新的管理中起到重要的作用,生态创新通常情况下被很多维度影响,尽管设计唯独对创新的环境影响具有决定性的作用。但同样也指出,在生态创新过程中因为信息的不对称和等级规模的变化,评估带有主观性,尽管此类方法能够被运用到不同的生态创新的类型中,但是该方法不可能适用于所有的生态创新。

克劳斯·里森斯(Klaus Rennings)提出在面临特别的生态创新政策时需重点考虑三种特性:双倍的外部问题、环境规则的压力以及社会和制度创新的重要程度。双倍的外部问题和环境规则压力在生态经济中通常会被忽略,制度创新又不能被适当地阐述。所以考虑了生态创新的这些特性,可以帮助我们解决在建立特别的生态创新政策时所面临的问题,也可以通过对生态创新的广泛理解从而避免技术上的偏见。

甄桦(Hua Zhen)从贸易开放、工程师数量的比率、R&D员工以及用于污染治理的R&D投资四个关键因素构建了生态创新能力的模型,通过数据包络分析的方法得出以下两点:(1)中国2/3的省份具有很强的生态创新能力,主要依赖于技术过程而不是生产效率的提升;(2)R&D的投入力度、高质量的人力资源和污染控制方面的投资很大程度上可以提升生态创新的能力,限制贸易开放会阻碍技术的发展,过分依赖国外贸易对中国经济的发展未必有好处。

车峰提出一种定量分析方法——用专利测度来界定生态创新活动,也可用以测度生态创新的水平。得出的结论如下:(1)专利测度方法是一种可以量化的测度方法,不但可以获得丰富的生态创新资料,而且可以通过统计生态创新专利的数量,结合其他数据反映生态创新的相对水平。(2)专利测度适用于那些申请专利的生态创新技术,而对于没有申请专利的便不能进行测度,比如管理、组织及生产过程中的创新就无法使用该方法进行测度了。(3)专利测度方便快捷,可以节约大量的生态测度时间和成本。同时可以让研究者更好地收集、使用详细的专利信息进行生态创新的研究。(4)专利技术的"价值"存在分歧。专利的价值大小一般根据其有用性来判定,但是目前也存在一些争议,一方面,还未能广泛运用的专利技术,是否真的"无用"。另外,给不同价值的专利技术赋予恰当的权重系数上存在分歧,而这些分歧将会影响到创新测度的最终结果。

董颖对生态创新的内涵、分类体系与研究竞争进行了论述,在回顾生态创新发展历程的基础上辨析了生态创新的内涵,指出双重外部性、市场拉动效应的特殊性、技术推动,以及环境管治的推拉效应等生态创新的特殊特性。

表2-1　生态创新的维度评价分类

文章作者	维度
延斯·霍尔巴赫	供应商、公司的需求、体制政策、成本、顾客利益等
哈维尔·卡里路	设计、使用者、产品服务以及政府控制等

续表

文章作者	维度
克劳斯·里森斯	双倍的外部问题、环境规则的压力、社会和制度创新等
甄桦	贸易开放、工程师数量的比率、R&D员工以及用于污染治理的R&D投资等
车峰	专利测度
董颖	双重外部性、市场拉动效应的特殊性、技术推动、环境管治的推拉效应等

二、生态创新与环境可持续发展

1987年,联合国世界环境与发展会议提出了可持续发展的定义;2009年,哥本哈根会议又将可持续发展写入各国的政治框架中。自此,经济实现绿色增长成为各国竞相追逐的目标。尽管可持续发展的概念研究一直是热点话题,但是可持续性发展的概念讨论并没有一个明确的结果。

可持续发展与环境保护有直接联系,又有明显的区别,但有一点是明确的,保护环境是可持续发展中的重要内容。毋庸置疑,发展是可持续发展的核心,但前提是要严格控制人口的增长、提升人口的素质、减少环境的污染以及保持资源的持续利用。

弱可持续性和强可持续性是可持续发展概念的两种分类。弱可持续性的概念来自新古典主义经济理论,并且假设生产和自然资本是可接近的替代品。这就意味着环境恶化的成本(比如森林破坏)可以通过在生产资本中的收益来补偿(比如收入)。所以,环境破坏在货币单位中是有价值的。而强可持续性的概念否认了弱可持续性发展的假设,对自然资本中的部分关键因素作出了否定,指出在促进经济发展的同时,应当提高生态效率,实施生态补偿机制。但在大部分的情况下,也更强调应当结合强可持续性和弱可持续性发展——意味着生态(物理)和经济(货币)方法之间的共同联系。

大部分学者并没有对可持续性发展作出明显的区分,以"可持续性发展"

作为统一的表述。

玛丽亚·桑托利亚（Maria Santolaria）等通过对西班牙 30 位专业资深人士进行问卷调查得知，可持续性发展对于创新是最主要的驱动力，也指出创新和生态设计策略在未来主要是采用对环境影响较小的原材料而开发出新的产品，也指出如果从横断面的角度出发，在以创新为驱动力的企业中，以可持续发展的特殊生态设计策略要求生态设计的专业人员需要丰富的知识，创新驱动的企业需要将他们的策略运用到供应链的实际中。

一旦环境可持续性被视为涉及规定、费用或者与公司的目标时，那么它会越来越快地被描述成一个"双赢"的机会，便可实现"绿色和竞争"。所以政府的角色相当重要，在德国，很多研究表明当地区域或者联邦等通过一些公共机构来减少废物的产生。2013 年，欧盟修改了欧洲废物框架指令，由此，欧盟成员国开始集中实施预防废物，开启国家废物预防计划。废物预防绝对是一项"双赢"的计划，组织机构不断地交流经验，克服障碍，实现生态创新。

在工业生产中，化学工业通过采用高效生产的运作来减少在环境上的消极影响。为了应对环境上的挑战，创新技术将通过生态友好型科技的发展和可持续性生产来实现绿色增长。因此，为了提升和改善生态环境的问题，内格尼（S.Negny）等提出在产品刚开始生产的阶段，必须想出新的方法应用到整个生态创造集成的过程中，以环境可持续发展为目的，在生态创新的过程中，需综合物理、化学、生物、地理等多种因素用以解决问题。

扬尼（Janine）指出在生产和消费中，基于环境可持续条件之下驱动产品创新的关键因素主要有以下四点：市场、法律和规范；功能间协作；创新性学习；R&D 投入。市场、法律和规范是关键的因素，在于它们满足了买者和社会之间的期望——对于绿色产品的消费，也可以进一步了解竞争对手的实力和比赛规则。功能间协作是公司可持续创新的系统观点，主要包括了不同股东（内部和外部）之间在产品发展过程中的经验交流。创新性学习的主要目的在于淘汰过时的学习方式，从而培养新的组织创新能力。它包含了消除文化的障碍,减弱组织的变化,加强绿色能力的发展,通过管理者和决策者积极主动性的灌输,加强交流沟通来增强团队分析的能力。R&D 投入包含了在研究、基础设施、人力资源(引进绿色技术来增加市场绩效,买家期望和法律规范)等方面的投入。除此之外,也得出了以下结论:(1)在环境持续性产品创新中,除了收集消费者和竞争者信息,也很有必要了解规范和环境法以及金融政策和绿色创新实践的激励政策等;(2)关于 R&D 投入,可采取适当的方法来发展环境可持续性产品,以及在清洁技术方面的研究,这些对于创新的成功也有很大的作用;(3)创新性学习在环境可持续性产品的成功中是一项关键的因素,因为绿色创新的实践需要隐性知识的协同和理论模型的学习。

三、生态创新与技术创新扩散

技术创新扩散理论首次在 20 世纪初被提出,经过一个多世纪的不断发展、成熟与完善,逐渐广泛地被各界学者接受和认同,学术界通常把其分为四个理论,分别是传播论、学习论、替代论及博弈论。

(一)传播论

传播论通俗地说就是一种社会效应,它需要良好的介质,你可以利用到一些已有社会习惯或者一些商业手段,来帮你很好地达到目的。对于技术的扩散与传播,传播学理论认为,在一般情况下企业不会等待或拒绝创新的结果,而是要成为采用创新的成果的一方,因为新技术的传播也需要时间,在最短的时间内推出新产品,才能达到新技术利益最大化,技术创新是一种商品,它通过媒体和人际沟通来传播。技术创新首先出现在市场上,随着时间的推移,部分潜在用户相继采用新技术。由于示范效应和口头互动,潜在用户将不断减少,直到接近零,成为成熟的新技术的使用,新技术的扩散过程也是产品得以完善的一个过程,无论试验如何成功,当面向消费者、面向社会时总会有意想不到的状况发生,这就需要对新产品进行不断改良以达到适应社会消费的标准,所以说传播其实也是一种发展和创新的媒介。通常来说,传播就是一个新事物通过一定的媒介逐步走向成熟,逐渐被社会所接受的过程,在这个过程中会出现许多的变数,这些都是需要采用另外的合适的技术或者新的创新来解决的,这其实也是一个创新技术萌生的平台。

(二)学习论

学习的过程就是一个社会个体或者一个自然界的物种对新事物、新环境的客观认识,这种认识对于个体本身的发展是起积极作用的,以这种认识进而达到改造世界以满足自身更好发展的需求的目的。学习分为两部分,"学"和"习","学"是接受外部信息,信息综合处理的过程,认识到知识的本质和原理,从对事物的不了解到思想上对事物的认同和接受的过程。"习"是在得到新事物、新信息后,对这些新的信息进行处理后,通过具体的实践在自身的社会运动中表现出来,起积极作用的信息得以保留,不利于自身发展的则丢弃掉。理论指导实践,这是一个应用的过程,在这个实践的过程中,实践者又可能结合自身的实际情况和经验对学习到的理论进行完善和改进,这又是一个创新的过程,"习"另一方面其实也是一个创新的契机,这就形成了一个良性的发展趋势。创新中的学习论有一个基本要素:一种新技术的产生和传播的过程中也存在一些新技术的潜在用途,这不是另一种新技术,而是在传播中所衍生发展出来的东西。在扩散过程中,有一个学习效应,在扩散中发展,不断地进行创新,才能得以成熟形成最大的价值和利润。

(三)替代论

旧事物总会被新兴事物所替代,这是顺应了历史发展潮流,新产品替代旧产品,这一直是技术创新扩散的主要形式。技术创新使产品不断更新,这实质上也就是替代视角。在替代的过程中,往往有几个要素是不可忽略的:第一,一款新产品的推出和扩散是基于旧产品的基础上实现的,一款产品最后的实际效用还是要止于消费者。所以说一款新产品无论被标榜得如何先进，如何功能强大，首先它必须与现有的产品有着联系和承接，这就很好地顺应了消费者对旧产品的使用习惯，使消费者对一款新产品的出现有着更好的接受程度和较低的转换成本。这本质上其实是一种时间替换，用高频率短周期的替换来减少低频率长周期的替换发生的成本，及时捕捉消费者的消费心理，沿用消费者的消费习惯，增强新旧产品间的联系，这是产品替换过程中重要的一个因素。第二，一般新旧产品的替代分为部分替代和完全替代。部分替代是大多数新产品所采用的方式，这是产品更新中一个循序渐进的过程，能使消费者更快更好地接受，因为部分替换很好地转接了消费者的一些使用习惯。举个例子，微软在这方面就做得非常好，Office 软件从 2003 到 2007 再到 2010，更新了三代，但是在每一次更新过后虽然都增加和更改了许多新的功能，但是同时都会保留前一个版本的许多特性，这就很好地响应了使用者的心理，使人们在熟练使用的基础上又能很好地享受到新特性的方便和快捷。完全替代是需要有很大的魄力的，是一个高风险、高回报的方式，强行扭转消费者的消费观念与使用习惯，很容易一败涂地，但一旦成功将会是这个产品行业中颠覆式的革命，这种方式首先需要你要对自己的产品有着巨大的信心，但是这种信心并不能盲目，要有与之匹配的、过硬的产品实力。所以，一方面需要我们考虑周密才能设计出正确的替代模型，另一方面需要我们严谨地进行替换机制的识别与管理。产品推出前要分析出老产品被新产品取代的时间、效果和趋势，尽量增强预测的可靠性。经过严密的市场调查甄选最适合的替换机制并且制订管理计划。

综上所述，替换理论从不同的角度可分为不同类型，一般以时间为标准可分为短周期替代和长周期替代；从空间上来分类，替代分为部分替代和完全替代。时间替代对于大部分的产品来说是一种更有效、更稳定的替代方式，它对新产品没有近乎苛刻的要求，也没有巨大的风险，所以大部分学者都把重点放在时间作为标准的替代模型，这使时间替换相对更为成熟和完善。

（四）博弈论

博弈论又称对策论,博弈者的决策会对彼此产生影响,决策者必须全方位考虑,各自利用对方的策略变换选择自己的对抗策略,最后达到均衡,其中最著名的就是纳什均衡。即在互相对战博弈中,一般情况下决策者都面临的一种情形,当其对手不改变策略方针时,他此时所选择的方法或者道路是最优的选择,对自己最有利。在技术创新扩散过程中存在竞争,作为博弈论局中人,决策者必须考虑到其他决策者可能会面临怎样的抉择,对自己会产生何种影响,从而作出决策,同时这也会影响到其他决策者。

在技术投入的时候,并不是每一种都能够适应一个区域的发展,所以说产业的互斥,也就是技术的互斥,两者技术放在一起时,应该相互比较,用演化博弈的方法找到合适的技术投入组合。

四、技术创新与矿产资源密集型区域的可持续发展

矿产资源密集型区域的可持续发展问题一直是关于人口、资源、环境协调问题中最令人感兴趣的话题。学界关于此问题的研究最早可以追溯到 20 世纪 70 年代,以"罗马俱乐部"为首的学者们对以强烈依赖资源而实现的发展心存疑虑。矿产资源的开发利用虽对区域经济社会发展有着正向的支撑,但是一味依赖此单一增长模式也会为区域发展蒙上阴影（Otty,1993）。为什么会有这种观点？主流的意见是———一种依赖于矿产资源的产业模式,必将因矿产资源的枯竭而完结（Hartwick,1977）。事实上,几乎所有的矿产资源都会因为开采强度的增大而走向枯竭,但这并不能完全意味着因其而生的产业会和它一同"绘制"出一条轨迹相似的下滑曲线,通过某种外部力量的介入,原本成为"魔咒"的矿产资源也会重新披上"财富"的外衣（Rees,1991）。大部分的学者将这种"外部力量"理解为技术创新,无疑地,技术创新至少会有限地改变资源消耗和经济增长之间单调的"线性关系",它会使自然资源存有特定

的开发价值(Rees,1991)。但是这种开发价值的实现路径却一直为人所怀疑,究竟是何种技术创新会减缓矿产资源枯竭的速度,或者说它在产业结构的变化中究竟应当扮演何样的角色? 有理由相信,有意识的知识创造和技术创新活动可以被理解为区域财富增长的关键(Wicken,2008;Fagerberg,2009),但是这种知识创造的过程和技术创新的影响方式却还没有被清晰地解答,在更多的情况下,技术创新往往被视为提高矿产资源开发利用效率最有效的工具(Müller,A.Stampfli,2011)。

创新使某一自然资源具有特定开发价值(Rees,1990),是自然资源成为"魔咒"还是财富的关键因素,复杂创新系统支持资源型产业发展、知识创造和创新活动,成为理解区域增长的关键(Wicken,2008;Fagerberg,2009)。自然资源产业与知识机构、政策协同的创新系统是资源型经济成为财富的原因(Saether,2011),区域创新系统是支持并产生创新的区域性组织体系(Malerba,2004;杨开忠,2006)。生态创新可以"显著减少环境影响并能为顾客和企业增值"(Fussler,James,1997),实现企业的可持续发展和绿色增长(Hermosilla,2009;OECD,2009),并能有效地降低产业整个生命周期内环境和资源使用的其他负面效应,带来环境、经济的双重效益(Arundel,Kemp,2009;Horbach,2008;Aleksandra,2009)。这些文献突出了创新、创新系统对于资源产业发展的价值,提出生态创新因产业、国家或地区而不同等重要观点(Rothenberg,Zyglidopoulos,2003),但现有生态创新的文献侧重于产业及环境技术维度,忽视了创新能力,对于创新及其系统如何促进矿产资源密集型区域可持续发展的机理尚不明确。

但是,显而易见地,对于矿产资源密集型的区域,即便引入一个涵盖众多要素(生产、消费、回收以及经济社会和技术系统)的分析框架(D.Giurco,C.Cooper,2012),也并不能轻而易举地找到解决的方案,因为一个过于复杂的系统很难从理论层面进行有效的分析。矿产资源区域面临的危机在于矿产资源的有限性和不可再生性,如果可以实现资源的自给自足,是可以在资源子系统层面实现局部的可持续发展的。但是从技术层面进行考虑,实现这种局部的(区域的)可持续发展需要提高资源的利用效率,依赖那些有可能再生的资源和一个去中心化的资源系统(M.Müller,A.Stampfli,U.Dold,2011)。但在目前的技术水平条件和高水平资源消费的前提下,除非引入某些非生产要素(政策和创新等)(M.Schilling,L.Chiang,2011),否则实现以上三个条件几乎是不可能的。对于悲观主义者来说,全球的矿产资源正在快速地枯竭,一种美好的愿景是通过提高资源的利用效率并在地区之间通过协同效应来实现自然资源的"可持续性恢复"(V.Jegatheesan,L.Shu,S.H.Kim,2009)。而秉持乐观主义的人却认为技术进步的速度会使我们不停地发现新能源以支持经济社会的持续发展,但是这种技术创新活动如何驱动区域的可持续发展,并没有相关文献对其进行支持。

在资源禀赋与区域经济增长的关系中,有关"资源诅咒"的描述是最为贴近现实状况的一种。有学者通过实证研究支持了"资源诅咒"命题的普适性(Collier,Goderis,2009)。而"资源诅咒"的存在性及其传导机制(邵帅、杨莉莉,2010;李国平、宋文飞,2011)决定了矿产资源密集型区域实现可持续发展必须跳出固有的矿区经济增长模式。矿产资源密集型区域的可持续发展并不仅仅依赖于资源,其评价指标体系对特定矿产资源密集型区域发展的指导是有限的。一般认为,"资源诅咒"的发生受该国或该区域所拥有的制度质量制约(Robinson,2006),在资源密集的条件下,一个掠夺型的制度环境会导致低增长;反之,一个有利的生产制度环境,则能够帮助该国充分利用资源密集的优势实现经济高增长(Mehlum,2006)。

技术变迁和制度变迁是社会与经济演化的关键(D.C.North,1990),同理,我们可以认为技术和制度层面的创新是区域经济增长的动力源泉。毋庸置疑,描述一个可预期的可持续发展的结局是不能离开对经济、社会以及环境的分析的,但是目前我们拥有的方法和工具在以上三个维度的分析中却略显苍白。这主要是因为传统意义上导致可持续发展的原因被"感性地"认为是节约资源、主动改善环境和废物循环利用的结果(D.Krajnc,P.Glavic,2005),这种确定论的描述忽视了技术和制度对经济系统的影响并否定了其本身所具有的动态特性。在这种语境下,关于可持续发展的研究成果高度收敛在了对经济、社会和环境要素的评价之上,而忽视了导致这种结局的路径究竟为何。事实上,通过以现有的条件为基础而对矿产资源密集型区域可持续发展做预测是不合理的,因为这样会导致对"创新"活动的忽视。某种矿产资源的可获性的评价结果并不仅仅取决于现时的消耗速率,而是要综合考虑技术进步和制度创新等要素来进行分析(J.E.Tilton,G.Lagos,2007)。制度的变迁和技术的进步是一种协同影响的关系,技术进步为制度创新制造条件,而制度创新反过来又会驱动技术的进一步升级。矿产资源密集型区域可以通过聚集效应、复合系统协同机制,建立和发展资源产业链、产业集群等方式,实现其可持续发展的目标(龙如银、周德群,2003;高建民,2011)。

但是,在把技术和制度创新引入矿产资源密集型区域可持续发展研究框架的过程中,两个关键的问题还没有得到合理的解释:技术扩散是如何在矿产资源密集型区域内实现的;以及制度创新如何在区域经济系统内部驱动技术的进一步升级。由于矿产资源的消耗性和不可再生性,其实现可持续发展的核心问题就是经济增长如何摆脱单一资源条件的限制,而形成一种多元的发展模式。也就是说,矿产资源富地如果要由资源型转变为效益型,并实施循环经济和可持续发展模式(闫军印,2010),那么就必须培育矿业以外的产业接替主导产业,逐步进行经济转型(龙如银、汪飞,2008;段彩芹,2011)以实现经济增长重心的转移。而经济增长重心的转移绝不仅仅是由技术的创新及扩散速率决定的,而制度创新在整个过程中起着举足轻重的作用。

因此,现实情况下,无论是基于资源禀赋或区域发展的投资、政策驱动发展观,还是讨论矿产资源产业的可持续开发、效益与问题,或者区域可持续发展的对策等,都有可能获得短期、某一方面改善;但是从长期看,由于区域创新能力和系统难以形成,很难实现发展的可持续(顾淑林,2011)。

技术创新对于矿产资源利用效率的影响是毋庸置疑的,但其是否是解决区域可持续发展的"唯一"关键原因还需要进一步讨论。作为非再生能源,矿产资源的消耗是一种不可逆的过程,无论是乐观主义者还是悲观主义者都无法否认经济的高速发展不可能避免资源的高水平消费(M.Schilling,L.Chiang,2011)。技术创新当然可以减缓资源枯竭的速度,但是无法从根本上解决区域的可持续发展困境(D.Giurco,C.Cooper,2012)。现在有必要去仔细讨论是否应该将矿产资源密集型区域可持续发展的希望寄托在技术创新上以提高资源利用效率,或者说,实现矿产资源密集型区域的可持续发展就是减缓资源耗竭的速度。对于作为不可再生资源的矿产品来说,即便降低其开采强度,从根本上讲,也无法真正解决区域经济发展面临的困境。外部因素的制约和强大的环境压力使资源密集型区域的发展举步维艰,经济增长预期、社会稳定趋向以及生态环境破坏的压力导致资源密集型区域在选择发展道路上顾虑重重(Klaus Rennings,2000)。

经济的增长依赖资源的用度,这是由现阶段的平均技术水平所决定的。作为自然资源的矿产资源,必须通过技术和制度的创新,进而成为财富(Saether,2011)。基于此种观点,技术创新水准和资源禀赋成为考察区域经济潜力的重要标准,但是,单一维度技术创新驱动的产业很难让人相信具有长久的、可持续的未来(S.Faucheux,I.Nicolai,2011)。事实上,持续的环境压力和矿储的下降趋势使资源密集型区域在选择发展路径的时候,不得不考虑替代产业和技术储备之间的适配性问题(Horbach,2008)。对于矿储持续下降,同时又没有合适的替代产业的区域,如何通过"技术"这一桥梁,实现产业结构的调整或升级,成为学界更为广泛关心的问题(张贤平、胡海祥,2011)。一种观点认为,有效的技术创新可以帮助传统的资源产业发掘新的增长点(E.Karakaya,A.Hidalgo,CaliNuur,2014),但是在环境压力和可持续发展的问题上捉襟见肘;另一种观点强调"循环",认为通过技术革新,将资源密集型区域的产业系统设定为一个理想的"闭环"(K.Bolding,1961),依赖物质的残值利用以实现对环境和资源储量压力的下降。无论是"渐进式地改变",还是"循环往复利用",都有一个现实问题不得不面对,即"技术和资源消耗的反比假定一定会让区域走上可持续发展的道路吗"。

在没有系统地讨论技术如何作用于矿产资源密集型区域的发展之前,回答上述问题显然是困难的,我们必须跳出传统对技术创新和产业之间互动的描述来重新审视创新本身对于矿产资源密集型区域的意义。对于该区域而言,一种对可持续发展的渴望早已超越了通过技术手段延缓资源枯竭速度的解决方案,无论通过矿产资源代际利益分配(Brewer,2008)还是保证资源的循环利用(龙如银、周德群,2003),都无法满足矿产资源密集型区域真正的现实需求。一种可操作的、有价值的方案应当可以翻过现有产业的旧篇章,在原本依赖矿产资源产业才能求发展的地区谱出可持续发展的新蓝图。在这种观点的驱动下,关于一个全新的概念——"生态创新"的讨论开始密集起来,无论对其作用机制(J.C.Hermosilla,P.del Río,T.Könnölä,2010),还是方法论层面(N.Hofstra,Donald Huisingh,2014),抑或是绩效评估(B.Sezen,S.Cankays,2013),越来越多的学者开始关注这一问题。大部分的观点认为,生态创新可以"显著减少环境影响并能给顾客和企业增值"(Fussler,James,1997),实现企业的可持续发展和绿色增长(Hermosilla,2009),并能有效地降低产业整个生命周期内环境和资源使用的其他负面效应,带来环境、经济的双重效益(Arundel,Kemp,2009;Horbach,2008;Aleksandra,2009)。

无疑,一个区域生态创新水平的高低会同时受到内部因素和外部因素的共同影响(Cai Zhou,2014),而作为最关键变量的"技术创新"则更是其中的最重要因素。如果说,矿产资源密集型区域可持续发展目标实现的标志是区域原有的产业结构能够摆脱对矿产资源的依赖,那么,理解"技术"是如何作用于这种产业结构的变化就变得极其重要。

传统上认为,技术创新的过程往往是一种吸收状态(D.Molly,R.Nalson,2003),我们很难观察到旧技术被新技术完全取代,更多的时候,技术在产业间的移动被认为是收益和成本权衡的结果（Rogers，1995）。以上的论述暗含了一个观点——技术创新是组织理性选择的结果，但在某些情况下，技术转移并不是组织或个体主动的选择，而是一种被动接受的过程，一些新的模型较好地支持了这种观点，例如流行病模型等（Geroski，2000）。如果把流行病模型和区域技术创新联系在一起的话，我们必须首先了解这种"扩散"所依赖的初始条件和规则。矿产资源密集型区域一般会显示出产业结构单一的特点，这种特点决定了技术在区域系统内部的流动受到制约，新技术很难在其中扮演更重要的角色。无论是像德国鲁尔地区，还是法国洛林地区的发展轨迹，我们都可以清晰地看到新技术在这些区域发展过程中扮演的重要角色；而像美国底特律和日本夕张这样的地区，由于没有有效新技术的介入，则未能摆脱"资源诅咒"的困扰，画出一条沉沦的轨迹。但是，这两种截然不同的结果是由于城市管理者对技术创新理解水平差异所导致的吗？答案显然是否定的，这些区域发展的脉络更大程度上是一种技术选择的结果。

第三节　生态创新系统与区域产业发展

一、生态创新与技术进步

古典主义经济学家在强调经济增长的主要因素在于物质资本和劳动力，同时，在此过程当中也注意到了劳动分工的重要性。随后，亚当·斯密提出，劳动分工和劳动熟练的结果便是技术进步。自古以来，科技进步一直支撑着人类的发展。在生态创新的研究中，科技进步不仅仅表现在技术上，还有人力、知识等隐性因素上，在推动经济持续增长的同时，降低生产成本及减少污染。

目前，很多学者从产业链的角度出发来研究技术变革。李文贤（Voon Hsien Lee）等在马来西亚的制造业中选取了133个数据集进行结构方程建模,研究了绿色供应链中内部环境管理、生态设计和投资回收与科技创新之间的关系,研究发现绿色供应链对科技创新的影响作用是很大的,除此之外,也可以改善环境,为制造业的建设产生积极的影响。张韵也从产业链的角度出发,将生态创新分为四类:研究开发、生产加工、运输储存及经营销售。在不同的阶段,科技创新起到不同的作用,还对各产业链区间内的生态创新进行技术性和非技术性的划分,如表2-2所示。福舍(S.Faucheux)指出科技创新和可持续发展有着同行的增长和延伸,在一个数字商业生态系统框架中,则更强调了绿色科技创新为生态创新,更加强调了生态创新的重要性,同时指出消费者与产品之间成本最优分配是非常重要的,需要通过利益者之间的合作,才能实现"共赢",并为加强科技创新提供了以下建议:(1)为新能源生产的领域内注入新的活力(比如新成员等);(2)超越边界定性合作,加强监管机构之间的合作;(3)支持科技、管理和组织公共政策的发展,这对培养使用者的行为改变非常重要。

表2-2　产业链之间生态创新类别的技术性划分

产业链区间	生态创新类别	技术性改变	非技术性改变
研究开发	绿色材料创新	√	
	绿色能源材料	√	
	绿色服务创新		
	绿色产品创新	√	√
生产加工	绿色工艺创新	√	
	绿色包装创新	√	
	组织创新		√
	污染控制	√	
运输储存	绿色仓储		√
	绿色流通加工		√
	绿色运输		√

续表

产业链区间	生态创新类别	技术性改变	非技术性改变
经营销售	绿色价格		√
	绿色促销		√
	绿色消费		√

佩林·德米雷（Pelin Demirel）收集了英国 289 个企业，采取了经济合作发展组织的框架来检查外部政策工具和公司内部特殊的因素，展现了三种不同类型的生态创新：末端管道技术、清洁生产技术集成和环境研发，并用英国的环境数据发现了一个杜宾系数模型。研究表明，末端管道技术和清洁生产技术集成主要受设备更新影响，而环境条例对于评估管道末端技术和环境研发是非常有效的。最后还发现，ISO14001 的认证对于加强环境管理系统在末段管道技术和环境研发方面有着积极的影响，但是共同申报准则（Common Reporting Standard，简称 CSR）政策对于任何的生态创新都缺乏影响。

大部分研究为了加快和改善生态创新设计，运用了计算机辅助工具进行研究，海苏斯（Jesus）在基于产品最初设计阶段的计算机辅助工具的方法上，提出化学工程上的科技创新，这类科技创新是基于被改进了的结构发明问题解决理论（Theory of the Solution of Inventive Problems，简称 TRIZ）的工具。一般的系统框架对于在概念设计阶段的科技和环境的需求是非常重要的。最开始整合了环境导向型的方法，此方法在设计阶段对产品的影响和未来的发展是非常重要的。这种方法采用步骤分解来分析所面临的问题和构想的问题，并提出普遍适用的解决方法和可行性意见。

二、生态创新与产品开发

产品，是指能提供给市场需要，并能够满足人们需求的东西，有形的、无形的，或其他组合。产品的生产有着完整的产业链，从供应商的选择、原材料的使用、技术的升级、流程的整合,到进入市场,每一个环节都是生产商重点考虑的对象。

产品的成本是决定价格的重要因素,而价格最终能为市场做导向。所以,产品的设计与开发是实现生态创新重要的内容,如何使产品往生态创新方向发展成了很多学者研究的课题,从产品最初阶段的设计、生产过程中的技术改革、末端的废物预防以及如何在市场中获得生存等,都致力于将环境问题纳入考虑的范围。

在最初设计阶段的研究数量较为丰富,比如杨成俊(Cheng Jung Yang)探索了一种新颖的模式,用来加快生态创新产品在最初设计阶段的改良,也强调了创新原则和发明问题解决理论的演化模式来提高新产品的设计水平,并从世界可持续发展工商理事会(World Business Council for Sustainable Development,简称 WBCSD)获得了 7 种生态友好型元素帮助设计者加强在产品初级阶段的生态创新:(1)降低商品和服务的原料占比;(2)降低商品和服务的能源强度;(3)减少任何一种有害物质的分散程度;(4)加强材料的可循环利用;(5)将可再生能源的可持续利用率最大化;(6)延长产品的耐久性;(7)增加商品的服务占比。而在创新过程中,可持续发展是主要的动力因素。内格尼(S.Negny)同样指出,为了加强和改善生态创造解决方案的设计,必须要运用新的方法到产品的最初设计阶段,在应对环境的挑战中,创新是关键因素,通过生态友好型科技和可持续的产品,可以真正实现绿色增长的概念。可持续性如今是最常见的主体,设计者必须加入可持续性的参数,任何一件产品都需要实现可持续性的要求,因此,可持续性成为首要考虑的因素。也有学者比如王志珍(Wang-Chih Chen)通过分析系统矛盾和发现相关的生物学案例的物场分析模型,沿着这些生物学案例和可利用的资源可以帮助设计者们设计出基于仿生概念的生态产品。

生命周期方法是研究产品设计最常用的方法,小林秀树(Hideki Kobayashi)将此方法系统地整合到早期生态设计阶段中关于质量、成本和环境的问题,提出了一种基于现代生命周期规划框架的更加创新的产品生态设计方法用于支持创新的发展。大卫·鲁索(Davide Russo)还以生命周期研究法和发明问题解决(TRIZ)理论作为生态指导,设计了一种能够识别中小技术型企业生态创新活动的方法——积极创新管理,其目的是为欧洲中小型企业简化生态设计方法,并且为能够帮助处理物质和能量的流动提供帮助。德户(Tak Hur)通过研究又得出生命周期研究法在产品系统的固有环境特征上集合了很多的信息,环境在一开始就扮演着重要的角色,所以当开发一个全新的产品或者方法时,这对新设计或者实现新的生态创新非常有用。但是,环境责任产品评估方法可在改善产品的潜能性上提供更多的信息,所以这两种方法可以相互补充。盖太诺·卡西尼(Gaetano Cascini)用发明问题解决 TRIT 理论提出工程系统进化论的 TRIZ 理论的有效性,以及该理论作为生产技术预测方法的可行性。然而,所有的仪器和程序显示越来越多富有竞争的产品在选择采用创新技术时,需要可靠而重复的方法和工具分析新兴技术及其潜在的影响。大卫·鲁索(Davide Russo)提出了利用一种结构化的方法来对环境进行评估和改善,这种计算机辅助方法叫作生态优化计算机辅助设计(Eco-Optimization of Computer Aided Design,简称 Eco-OptiCAD),基于结构集成优化和生命周期评估方法。Eco-OptiCAD 在产品开发阶段突出了环境影响的核心所在。此外,它还提供了有效的工具来解决这些环境影响,改进产品,同时确保结构和功能需求。

除了早期设计阶段的生态创新研究,在产品的废物预防方面也有诸多的研究,亨宁·威尔茨(Henning Wilts)通过研究发现知识、知识探寻过程、消费者行为模式及原材料的加工成本等方面的问题。从任何一种情况来看,废物预防都是一种"双赢"的情况,成本的节约和环境的保护会自动发生。此外,使用单一、简易的激励措施以减少废物的方法难以在复杂的环境下实施。在许多领域,它都需要改变框架条件来设置,所以需要必要的激励措施来预防浪费。但是预防浪费是否成功很难衡量,所以应该要适当地选取有意义的指标。

而面对预防浪费的横切问题,应该运用相关的指标和基准测试来评估有效性,也应该采取具体的措施来提升效率,根据计量经济学的分析,环境管理体系的认证对于环保产品创新方面有着显著的积极作用。废物处理的相关措施或者是产品的回收系统似乎对于环保产品的创新有着更重要的驱动作用。计量经济学分析表明,其他因素建议类似文献中的环境政策、技术推动和市场劳动以及特定的其他公司特征在环保产品创新方面有着重大的积极影响。根据环保产品创新的描述性分析,不是软因素而是经济方面(比如更高的价格)对于环保产品的商业开发和环保产品的创新有着重大的作用,这能有效减少废物的产生。范·海梅尔(C.van Hemel)比较了33种可能的解决方案来减少产品对于环境的危害,"材料回收""高耐用""物料的循环利用""低能源消耗"等,同时也指出内部的促进比外部的刺激更有利。内部最大的影响因素是创新机会,最大的外部影响因素是"客户需求""政府立法""工业部门计划",总的来说,改善早期生态设计对于生态创新来说是一个机会。生态设计的改善成功与否受到内部和外部激励措施影响,而不仅仅被障碍所局限。

绿色产品如何在市场中成功生存?德瓦希什·普贾里(Devashish Pujari)通过在南美发放有关环保新产品开发的问卷调查,发现影响绿色产品市场绩效的因素主要有新产品开发人员、环境专家、参与的供应商以及产品生命周期的分析。同时指出为了减少产品对环境的危害,重点在于改进原有的产品和科技,而不是创造可持续性发展的产品,即强调新产品的开发需要摆脱传统观念,以实现产品的再造功能,进而使产品在消费、使用和处理过程中得到可持续的创新。计国君在从哈耶克的社会秩序规则二元观得到启发,构建了再制造的生态创新演化分析框架,运用演化博弈探索生态创新外部和内部规则的形成过程;并提出,对企业来说,除了遵守法规,更重要的是如何深入结合生态创新和产品再制造,以保证再制造带来的效益。为了探索不同环境下的市场定位,詹斯·霍巴赫(Jens Horbach)评估了一种概率模型来捕捉不同的盈利模式对生态创新的影响。结果显示,在不同的环境领域内,经济表现是不一样的:成本以及能源的节约对于企业的盈利、市场的可持续发展有很大的促进作用。但在某些情况下市场出现了不适应的现象,其缘由并不是盈利模式不当,而是政策的支持手段不合适,例如组织、控制和合作问题没有得到足够的重视,也没有得到企业的关注。在中小型企业中要加强生态设计不仅是依赖于探索方案来解决科技问题,还需要更多地考量经济以及社会的因素,比如市场对经过环境改进后的产品的接受程度。

此外,拉尼尔(Rainer)还提出了"领先市场"的概念。目前关于"领先市场"的研究已经开始出现。研究者认为领先市场所具有的驱动力和扩大领先市场的举措将会提供更强的动力,特别是在政策驱动上和提升竞争优势上。识别和解释领先市场的发展扩散模式将有助于提升市场竞争力,德国或其他地方已经通过引用环保创新的领先市场而获得了竞争优势。所以,欧洲的环保科技证明了领先市场的经济潜能对提升环保创新政策的重要作用。在国内,领先市场为市场获得竞争能力提供了技术支持。由于中国目前正处于从一个追随者的角色转变为领先市场的角色,所以领先市场的兴起可以带动可再生能源的发展。

约瑟夫·休珀(Joseph Huber)指出了个别发达国家可通过科技环境创新发展和全球扩散起到带头作用,也指出目前不平衡的发展阻碍了低水平发达国家创新的采用率。玛丽安·贝丝亚(Marian Beisea)研究了两个案例:风能和节能轿车。研究结果证明,环境法规可刺激生态能效的产生和创新。研究认为某国率先生成环保产品市场(包括生产和服务)是极有可能成为领先市场的,产品刚开始只是在发达国家中被使用,其他国家通过领先市场的作用逐渐地采用相同的创新设计,慢慢地发展成为在风力发电和汽车行业上的出口大国。可见,领先市场具有强大的扩散作用。但目前的研究并没有专注领先市场,而是关注环境的创新,所以目前最需要做的是延长领先市场地位和建立环保创新领先市场模型、充分考虑到创新的特点,特别是环境效益的公众影响和监管的作用。

三、生态创新与企业成长

企业,实质上是一种资源配置的机制,其作用是能够实现社会资源优化配置,降低社会交易成本。那么,如何优化企业的资源配置,使企业获得更大的收益?以往对于企业的发展,我们更看重的是数量及收入,但随着绿色生态的提倡,人们的观念也开始有所改变,有学者指出,企业成长不能仅仅盯住企业的规模,应注重"质"的变化。因此,生态过程的创新对于企业实现绿色创新有着积极的作用。安琪拉(Angela)选取了 27 个欧洲国家数据库,研究欧洲中小型企业当中不同类型驱动力(生态产品、生态过程和生态组织),研究显示出不同类型的供应商、客户需求以及管制因素可以鼓励不同类型的生态创新。供应商在环保过程以及组织创新方面比环保产品的创新更为重要。市场占有率对于生态产品和生态组织创新有很大的作用,而成本节约只对生态过程创新起作用。研究还提到,如果监督制度、资金补贴和财政鼓励对欧洲企业的生态创新决策并没有起到作用时,应该优先考虑现有的规则和政策来完成生态产品和生态组织的创新。

企业生态创新的发展受到内部以及外部因素共同的作用。内部因素主要包括科技能力、组织能力以及企业社会责任等,外部因素主要包括客户需求和环境规则等,如果一家公司拥有越丰富的外部资源,就越容易实现生态创新。同时,企业高层管理人员的承诺以及对绿色供应链的支持,对于改善环境质量、加强跨部门之间合作、提高企业环境保护意识有着积极作用。计国君也指出,从先进企业内部规则的角度来看,在企业战略选择上,股东和利益相关者的数量是影响企业选择生态创新和再制造战略的重要因素。而从企业的外部条件来看,则需要政府高度重视环境效益,制定科学有效的政策和法规,引导企业标准化。从先进企业外部规则的角度看,政府具备更高的环保责任,因此,增加对企业废物排放的监督,鼓励更多的企业进行生态创新进化和再制造,最终实现政府对再制造的生态创新平衡监控作用。董颖(Ying Dong)还从

245 家中国企业中收集数据进行测试,提出生态创新的发展在中国还依旧处于起始状态。企业生态创新的类型以及环境规则对生态绩效有着很重要的影响。而且,企业规模以及环境规则的执行力度对环境绩效的影响是积极且重要的;企业的规模越大,环境的绩效越强。因中国还没有成为世界上的污染重地,中国的规则对于中国企业的生态创新有着积极的影响,政府应当引导企业进行生态创新。林(H.Lin)通过调查 791 家中国私有制造企业,调查了企业政治资本的影响和股东们在企业绿色创新方面的压力:(1)政治资本在企业绿色产品和过程创新绩效中扮演着重要但消极的角色;(2)企业条例和供应商在提升产品和过程的绿色创新中起到积极的作用;(3)消费者在绿色产品的创新中作用大但是对于绿色过程的创新中表现消极;(4)竞争者对于绿色产品和绿色过程的创新没有起到任何作用。另外,从企业绩效的角度来讲,生态组织创新扮演着重要的角色,生态过程和生态产品创新可协调企业绩效与生态组织创新之间的关系,但是,生态产品的创新不如生态过程的创新对于企业绩效的影响大。乔安娜·克莱维茨(Johanna Klewitz)进行了框架的整合,产生了一种能够覆盖不同分类的可持续性发展策略,也通过不同领域内(主要是中小型企业)环境与可持续性管理、创新管理之间的研究,提出能够通过扩展可持续性策略来解释意外事件。研究发现中小型企业战略的可持续性发展行为包含阻力的、反应的、预期的和基于可持续性的创新,指出在企业中,生态创新比其他三种角度(经济、社会和环境维度)表现得更为重要。企业应当与外界因素(消费者、权威人士和研究机构)合作,这样能够较大幅度地增加中心企业的创新能力。除此之外,国外学者贾斯蒂娜·普尔日乔森(Justyna Przychodzen)还分析了生态创新活动与企业财务业绩之间的联系,这如今也是一个研究领域热门的话题。他提到了四种类型的生态创新(产品、过程、市场和供应商的来源)以及他们对财务业绩的影响。他使用了波兰和匈牙利在 2006—2013 年上市公司的公开数据作为研究,结果表明,生态创新特点表现在高资产股票的回报率。此外,如果一家公司的生态创新力度越大,可能会面临的金融风险就越低,也就可能拥有与传统企业更大量的、自由的现金流。这一发现表明生态创新的先决条件是强劲的资产和完善的金融功能,另外,有必要为中小型企业制定明确的激励机制以及相关的环境政策。

在企业的成长研究中,部分研究学者运用了仿真模型,比如埃里克·布鲁亚(Eric Brouillat)建立了基于主体的仿真模型,目的是模拟在企业、循环器和消费者之间的经济、物理之间的联系,调查公司的创新策略、消费者的选择和回收活动发挥的作用,探索物理环境变量(废物流、纯物流)与经济决策代理之间的联系。文章指出了三种延长生产者责任的方式,分别是回收费用、税金补贴和责任规范。仿真结果表明,只有收紧补贴、紧缩规范才能引导彻底的创新和实现产品设计中较大的变化。在税金补贴中,这种影响更依赖于创新效应,而规范更依赖于选择影响。

四、区域产业发展

在生态创新的概念提出之后,也有学者在此基础上开始探索生态创新系统,但生态创新系统没有具体的概念,一般的研究都放在区域的产业发展之中,那么何为系统? 在统一整体中,生物与环境之间相互影响,并且又相互制约,并在一定时期内处于相对稳定的动态平衡状态,那么生态创新系统的观点应该也在此基础上建立。而区域发展,是指在一定的时空范围内,以资源开发利用、产业组织优化、结构重组为主的一系列经济社会活动。当以区域为研究对象,产业便不再是孤立的因素了,经济、社会、环境三者之间如何平衡,成为学者关注的焦点。当区域产业发展时,单一要素并不能构成整个产业,要素是复杂的,也是有序的,如何研究各大要素对产业发展的影响是至为重要的。

胡剑波通过引入 SBM 模型处理非期望输出,对我国 30 个省(自治区、直辖市)进行了测度,测算出我国区域工业在生态因素前提下的生态创新效率。研究显示,我国区域工业生态创新的测算结果是非有效的,也就意味着其改善空间很大。

　　孙理军在商业网络以及国家创新生态系统理论的支持下,提出了一个在可持续发展条件约束下的矿产资源密集型区域生态创新体系模式。在这个模式框架的分析中,指出矿产资源产业功能实现可持续发展的重要前提是区域矿产的资源禀赋,同时指出某些要素的作用属于投资驱动,可能短期会促进矿产资源密集型区域的发展,但从长远来看,区域压力依旧严重、创新体系难以形成,区域实现可持续发展仍旧存在一定的困难。

　　在区域研究过程中,不仅要测度、建模,也有学者从系统动力学的角度进行仿真研究。李文超从系统理论的角度出发,构建了基于经济可持续发展的系统动力学模型(人口子系统、资源子系统、资本子系统和污染子系统)。研究得出,生态创新可通过两条路径实现:加强产业关联和减少环境污染。从实际出发,生态创新来源于可持续发展的观点,因此,减少污染是必须考虑的原因。同时,在生态创新的影响下,企业将会改变自己的生产要素和组织方式,打破原有工业区内的产业体系,优化物流,节约购买原材料的成本,提高产业关联度。

　　龚常提出,区域产业创新系统的存在并非孤立和封闭的,其发展受限于周边地域的发展状况。通过统筹区域之间的经济发展,可以推进区域产业经济的可持续发展。

　　随着研究的深入,学者们也发现产业的发展不仅仅受到产业自身结构、数量、资源等表象的因素影响,也受到很多外部环境的作用,比如政策、市场等。比如让·马克·布莱兹(Jean-Marc Blazy)针对加勒比香蕉种植园的情况,对不同的农场类型建立了不同的创新模式,并且设计了一系列政策来保护农民的收入。研究得出法属西印度群岛的香蕉种植园具有可持续发展的潜力。同时,该研究提出两种方法用来改良生态创新的运用:(1)采用改进的休耕制度用来提升农场的产量,以此来减少农药的使用;(2)采用政策奖励机制鼓励农民接受生态创新。刘佳对30个中国城市的旅游业的生态创新效率(2001—2010年)进行测度,通过研究发现中国旅游生态创新效率的时空差异特征;研究显示,中国旅游生态创新 Malmquist 生产率在 10 年间呈现下降的态势,并且发现导致 Malmqiust 生产率下降的主要原因,除了旅游生态创新的技术变化为正之外,其他的要素如技术效率、纯技术效率和规模效率均呈现下降趋势。而针对旅游行业技术的不成熟,刘佳建议,各地区应该积极加快旅游产业的结构调整以及旅游产业发展模式的转型。并且,在积极扩大各地区旅游企业规模的同时,应该整合各类资源,推动旅游生态创新。伊格纳西奥·扎巴尔扎·布里比亚尼(Ignacio Zabalza Bribián)对建筑行业也进行了研究,指出建筑产品对环境的影响是能够通过提升技术和改良生产设备进行改善的,通过生态创新替换有限的自然资源来减少生产过程中的浪费。这将促进制造商之间的竞争来生产更加生态有效的产品,还可以鼓励环保产品的使用。

各位学者在研究区域产业发展的时候,政府的作用是不容小觑的,比如任家华根据低碳经济发展的特点研究了生态产业集群创新的方向和动力,分析了基于环境、资源、创新和经济之间的生态系统。学者们指出,区域生态创新体系指的是特定的地理范围内,为了得到更有效的和合理的资源分配方式,将新组合之间的生产元素引入区域经济系统中,以此提高区域生态创新的能力,继而形成区域的竞争优势。而在构建区域创新体系的时候,政府应当发挥职能转换的作用,实现管理及制度创新,明确区域系统内的各个元素,优化组织结构,建立协作机制,实现最大的能量释放。

第四节　区域化国家生态创新系统

一、国家创新系统研究与现状

国家创新系统(National Innovation System,简称 NIS),狭义地讲,则是指国家层面上的科学技术创新体系。广义地讲,国家创新系统不仅包括生产结构和生产方式的创新,也包括了国家层面上与之相关的制度创新等。NIS 由创新网络和创新制度两个板块构成。而高校、企业、科研机构和政府团体都是国家创新系统中的支柱主体，也就相应地构成了创新网络的主体；创新制度也就是政府的相应保护政策的制定和宏观大环境的配合。NIS 的研究是由早期对国家创新体系的宏观抽象概念具体定量化而来的。对于国家创新系统的研究其实是对整个国家层面上创新体系内部各个板块和各个主体相互作用关系的研究，对于社会经济发展的进程和科学技术层面上的联系的研究，是对科学技术创新进行深入研究的新的阶段。

NIS 的理论雏形甚至可以追溯到 19 世纪 40 年代《政治经济学的国家体系》中所提出的"国家体系"的概念；而后技术创新的概念在《经济发展理论》中被熊彼特(Schumpeter)提出。使国家创新体系的三个关键概念"国家体系""创新或者技术创新""系统"都纳入了主流研究领域。自 20 世纪 60 年代开始，科学家开始关注到国家之间在发展速度和发展规模上具有显著差异，开始将研究聚焦到影响国家发展速度的科技政策体系等因素上，这几乎与现在的 NIS 概念非常接近。

国家创新体系与一个国家基本国情都有着紧密的关系。不同的国家创新体系有着千差万别，受其资源、经济、文化和历史背景的影响非常大，其主体构成要素也可能不同：在美国，在国家创新体系中起着主要作用的是大学及其附属实验室，而企业则承担着检验创新产品和将其投入市场的作用；在日本，在国家创新体系中起主要作用的是企业研发部门和研发机构；而在瑞典大多数创新研究是在大学的科研活动中完成的；在德国，相比之下，最重要的则是公共研究机构。根据各个国家之间的差异可发现：在国家创新体系中发挥最重要作用的主体的不同，反映着各个国家在创新体系的创建中对组织建设有着各自独特的理念，从而展现出百花齐放的不同模式——不同模型的出现，很大程度上来自各国经济转型过程中文化和社会发展的内在惯性。

绝大多数创新知识的出现不能直接从大学或研究机构得到，而是来源于用户市场生产人员和销售人员以及普通的一线工人，这是在 20 世纪 70—80

年代研究发现的。但是如何将这些新发现与总结出来的创新过程加以整合，形成一个相对成熟的系统的概念是非常重要的。在 20 世纪 80 年代初，"国家生产体系创新能力"和"创新体系"的概念由丹麦的奥尔堡大学伦德瓦尔（Lundvall）和他的同事提出，这也是这些美国学者长期从事的中心工作。萨塞克斯大学在英国科技政策研究中心从事国际比较研究，弗里曼（Freeman）结合前人的研究，提出了国家创新体系的新概念。

1987 年，国家创新体系的概念被英国经济学家克里斯托弗·弗里曼首次提出。弗里曼指出，国家的公共部门和私营部门机构的网络，每个主体的网络是相互独立的，但主体和对象可以是相互利用的，它们之间的相互配合作用形成了国家创新体系。其存在的意义主要是集齐国家技术创新的一切权力来更好地服务新技术的开发和研究。研究对象包括工业部门和有关企业协会，同时也包括大学、政府部门、公共或私人研究机构等。这些机构相互配合，在知识的创造、存储和传输与技术研发之间搭起一个快速的通道。这将会对国家的知识和技术扩散能力以及国家创新能力起决定性作用。

私人组织和公共机构之间进行资源共享，互补互助，相互联系和配合所形成的公共制度网络被称为 NIS。NIS 中私人组织和公共机构之间合作配合的方式和举行的各种创新活动和成果，决定着这个国家的创新潜力和知识技术的运用和扩散能力。这个系统不仅强调不同机构的合作，还强调研究私营和民营企业，研究比较竞争的激励机制和学习过程，人力资源管理等创新要素的发展，专注于整个创新体系和网络的运作与作用。作为评价国家创新绩效的重要方法，NIS 在国家创新体系中正变得越来越重要。

国家创新体系的理论研究主要分为三个大的方向：第一，学术型研究。早期的研究主要集中在国家创新系统的概念创新，结构的描述，当时的基本模型还没有完全构成，是一个初步提出的假设，以埃德基（Edquist）、帕维特（Pavitt）等为代表，后续定量研究开始增加，一些学者开始使用经济学模型，或是以衡量国家创新系统的绩效为评价指标。第二，政策导向性研究。开始在

1994 年,分为三个阶段,主要工作已经归纳在《国家创新体系》的报告中,这份报告是一个探索创新政策研究基础上的技术范例。第三,NIS 研究。这是在发展中国家进行的研究,这是基于低收入、贫困地区的大环境下进行的。NIS 研究的起步较晚,但逐渐成为主流倾向研究,这些研究强调基本假设的方法越来越受到重视,对特定国家的特定创新的关注更集中。

二、我国国家创新系统研究

美、英、法等西方发达国家和少数新兴工业化国家最早进行国家创新系统的研究,我国相对而言起步较晚。我国主要是以历史、政治、经济和文化背景为支撑,来开展最初的研究,研究的目的是为了揭示创新的过程,考察总结必要的创新要素,但不同国家、不同地区其研究范式并不统一。作为国家创新体系的网络创新和制度创新,国民经济发展的重大研究成果,NIS 方法正在迅速蔓延,而如今 NIS 研究热潮已席卷了全世界。NIS 可以划分为区域创新系统、技术系统、创新系统和产业集群系统等。这些不同的概念划分反映了不同的地区模式的创新、不同种类的创新、不同的方式方法的创新,有助于加深对NIS 的理解和 NIS 自身的发展。我国的 NIS 发展必须总结之前所积累的经验,根据自身基本国情,分析符合其相关特点、结构和功能,寻找组建合适的创建主体,才能构建我国具有鲜明特色的创新体系。

三、区域创新系统

自国家创新体系产生以后,在世界范围内掀起了一个创新体系的研究热潮——区域创新系统(Reginal Innovation System,简称 RIS)。这是一个新兴的概念,在经过了"后福特主义""产业群""区域的崛起"等经济的实践和经济理论的研究和发展后,结合了新区域科学中的各种观点理论,进而产生碰撞反应和相互激励,从而建立了一个将环境、区域增长和区域学习创新联合成为一个整体机制的理论框架。

区域创新系统(RIS)从 20 世纪 90 年代提出以来,日渐增多的区域创新的产物对人们的生活影响越来越广泛,RIS 在国家创新系统中也得到了充分的利用,其产生的突出作用也越来越被人们所熟知和认可,对于某一个国家而言,因受其地理、人文、环境各种因素的影响,不同地区间的区域活动会有很大的差异。区域创新的能力不仅受劳动力素质和研发活动的规模这些主观因素的影响,更重要的是受各种当地社会环境客观外部因素的影响,这些因素包括产学研的联系、产业集群的环境、技术学习吸收的能力。我国创新能力的区域差异,表现出明显的扩张趋势,这是一个跨区域投资的规模和效率创新共同作用的结果,创新能力显著影响生产率,生产率低下就会加大生产成本,高新技术产业发展的低迷会阻碍区域的发展潜力,进而造成区域经济差异。

以下几个方面可以很好地体现出区域创新在区域经济发展中所产生的重要作用和其发展所需要的条件:第一,劳动力素质、教育机构和研究机构的能力、地方性政策的保护与支持是区域创新发展的基础,这些条件的具备将会使这些地区比其他地方拥有更多的创新,自然发展也会更好。第二,创新主体之间的相互关系,企业与高校、科研院所之间的知识交流,是通过当地劳动力市场的流动性进行联系。第三,产业集群具有本地性,所产生的信赖催生形成了地方性的区域网络,这为共享创新信息提供了一个很好的平台和环境。第四,创新体系所处的大环境,包括政策措施和制度安排,对于创新成果的充分重视、合理发展及运用,对区域的发展具有显著作用。

创新是 RIS 的核心,无论是本身系统的发展还是衍生出来的其他分支都要围绕该核心运转。在创新网络模型的分析研究中,包括大学、科研院所、政府团体和企事业单位等都是创新的主体,这是一个创新网络形成的基本条件和主要条件。所以创新体系是由不同区域环境因素联合在一起相互作用、互相补充、互相交流而形成的一个经济主体间社会性互动的结构。并且,它也是一个开放性的机构,这对它本身学习补充外面的新兴理论和知识,提升自己的发展有着重要的作用。创新系统的反馈机制是非常重要的,因为创新系统在受自身周围的环境各方面影响的同时,还对外部环境也产生相应的积极或者不良的影响,这取决于创新系统发展是否健康,发展成果是否被合理运用。区域创新体系的定义包括以下内容:第一,包括历史文化,基础设施和金融生态环境的内部环境,其他地区的环境特点和宏观政策。第二,地方政府所发行的政策措施和制度。第三,该创新系统的结构和大小。以上每一点都对区域创新系统的发展有着重要的影响。

四、区域化国家创新系统

通常来说,RIS 大致分为三个部分,它们分别为区域化的国家创新系统、区域性的网络化创新系统和领土嵌入式区域创新系统。前者不同于后两个:区域化的基础设施建设、区域产业模式体制的建立都已经应用了 NIS,其所有方面都在区域经济的发展中得到了潜移默化的改善。区域性网络化创新系统中,政府通过相关政策干预促进区域内创新合作,提升区域竞争力。区域性网络化创新系统与领土嵌入式创新系统相似之处为企业嵌入特定区域,企业本地化学习多源于社会、地理和文化的临近;异处在于前者拥有一定程度的政府干预,政府注重构建区域公共研发平台、职业培训等制度基础设施建设。领土嵌入式区域创新主要表现的是不同地区的区域创新模式的碰撞和交流,A 地区和 B 地区互相引进、互相学习优秀的管理方法,为自身改进完善,达到快速发展的目的。

五、区域化国家生态创新系统

区域化指将国家生态创新系统理论的范围用于某一区域内。国家创新生态系统这一理论起初是在美国大陆上衍生的。其理论的可行性和先进性非常突出,进而被全世界广泛接受和运用。起初,对于"创新生态系统",是人们在实践中所提出来的,而后才被专家进行学理讨论。当国家创新系统的概念被提出时,日本繁荣的原因被归结于率先搭建此系统。在 20 世纪 90 年代初

NIS 被提出后,在此期间美国经济持续增长,然而日本本来日益蓬勃的经济却低迷直至 21 世纪初才逐渐复苏,美国的再次兴旺提醒着全世界国家光有创新系统还不够,必须作出与时俱进的新探索。美国制造业重振雄风,以硅谷最具代表。研究硅谷产业发展的著名著作有《区域优势》和《硅谷前锋》。《区域优势》道出了硅谷模式,硅谷的工业体系建立在网络产业的基础之上,通过网络连接能实现该体系各行业之间的协作以及激发同行业间竞争的最大化。《硅谷前锋》指出,硅谷的成功得益于它形成了一个难以复制的知识生态系统,这个生态成为科技创新与创业的精神"栖息处",以斯坦福大学为中心的各大企业和经济团体,联合起来创建了独特的知识经济系统。由此可见,科学技术是第一生产力,知识生态系统的建设和科技网络的构建为经济的兴起提供了蓬勃的生命力,是经济发展的源泉前提。科学和技术是一个完整的生态系统,在生态系统里,存在弱肉强食、优胜劣汰的自然法则,这是必然存在的,也是对发展最有力的,有竞争才有创新的动力,最后得以在这个生态系统里生存而且得到良好协调发展的,才会对国家经济的宏观发展起到积极的推动作用。美国在硅谷所形成的区域化的国家创新生态系统,其成功模式值得中国借鉴。

第三章 矿产资源密集型区域可持续发展的理论基础

第一节 区域经济系统的性质

一、经济增长方式与矿产资源密集型区域的现实

考虑一个生产函数,其中 Y 表示生产率,K 为资本存量,而 L 为劳动投入率。这是最初的古典经济学假设,在一个增长着的经济系统中,起决定性作用的是资本和劳动力。对于矿产资源密集型区域而言,我们可以把 K 看作资源禀赋,这样很容易解释资源密集型区域的经济增长本质——高储量的矿产资源会使产业兴盛、区域经济快速发展,而高速发展的经济自然会吸引大量劳动力的涌入。在这里先不考虑技术这一要素,先通过分析区域经济系统的性质来确定在初始状态下该区域的经济发展路径:

$$Y = F(K,L) \qquad\qquad 式(3.1)$$

对上述方程进一步讨论,考虑矿产资源密集型区域经济系统的状态 X,假定其在不同的时间有不同的状态对应,其中可以获得一个新的方程:

$$\frac{dX}{dt} = f_t(X_1, X_2, \cdots, X_n, G_1, G_2, \cdots, G_n) \qquad t = (1,2,\cdots,n) \qquad 式(3.2)$$

其中,G 为控制参数,可以对系统的状态作出及时的反馈,使我们容易考察区域经济系统。在这里必须考虑系统的性质,这决定着我们怎样理解区域经济系统的发展方式。如果秉持古典经济学的基本假定,我们坚信这种增长方式可以被少数几个要素清晰解释,那么我们不需要对其他外生的因素做过多讨论,因为这种增长方式会让区域经济系统趋于稳定,使区域的自然增长率完全符合其均衡增长率。换言之,如果假定 f_t 是线性性质,那么可以认为区域经济增长是一种稳态的线性状态;但若对区域经济系统的性质做非线性的判断,我们则必须考虑其他更多重要的因素,例如技术创新等。

如果在上述的方程中加入一个变量 $I(t)$ 来描述系统内技术水平的波动,那么一个传统的、稳定的方程性质可能会发生变化,因为这种技术水平的波动与时间密切相关。事实上,最近一百年经济社会的进步已经很好地揭示了经济增长不仅仅依赖于资本和劳动力这一事实的本质。索罗(Solow)、扬格(Younger)和罗默(Rome)持续的工作已经将技术这一重要的要素嵌入经济增长的方程中去,但是上述学者的工作并未真实涉及对经济系统性质的判定中,他们都将经济增长的结果归功于自然增长率必将逼近均衡增长率这一假定,这种观点是一种折中主义的体现——尽管技术水平的波动会对经济增长产生剧烈的影响,但这种影响从一个较长的时间尺度来看则是趋于稳定的,在经济发展历史上出现的大幅度的波动是一些外生因素扰动的结果,而非系统性质决定的。

但在现实尺度上,我们很难观察到区域经济系统保持长时间的稳定状态。回到我们讨论的对象"矿产资源密集型区域"上来,由于丰饶的资源储量,很难相信矿产资源密集型区域会选择一条非资源产业的发展路径,而这种强烈的路径依赖会受到资源有限性假定的约束。因此,该类型区域的发展方式不可能是一条持续保持稳定的发展路径,在资源走向枯竭的过程中,高昂的产业结构转移的成本必将把整个区域经济系统拖入持续波动的状态。事实上,众多的经验研究的证据表明,在经济增长的过程中,涉及其波动的因素远远不止储蓄率、劳动力和资本等几个要素,而是诸多要素错综复杂、相互作用的一个复杂的机制。从传统的生产函数出发,一个稳定预期的经济系统的状态 X 可以用如下的方程表达:

$$\frac{dX_t}{dt} = 0, t = (1, 2, \cdots, n) \qquad\qquad 式(3.3)$$

上述方程可以被理解为"稳定的经济系统中一定会出现完全生产和完全消费的状态",同时这种状态不受时间这一变量的影响。换言之,该经济系统的状态在任意时间、任意地点都显示出强烈的稳定性。这一方程如若成立,就意味着区域经济系统是一个封闭的、与外界完全没有信息交互的系统,唯有如此,在不存在熵的情况下,系统才可以保持绝对的稳定。但是这种状态往往只能出现在理想的方程中,而不是现实世界。

毫无疑问,对于矿产资源密集型区域的发展而言,如何改变单一的依赖于资源禀赋的增长方式是其最重要的任务。这种变化是一种触及区域经济系统底层的根本性转变,它必将引起区域经济系统的剧烈波动,这种波动很难相信会收敛到一个稳定的状态中。考虑到资源枯竭这一结果的不可逆性,实现矿产资源密集型区域的可持续发展目标必须依赖于新产业的成长与构建,而旧产业替换新产业的实现路径必然与技术创新息息相关——缺乏新技术的介入将无法推动现有产业的结构性变化,也很难吸引足够的投资以扶持新产业的发展。

经济系统的复杂程度令人难以想象,从热力学理论的角度来说,复杂系统内部的交互机制本身就是由一种无序的、不确定的状态所引导,并呈现出非线性的特质。一般认为,一个成熟的经济系统,其自身的状态是连续变化着的,这种状态的变化受到系统与外界所进行的信息交互频繁程度的影响。在这种施加的影响下,区域经济系统会从交互过程中自动搜寻最适合自身发展的状态。在大多数时候,我们会将劳动力、资本、技术三个要素考虑进描述经济增长的方程中,我们也会认为资本的消耗路径、技术水平与劳动力存量之间存在一种"天然的"函数关系,但如果把这种函数关系粗浅地理解为线性相关的话,我们会在观察区域经济系统波动的过程中漏掉许多非常关键的因素。

对于产业结构单一的矿产资源密集型区域经济系统而言,理解区域经济增长的实质相对简单,这是因为我们很容易从几个关键的变量入手对经济系统进行描述,例如固定资产投资、资源储量、从业人口和技术水平等,通过计算,大致可以描绘一条此类区域增长的曲线。但关键的问题并不在这里,我们可以通过投入产出法或进行生产前沿面的分析来分析技术效率,但不知道导致这种效率的资源配置方案的内部形成机理究竟为何。无论是投资、人力和技术中的任一要素,我们都无法完全确定其应该以一个什么样的比例存在以支持区域经济更好地发展。在这里有一个假定存在,即如果我们认为这些资源配置的结果会对区域经济增长产生重要的影响的话,那么上述几种要素本身之间不会存在复杂的交互关系。但生产过程是一个产业内外部环境信息有效交互的结果,这是一个具有开放性的系统的特征之一,面对这样的一个观察对象,任何一种稳定性的表述都将是令人怀疑的。

重新考虑方程(3.3)所定义的规则,对于一个稳定的经济系统,系统的任何状态都可以被一系列简单或是复杂的规则所定义。借助一些数学工具,我们能够表述不同数量级之间变化所导致的系统演变轨迹的差异。对于矿产资源密集型区域而言,如果我们为其中的产业组织和个人定义一些规则,让其自动运行下去,那我们究竟会获得怎样的一个结果?难以想象,如若我们设定了资源的消耗速率而对其他诸如劳动力、技术等不叠加随机扰动项的话,那么灾难性的结果将不可避免——资源枯竭和经济系统趋于崩溃。显然这不是我们的目的,我们深信仅用资本、劳动力和增长率(收益率)来描述区域经济系统的状态是不切实际的,因为我们不愿意看到这种强烈依赖于资源禀赋,并缺乏有效技术支撑的增长方式把矿产资源密集型区域拖入毁灭的深渊。

二、矿产资源密集型区域经济系统的非线性性质

对于新古典理论的支持者而言,把自然经济社会看作一台永动机可以更加简单地对客观现实作出解释,他们坚信,只要没有特殊外力的存在,这种运行轨迹会按照预设的轨道持续运行下去。随着经济的发展和世界经济交互的频繁,原本单一孤立的区域发展模式被交互式的世界贸易所取代,因此,越来越多的外生扰动会给稳定的经济增长趋势添加不确定的因素。最为重要的问题是,如果每一个要素的边际效率可以被定义的话,那么我们就一定可以重现一个区域经济增长的趋势吗? 对于这样的问题给出回答的困难是巨大的,这种认识论的基础直接否定了作为复杂系统存在的客观世界。不可否认的是,对于矿产资源密集型区域而言,大量的研究事实上取得了预期的效果,这种效果对现实世界的解释力也有不错的回应。这并不难理解,因为相对简单的产业结构会让分析中的不确定项的数量减少到最低,但这种效果往往会在矿产资源密集型区域高速发展的阶段显示得较为明显,而在资源快速枯竭的阶段,这种分析的解释力就大打折扣。

在矿产资源密集型区域深陷资源枯竭陷阱的时候,最重要的问题就是:如何打破原本稳定的产业结构,而向一种全新的、复杂度较高的产业结构形态演进。因为长期以来产业结构的稳定并不是某种全要素生产率提高的结果,而是涉及经济系统波动要素有限所致。重新对矿产资源密集型区域在资源枯竭阶段的表现进行考察,我们会发现一些与以往不太一样的现象。简单来说,最明显的现象就是产业结构变化的困难,在经济增长的过程中要素配置的效率始终处于一个较低的水平。此时,如果把经济波动看作要素本身的涨落问题的话就会陷入一种逻辑悖论——走向衰落的单一产业结构如何使要素的配置效率提高? 归根结底,导致这种衰减的最关键因素就是作为该类型区域产业发展动力之源的矿产资源陷入枯竭境地。在这种情况下,无论采用何种配置资源的方法都不能重振区域经济系统,产业结构的升级成为必然的选择。

那么,问题就很明显了,如何使该类型区域实现产业结构变化的发展道路? 在产业结构相对单一的阶段,我们需要观察的要素事实上是有限的,我们可以较轻松地对观察的经济系统作出有效的判断。但当单一产业结构向复杂的、更为开放的状态转移,由于更多要素被嵌入这种变化的过程中,我们对经济系统观察的难度增加。此时的区域经济系统显示出与之前单一产业结构的系统状态明显是不同的,更多的时候,系统的波动轨迹显示出一种非线性的震荡。

在此,再一次考察方程(3.2),我们稍稍变换一下对其解读的角度,如果相信所有的 f_i 都是线性叠加的话,那么索罗的生产函数是正确的,但如果 f_i 显示出了非线性的特质,我们就必须重新审视经济系统的涨落规律。如果不考虑技术进步的要素,在一个线性的经济系统中,我们只要持续增加要素的投入,系统的产出一定是递增的;但在现实中,持续的要素投入仅会在一定水平上维持经济增长的动力,当越过某边界之后,系统的增长趋势与要素的投入之间的关系强度就会下降,这种波动并不是由外生政策或者投入效率降低而引起的,更多的时候,这些要素之间开始存在一些相互抑制的交互,把系统从一个单一的表现形式向更为复杂、多变的系统性质牵引。而如果区域经济系统真的显示出非线性的波动,那么,要素状态的改变并不能保证系统的波动幅度可以用要素的增加或减少来简单地描述线性变化。这些状态变化的复杂程度难以想象,很可能会有多种状态同时与之对应。

继续考察方程(3.3),我们可以简单地对一个系统状态的均值进行描述,而那种偏离均值的状态可以被看作区域经济系统产业结构变化的标志,这种涨落是一种对均衡性假定、规模报酬递减规律的背离。将这些变化看作经济系统的随机扰动和外生变量影响的结果,对于解释这种波动无疑是有利的。对于一个单一产业结构的地区而言,在产业结构变化的过程中,外生因素对整个系统的扰动可以看作阻碍系统稳定趋势的破坏力,但也可以看作将波动的系统拉回稳态的有效力量。结束一个仅含有增长率、劳动力、资本的经济增长模型的探讨,依照索罗理论的假定,在描述系统状态的方程中引入一个外生的扰动变量。设系统在 t 时刻的状态为 $X(t)$,加入一个扰动因子 $I(t)$,有方程:

$$\frac{dX_{(t)}}{dt} = X(t^8) + I(t) \qquad\qquad 式(3.4)$$

方程(3.4)简单地展示了一个在某一时刻外生扰动对系统状态的影响,是系统的瞬时状态。不论如何对这种外生扰动进行解释和描述,它都会对整个系统产生足够的影响使其偏离正常状态。引入这种瞬时状态的描述,可以更好地帮助我们了解区域经济系统波动的本质。考虑到任何区域在产业结构的变化过程中都会显示出很不稳定的状态,而对于这种状态的观察应当跳出传统的分析框架,因此,我们将在本书中选用一些基于非线性理论的分析工具。

第二节　矿产资源密集型区域经济系统中主体运行规则

要观察一个系统的涨落,应当通过宏观的视角去分析系统中各主体之间的活动。主体之间的交互作用比起外生的扰动更容易解释一个系统涨落的本质。任何非线性系统的演化过程都伴随着远离平衡态、无规则运动的特征。在经济系统内,各主体运动的选择偏好是一种自发地对市场状态的直观反应,如同在能源市场兴盛的阶段,大量资本和人力会向资源型产业涌入一样,每个主体在这个系统中多多少少都会受其他主体的行为变化和外部环境波动的影响。

在真实的世界中,每个自然人或企业组织作出的决策事实上是受有限理性的假定约束的。由于信息获取渠道的不对等和信息处理能力差异的影响,任何组织或者个人都无法对经济系统内运行轨迹的变化作出最为正确的反应。这一假定可以较好地解释经济周期波动的现象,我们可以把衰退看作经济系统内主体由于信息有限而作出的错误决策的集合。我们深信,经济系统中的主体不会预见其他主体的行为,仅能从一个长期的服从概率分布的行为集合中探寻证据。在这些主体进行选择的同时,市场也在对它们进行选择,这种双向的选择过程构成了经济系统运行的基本规则,而这种基本规则是难以预料的。在这里,本书集中讨论在矿产资源密集型区域中各个主体行为的变化轨迹。为了分析上的方便,本书对区域经济系统中主体的运行规则从不同的认识视角分别讨论。

一、线性增长视角下的区域经济系统主体运行规则

我们把经济系统中各主体的行为总和用如下的方程表示:

$$\sum_{i=1}^{n} x_i = 1, X = (x_1, x_2, \cdots, x_n) \qquad \text{式}(3.5)$$

其中,X 是行为集合,i 则代表某一主体。在资源禀赋较高、产业结构单一的阶段,这些行为的集合可以用整个经济系统的瞬时状态来表示。这种状态是系统中各主体间主动选择的作用结果,而 $f_i(X)$ 可以被表示为某主体对这个系统状态的适应性函数,它直接反馈主体的选择结果。在此基础上,如果要进一步描述系统的变化状态,就必须考虑系统中所有主体状态的集合。用 i 来表示某个被选择的主体,$\tilde{f}(X)$ 来表示系统中所有主体状态的加权平均,构筑一个方程来描述整个系统的变化状态的话,可以用如下的方程来表示:

$$\frac{dX}{dt} = x_i(f_i(X) - \tilde{f}(X)), i = 1, 2, \cdots, n \qquad \text{式}(3.6)$$

进一步地,可以考察系统波动状态与主体状态之间的关系:

$$f(X) = \sum_{i=1}^{n} x_i f_i(X) \qquad \text{式}(3.7)$$

从主体状态集合与单个主体之间状态的差异可以得到整个系统的波动状态,一个接近适应性函数中行为集合的主体会表现出增长的趋势;反之,则会

表现出衰退的状态。但是,并不是每一个主体都会无限逼近适应性函数,在不能预知其他主体行为的情况下,会有主体持续地偏离适应性函数,并进一步导致整个系统的震荡。

在这里,我们作出一个假设:矿产资源密集型区域如果处在资源禀赋较高的阶段,区域经济系统中的每一个主体,在竞争性的环境中会根据与之竞争的主体的选择行为而选择,那么,主体的所有行为的集合就可以被看作系统有可能存在的所有状态的集合。

基于这一假定,我们可以较容易地判断出区域系统经济增长的水平高低,并进一步描述这种增长的动力源泉究竟为何。这是因为在这个可能的集合中,由于整个区域正处于资源开发能力较强的上升阶段,经济系统内的要素相对有限,同时显示出产业结构单一的特性。在这种情况下,我们能够较简单地获得一些平衡点以满足对区域经济系统描述的需要。尽管将观察视角提高可以观测到某种竞争中的近似均衡,但如果把区域经济系统作为非线性系统进行观察的话,寻求绝对的稳定点则是困难的,为系统中的主体行为制定一套可以有效解释的规则也是困难的。

如果换一种思路,我们把区域经济系统看作一个非线性的系统,系统中各主体的行为不能够被一套固定的规则解释,同时我们的观察结果也只能表达系统的某一瞬时状态,那么,对主体行为进行描述的目标便不能实现。为了简化关于这个问题的思考,我们把主体行为的变化看作一种对系统状态的适应性改变,并假设其行为集合可以被一种适应性函数所解释,那么,系统就会有一种总是会对适应性函数逼近的情况,在这种情况下,任一主体总是能作出有利于自身的选择,或者将经济增长看成是一种仅考虑选择机制的行为集合。进一步地,将适应性函数 $f_i(X)$ 看成是一个常数,更简单地,在坐标系里,$f_i(X)$ 会表现出单调性的特性,主体选择集合会单调增加,无限地逼近均衡态:

$$\frac{df}{dt} = var(f) \geq 0 \qquad\qquad 式(3.8)$$

从方程(3.8)可以看出,所有主体的适应性函数的方差会无限接近于均衡状态,适应性函数在此种状况下满足最大化的假设。这个方程可以用经典的古典理论来解释,并且一种寻找最优解的思想可以把问题极大地简化。

考虑一种更为复杂的情况,在矿产资源禀赋较高的阶段,区域经济系统内各主体都会自然地倾向于将各种要素资源向矿产资源倾斜。这种逐利的心态会让大部分的主体运行轨迹得到解释——资本的天然逐利性。但是,这种解释却暗含一种观点——即便在信息有限的前提下,区域经济系统内部的各主体依然可以选择对自身最为有利的行为方式。这种观点可以被方程(3.8)近似地解释,一种适应性函数的存在可以帮助系统中的主体寻找一条最有利的发展方式,进一步地,这种有利的发展方式会使各主体更好地发展,使其规模进一步增大。严格意义上,区域经济水平增长可以被产业规模和产业结构解释,一个发展水平较高的区域,其产业结构的有序度和产业内企业数量应当都处于一个上升的阶段。因此,对产业内部企业数量和产业结构的有序度进行解释可以帮助我们认识区域经济增长的本质。

那么,我们能否通过对主体行为的适应性函数的分析就获得产业结构是否有序和产业内企业数量波动的结果呢?事实上这很难说,如果我们坚信适应性函数可以帮助我们厘清系统内主体的行为,那么也就意味着我们相信主体的一切规则都可以通过适应性函数来解释,也就是说产业规模的扩大和有序度的提升皆是适应性函数影响的结果。这种增长可以被看作持续的,只要资源储量保持在一个较高水平上,这种数量的增长便没有极限,而在资源枯竭的阶段,这种企业数量的下降也同时是无极限的。

很显然,这种结果并不是我们的诉求,我们真实希望的是矿产资源密集型区域可以实现真正的永续发展,不论是在资源禀赋丰饶的时期,还是资源枯竭环境恶化的阶段。跳出这种线性思维的束缚,我们应该仔细考虑在资源枯竭,区域产业结构面临深刻变化的阶段,这种所谓的适应性函数是否还可以对区域经济系统内部各主体的行为给出有效的解释。这个问题的答案很难立即给出,因为在现实中,我们很容易看到无论是企业数量的波动,还是产业结构有序度的调整,这种幅度的波动都不是单一因素决定的,期间的动力机制是一个复杂多元交互的过程。因此,在下一节中,我们着重讨论这种区域经济系统内主体在数量尺度上的变化规则。

二、非线性视角下区域经济系统主体的运行规则

1982 年,演化经济学理论的先驱,理查德·纳尔逊(Nelson)和悉尼·温特(Winter)开发出了一套全新的分析工具,以求对越来越复杂的客观经济世界的运作方式给出比古典理论更为有效的解释。在他们整套的分析工具中,最重要的是重新定义了作为经济系统中最重要的组成部分"企业"这一主体"并不依照一套预先设定的规则来运动,而是在经济波动的过程中,采用'惯例'和'搜寻'来调整自身的决策规则,作为经济系统中的主体在不停地适应外部环境的过程中,会逐渐修正规则以实现与其他竞争主体的交互运动"。这种解释方式将被观察的经济系统看作一种非线性的系统,其间主体的行为选择无法依照预设的规则来进行,而是要通过其他主体的行为规则来进行判断。在这种决策变换的过程中,我们发现,所谓的预设规则无法使主体具备自由选择的能力,传统古典理论中的均衡现象也就很难被观察。

依照纳尔逊和温特的理论,观察者可以参照这种交互运动,来大致地理解经济变迁的过程。他们认为企业的多样性决定了企业搜索和决策规则的不同,并尝试将要素与技术进步分离开,要素决定投入和产出对整个市场供给需求的影响,而技术进步则体现了企业对整个市场状态的一种反应。纳尔逊和温特将整个经济系统的波动蕴于竞争之中,既不依靠最大化的假设,也不完全承认均衡态的存在。企业拥有自己的"惯例",依照此"惯例",企业的生产规模并不受外界活动的过度影响,而是通过竞争来逐渐进行调整。他们进一步

否定了经济系统的可预测性,因为存在大量不可预计的随机扰动变量,但他们也认为经济波动的过程可以符合一个马尔科夫过程的定义——系统的当期状态可以预估下一时期状态的概率分布。而在面对一种对企业不利的局面时,企业"惯例"的改变则依赖于技术创新的运用。纳尔逊和温特引入了熊彼特式创新来解决这种被动的"惯例"变化,提出一种通过创新实现的竞争,这种创新是生产要素的重新组合,这就说明创新不但是技术层面的改变,同时也应当是企业"惯例"的更新和细化。企业通过创新获得超额利润,扭转不利局面,企业的"惯例"被赋予新的内容。

在他们的分析框架中,企业"惯例"的改变是技术创新的结果,创新的实质是经济系统内要素的重新组合。对于矿产资源密集型区域而言,这种分析工具有着特别的效力。当我们考察一个矿产资源密集型的区域,在经济系统演进的不同阶段,我们看到对于资源依赖型的企业而言,它们的"惯例"变化的空间是有限的,但是在经济系统内的资源配置变化却是剧烈的。按照纳尔逊和温特的理论,经济系统中主体的行为变化要受到其自身的当期状态与外部环境的双重制约。对于资源依赖型企业而言,这种双重制约使其发展蒙上阴影,并使其产业结构转型的道路困难重重。只有通过创新,让原本由于资源矿产路径依赖的传统型企业重新配置其要素,才能寻求新的发展路径。

如果上述推论逻辑无误的话,那么根据现有主体搜寻规则,当主体面对有利或不利的外部环境时,其演变的规律是不一致的。当一个主体在面对有利的局面时,其改变自身策略的可能性是低的,反之则会有更为剧烈的反应。考虑观察一个矿产资源密集型区域的经济系统,在初始阶段,由于资源路径依赖,主体的状态是不会对环境产生强烈的反应的,而是要经过一个较长的时期,当进入到资源枯竭的时期,主体发现既有搜寻规则会致使其处于一个不太有利的状态中,才会有较为强烈的反应和波动(新技术搜寻),而在产业结构变化阶段的末期,由于主体本身已经作出了适应性的调整,其反应强度也会随之降低。这事实上是一个较明显的曲线变化过程,其总体特征显示出一个的形状,和 Logistics 方程基本一致。

Logistics 方程最初是由雷蒙·比尔(Remon Pearl)提出,主要是对人口增长进行准确的描述。近年来,Logistics 方程被广泛地运用到社会科学的研究中,其中包括大量的经济学研究,来进一步分析复杂的宏观涨落行为。Logistics 方程的表达式为:

$$X_{t+1} = r X_t (1 - X_t) \qquad\qquad 式(3.9)$$

继续,设 $X = X(t)$ 是经济系统在 t 时刻的瞬时状态,这种状态变量受系统中波动速率影响,并存在正比例关系。即表明,当系统中要素呈现增长的状态时,系统的状态表现为增长;反之则表现为衰退。系统状态的增长和衰退存在上下界,在增长的极限会趋向衰退,而在衰退的极限则会返回增长的趋势。这种假定符合了在矿产资源密集型区域经济系统波动的过程中主体行为和系统状态受到某种规则限制的表述,也符合 Logistics 方程型曲线的特征。考虑一个增长导向的系统,系统的演化轨迹用如下方程表示:

$$\frac{dX}{dt} = \mu X (B_h - X) \qquad\qquad 式(3.10)$$

其中,把 u 看作系统状态波动幅度的调节阈,它由经济系统中的各要素决定。考虑 X 作为系统的一种瞬时状态,设 B_h 是系统可能的上界,其和资本与储蓄率相关,这样,方程(3.10)就是一个简单的 Logistics 方程了,在这个设定的经济系统中,其演化的轨迹应当可以被反映为是 Logistics 方程曲线。进一步考虑到 X 是一个随时间变化的参数,其代表了一种增长的可能性,μ 不变的条件下,$(B_h - X)$ 也会随着 X 的变化而变化,也就是说 $(B_h - X)$ 会随着 X 的增大而减小,显示出一种负反馈的状态。近似的,可以将方程(3.10)看成是一个线性方程。那么,μ 在不考虑的取值情况下,B_h 的取值范围会决定方程是否存在意义,要进一步分两种情况进行考虑。若 $B_h > 0$,方程的变化轨线符合实际的现实情况,而 $B_h < 0$ 的话,一个负值是无法作为系统的上界存在的。

进一步讨论,虽然以上推演能够基本抽象地涵盖本书讨论的主体行为问题,但是有一个问题却无法忽视,即时空动力学行为中的阿利(Allee)效应。阿利效应的影响揭示出种群密度自身增长具有中间尺度和大尺度现象,这些现象将直接影响种群增长率阐述的选择,进而直接影响模型的性质。例如,通常种群增长率参数为三次多项式,这个假设暗示着中间尺度的种群密度的阿利效应来自于种群内部竞争干预。对于小的种群密度,阿利效应是十分重要的,此时种群内部竞争效应较为微弱,而对于高的种群密度,由于资源的限制,种群内部的竞争效应就较为明显。假设状态之间的转变十分迅速,即在一个很小的区间上,那么意味着种群状态的改变依赖其自身密度的跳跃。

对于强阿利效应,我们知道对于初生的新型企业更为重要,即所谓的小密度种群,此时有如下方程,来描述近似的种群的增长:

$$F(\mu) = -\alpha\mu + \delta\theta(\mu - \mu_A) \qquad 式(3.11)$$

其中,u 为种群在小密度时的衰减率,α 描述种群增长转变区域的位置,δ 是转变跳跃数量级,$Q(\mu)$ 是亥维赛函数(Heaviside Function),即:

$$\begin{cases} \theta(\mu) = 0, 当 \mu < 0 时 \\ \theta(\mu) = 1, 当 \mu > 0 时 \end{cases} \qquad 式(3.12)$$

亥维赛函数以一种极简的方式,描述了任意一个主体的状态的改变,从而为我们考察观测对象的变化提供了技术上的可能性。

回归到方程(3.10),由于方程(3.10)是一个线性方程,其系统任一时刻的状态是可知的,通过它我们可以方便地对系统状态进行描述和求解。为了使方程描述的系统更加符合现实的状况,考虑 $\mu > 0$,那么 $\frac{dX}{dt} > 0$ 是成立的,方程(3.10)能够刻画出一个系统演化的轨迹,并通过求导找出演化曲线的极值:

$$\frac{d^2X}{dt^2} = \mu^2 X(B_h - X)(B - 2X) \qquad 式(3.13)$$

方程(3.11)可以描述系统状态在任一时刻的加速度,并令 $d\overset{-}{t^2} = U$,使 $0 < X < B_h$,可以求出演化曲线的顶点坐标。再进一步对方程(3.11)求导:

$$\frac{d^3 X}{d t^3} = \mu^3 X(B_h - X) \left[B_h - (3 + \sqrt{3}X) \right] \left[B_h - (3 - \sqrt{3}X) \right] \qquad 式(3.14)$$

令 $\frac{d^3 X}{d t^3}$,使 $0 < X < B_h$,对方程(3-14)求解:

$$X_1 = \frac{B_h}{3 + \sqrt{3}} , X_2 = \frac{B_h}{3 - \sqrt{3}}$$

由于方程的性质,方程的两个解就可以对应演化曲线的两个极值,方程的解可以理解为在这两个极值附近系统的状态。所以,当将时间参量的取值范围考虑 u 为无穷的话,那么 X 也就会无限地趋近于 B_h。那么当考虑 $X = 0$ 时,方程可以求解,这就可以得知任一时刻系统演化的状态。

进一步讨论方程(3.13)中两个参数 μ 和 B_h 对系统状态的影响,由于要保证方程在现实的解释上存在意义,所以要保证 $B_h > 0$。在此条件下,若不考虑 u 的变化范围,B_h 会直接决定系统的状态,在极限条件下(例如趋于无穷时),会有 $X = B_h$。

那么,当 $B_h > \mu > 0$ 时,μ 决定系统的变化速率,μ 越大,系统的波动幅度就越大。

方程(3.10)表示的是一种增长导向的系统演化轨迹,但在实际的经济社会中,系统的波动绝不是单向的,而是在一种观察层面内上下波动,这种波动为经济社会的发展带来了勃勃生机。一个总是增长的系统是不存在的,所以,在方程(3.10)的基础上,为系统进一步提供一个下界 B_l,对方程(3.10)进行修改,得到:

$$\frac{dX}{dt} = \mu \times (B_h - X) - B_l X \qquad 式(3.15)$$

其中,B_l 代表系统衰减的下限,在 μ 不变的条件下,$B_h X$ 随着 X 的变化而变化,由于 X 是随着时间的变化而变化,当系统满足条件 $\dfrac{dX}{dt}=0$ 时,系统也显示出线性的特征,但是,系统的状态不再由 μ 和 B_h 单独决定,而是与 B_l 共同决定系统某一时刻的状态。对方程(3.15)进行求解,可得:

$$X_1 = 0, \ X_2 = B_h - \frac{B_l}{\mu}$$

相对容易地,我们可以发现,在 $\mu>0$ 而 $B_h - \dfrac{B_l}{\mu} > 0$ 的情况下,解 $X_1 = 0$ 是不稳定的,而 $X_2 = B_h - \dfrac{B_l}{\mu}$ 是渐进稳定的,系统的状态在此刻会向 $X_2 = B_h - \dfrac{B_l}{\mu}$ 偏移,系统的状态会在上下界之间形成一个动态的平衡。而另一种情况,如果方程(3.14)满足 $B_h - \dfrac{B_l}{\mu} > 0$ 且 $\mu<0$ 的话,方程在 $X_1 = 0$ 处是稳定的,而在 $X_2 = B_h - \dfrac{B_l}{\mu}$ 处是不稳定的,系统状态逼近0,这样就对经济系统本身的状态没有任何意义。

接着,考虑一个点 P ,可以访问解 X_2 范围内的所有轨迹,那么可以将方程(3.13)进一步变换如下形式:

$$\frac{dX}{dt} = (P - X) \qquad\qquad\qquad 式(3.16)$$

那么,当 $P>0$ 时,系统会在点 P 附近趋于稳定,系统的状态会显示一种动态的波动,而当 $P<0$ 时,系统会在点0附近趋于稳定,系统的状态在现实世界中不存在意义,所以,点 $P=0$ 时,可以被看作系统是否处于运动状态的临界指标。

把理论推演映射到现实世界,对于矿产资源密集型区域经济系统内的各个主体(包括个人、商业组织、政府等)而言,其变化的路径和Logistics方程演进的过程有异曲同工之妙。事实上,对于任一经济系统,其都存在可能的上下界,无论是秉持线性观点,还是将其看作一个非线性的系统,寻找系统的平衡点是我们分析系统性质的第一步重要工作。在关于矿产资源密集型区域演化轨迹的讨论中,我们将演化的极限规定了一个是常数的上下界,这种设置使系统变得稳定,如果系统的上下界以常数的形式存在,那么依据方程(3.10),变化速率 μ 也是由常数表示的参数,系统的状态也同样可以实现求解。这种稳定的局面事实上在实际的观察中很难被捕捉到,因为作为观测对象的经济系统的波动是剧烈而难以控制的。从技术层面考虑,我们在认识客观经济系统的过程中,往往会对经济现象做模拟以更好地理解经济变迁的实质。这时,我们需要给出一个初值以方便模拟的进一步进行,我们会天然地把这个初值看作系统的某一个稳定点,就类似于方程(3.16)所描述的点 P。进一步地,如果可以断定系统的初值,那么,对于一个渐进演化的系统,方程事实上是不能反映出系统内部因素相互影响而变化的轨迹的。

简言之,当一个系统的参数都以常数形式存在,并且其状态的变化幅度是可以控制的,那么整个系统的变化轨迹和其间主体的运行规则就是可以被确定的。但在区域经济系统的演进过程中,渐进的演化系统必然会有状态的变化,由于各主体之间决策的选择和信息的变化,系统的演进应当显示出一种非线性的特质。如果我们认为系统中的参数可以孤立地、确定地存在,那么我们就无法完全地将稳定的模拟的系统和复杂的现实的客观世界相联系。否则在逻辑上就无法给出合理的解释。基于此,本书得到如下两条完全相悖的推论:

(1)如果方程中的参数是给定的,那么方程(3.10)认为系统中的任一时刻的状态可以由系统的初值确定;

(2)系统状态的变化是渐进的,会导致决定系统内外部状态的若干参量发生变化,模型参数会发生改变,这种改变受其自身决策的影响。

明显的, a 和 b 两条推论是相矛盾的,不能存在于一个逻辑系统之下。

继续观察矿产资源密集型区域经济系统,我们发现,在其初始阶段,其发展轨迹符合参数可控的假定,其演变轨迹是大致可以被预测的,而在其进入枯竭阶段后,系统内各主体的行为都发生了强烈的变化,这主要是因为系统内资源数量的变化导致整个环境发生了变化。在这个阶段,方程中参数若是持续稳定的,那么系统运动的轨迹将不能对客观世界做清晰的解释。但如果考虑方程(3.10)中的参数 μ 和 B_h 之间受某种外力推动而存在相互的影响,那么,我们可以得到一种近似的解释。

在 Logistics 方程中,我们如果将参数的性质做一些调整,使它们之间存在相互影响的关系——就如同纳尔逊和温特的理论一样,让主体的规则由其他主体的运行规则决定。假定一种情况,在系统的初始状态中,选择若干观察项,通过对这些观察项的跟踪来对系统的状态进行确定。对于矿产资源密集型区域而言,如果将"资源禀赋"作为观察项,我们可以很清晰地观察到资源型产业成长和衰落的轨迹;而如果把观察项确定为产业内企业数量的变化的话,我们很难从一个初始值推出其演变的路径——因为上述的两个观察项之间并不是单调影响着的。

三、矿产资源密集型区域经济系统演变的思考

上两节我们讨论了一个可能的矿产资源密集型区域的演变路径,并在不同的视角上给出了讨论。几乎和所有的经济系统一样,矿产资源密集型区域在其生命周期长度过程中不断显示出周期震荡的现象。这种周期震荡很难被认为是一种线性因素叠加的结果,因为如果可以用线性方程对矿产资源产业的发展给出一个结论的话,它也就不会在资源枯竭的阶段深陷发展的梦魇。

在本章中,研究开始引入了一个新的方程以描述区域经济系统的波动——Logistics 方程。这个方程最初是用来描述人口数量变化的,它可以提供一种接近于真实的人口数量演变轨迹——尽管在持续增长,但我们并没有因人口爆炸而陷入发展的绝境。Logistics 方程是对完全决定论的马尔萨斯人口增长方程(Malthusian model)的否定,它可以描述一种非线性的增长方式,

在模型中加入自抑效应使观察对象数量的波动显示出非线性的特征。无独有偶,Logistics 方程所描述的数量波动的情形,和矿产资源密集型区域中企业数量的波动是有所联系、相似的。在观察矿产资源密集型区域的时候,我们发现,在矿产资源禀赋优厚的阶段,整个区域经济系统的波动是稳定且有序的,一种强烈地对资源路径依赖的增长方式得以存在。但随着时间推移,在资源走向枯竭的时期,原本的资源型产业的行为会发生变迁。同时我们发现,这种变迁并不是简单的某种预设规则可以进行解释的,更多的情况下,它是由某种我们未知的要素影响而形成的。这正暗含了对纳尔逊和温特理论的支持——主体的行为应当被其他主体的行为进一步定义。在资源枯竭的现实下,如果想实现可持续发展,矿产资源密集型区域内部的产业结构必须改变。这必须是一种符合外部环境变化的改变,区域经济增长的动力必须从对矿产资源的依赖转向多元的、更为复杂的产业中去。

基于以上分析,我们发现,实现资源密集型区域可持续发展目标的关键在于如何实现区域产业结构的顺利演变,从一种依赖资源路径到多元的全新产业结构。而了解这种产业结构的变化必须明白区域经济系统中主体的演进规则,但同时要考虑到这种演进规则也会受到其他主体要素的制约。这也就意味着,我们不但要了解系统内主体规则变化的趋势,同时也必须对系统内主体本身的变化轨迹进行分析。因此,本书尝试使用 Logistics 方程来对矿产资源密集型区域内部的企业做描述。换言之,将该区域经济系统内产业结构和企业数量的波动用 Logistics 方程来解释,以期得到与现实世界相近似的回答。

第三节　技术创新在矿产资源密集型
区域中扮演的角色

矿产资源密集型区域的可持续发展问题涉及区域经济系统的每个方面,从一个生产函数出发,我们可以了解技术、资本和人力在经济增长中的重要作用。从确定论的观察角度,我们深信通过统计数据的收集我们能够解释各变量之间波动的关系,但是却难以明晰期间波动路径的轨迹究竟为何。我们已经明白作为微观动力系统的经济系统会产生一些非线性的特性,其波动状态强烈且敏感地依赖于系统的初始状态。

不同于一般的区域经济系统,矿产资源密集型区域往往可以表现出特别复杂的性质。这首先是由其区域的经济结构决定的,矿产资源密集型区域在不同的发展阶段往往显示出极为不同的特质。在其发展的初始阶段,由于矿产资源可获性的能力较强,用较小的代价就可以获得较大的收益。这种现象非常得明显,我国大部分的矿产资源型城市都是在一片荒芜的土地上兴建,较高的资源储量,使资本、人力等要素可以极快地在该区域发挥作用,以推动区域经济的高速增长。这种高速增长会使区域产业结构向一种单一化的境地转移,大量的产业都是依附于矿业产业而出现,整个区域的经济增长被牢牢地捆绑在矿产资源储量之上。但是随着时间的推移和矿储的下降,这种产业增长模型的弊端便显现出来,产业分布中经济系统内所有的要素都向资源倾斜,使产业结构的转移缺乏必要的内在动力。在这种情况下,技术创新的重要性就完全显现了出来,因为创新的实质就是区域经济系统内生产要素再配置的过程。因此,讨论资源密集型区域可持续发展的路径,就是要解决技术创新如何作用于区域经济系统,以驱动区域产业结构的转移。实现由资源路径依赖向多元发展的产业结构的递进。下文中,我们主要讨论技术创新在区域产业结构中发挥的作用。

一、技术创新要素

将第二节确定的系统演化方程(3.10)继续考虑:

$$\frac{dX}{dt} = \mu X(B_h - X)$$

方程(3.10)依赖于两个重要的参数 μ 和 B_h , μ 代表一种系统状态的波动速率,而 N 确定了系统波动的边界。进一步地,假设 $r = \mu B_h$,其中参数 r 确定了系统运动轨迹在坐标系中的位置和若干不动点的位置,那么,参数 μ 的取值范围就会决定系统的运动状态。同时,我们又考虑被观察的区域经济系统的波动轨迹不符合线性的判断,参数 μ 和 B_h 之间应当是存在相互影响的作用。

既然参数 μ 如此重要,那么对决定其变动的因素进行分析就会导出系统状态变化的影响因素。熊彼特将技术创新的过程看作生产要素重新排列组合的过程,这是因为他认为经济增长和波动的原动力依然来源于生产要素集合,在对储蓄率、资本和劳动力进行重新配置之后,这个经济系统的状态会发生变化,而这种新配置的初动力则是受技术创新所影响的。之后的大部分学者在对经济增长进行研究的过程中,都会考虑"技术创新"这一因素,因为仅依靠对生产要素进行分析是不能够解释经济增长的全部内容的。不论是索罗的技术外生的观点还是罗默所构筑的内生增长模型,都将"技术创新"看作经济增长最重要的组成部分。在他们的理解中,经济增长的速率直接取决于"技术创新"的速率。

从对矿产资源密集型区域经济系统波动的经验研究来看,将"技术创新"作为促进经济增长的加速器是有一定的合理性的。从经验的角度,正向的技术创新的确会给经济增长带来一定的推动作用,当新技术取代旧技术时,生产率也会同时发生变化,进而会带动整个经济系统的增长;同时,新技术的引入也会改变产业内部的固有结构,会局部改变生产要素的配置方式,而导致产业系统结构发生变化。对于矿产资源密集型区域而言,这种产业结构的变化往往朝实现区域可持续发展目标的方向发展。基于此,首先假定参数 μ 的变化与技术进步之间存在函数关系。

由于 μ 描述了系统状态的波动速率,那么可以构筑一个抽象的方程:

$$\mu = pA \qquad\qquad 式(3.17)$$

其中,用 A 来表示"技术进步",而用 p 来表示其他会导致经济状态波动的因素,由于本书重点讨论"技术进步"对经济周期演化的影响作用,而不过分关注其他的生产要素，所以可以将变量看作常量。

在矿产资源密集型区域，长期以来其产业结构都表现出一种较为单一的组成方式，一般来说，由两种类型的企业组成：传统的资源型企业和其他非矿产资源企业，同时，非矿产资源企业在很多的情况下表现出技术依赖的特征。对于这两种企业，外界嵌入的新技术一般是以不同的形式对其作用的，对外界技术变化的吸收和对内在生产过程中持续学习创新。资源型企业一般会在生产过程中对技术进行选择，或者说构筑某种"适应性函数"以符合技术嵌入的要求；另外一种情况，对于非矿产资源企业，其对技术更倾向于全面的吸收，因为对于其发展的路径而言，并不像严重依赖资源路径的资源型企业那么单一。观察这样的一个经济系统，把这两种类型的企业共同思考可能会有更好的效果。基于以上判断，设 I_i 代表内部的技术革新，I_e 代表对外部技术的吸收和消化，并用它们定义变量 A，于是有：

$$A(I_i, I_e) \qquad\qquad\qquad\qquad 式(3.18)$$

但是考虑到技术创新所导致的资源密集型区域产业结构的变迁并不是一个简单的过程，因为技术转化也需要投入一定的成本，并且技术贡献率还存在一定迟滞的现象。同时，技术进步速率嵌入经济系统的机理目前还并不明确，所以，$A(I_i, I_e)$ 是一个非线性方程，那么方程(3.10)就可以进一步转化为以下形式：

$$\frac{dX}{dt} = pA(I_i, I_e)X(B_h - X) \qquad\qquad\qquad 式(3.19)$$

进一步考虑 A 的状态。分两种情况，如果在一个不考虑时间影响的系统中，可以认为在任一时刻的 I_i 和 I_e 的状态是给定的，那么尽管是一个非线性方程，我们还是可以得到 A 的状态；但如果 I_i 和 I_e 的变化速率是不等的，那么在不同的时刻，会有不同的状态相对应，进而 A 的状态也不能确定。如果 A 的状态不能确定，方程(3.10)中的参数 μ 就不能确定，那么该方程所对应的运动轨迹也就无法确定。

根据方程(3.19),可以分步讨论系统可能的状态。对于方程(3.10),由于,$\mu = pA$,所以$r = B_h pA$。在$\triangle t = t_2 - t_1$,$(t_2 - t_1)$的范围内,系统的运动轨迹是有稳定和均衡点的。在这种情况下,当$\triangle I_i > 0$且$\triangle I_e > 0$时,参数α的变动会导致系统向稳态发展,而α的变动中是存在技术进步的影响的,系统运动轨迹会在α取值条件的限定下变陡;而在$\triangle I_i \leq 0$且$\triangle I_e \leq 0$的情况下,α的变动中不存在技术进步的影响,系统的运动轨迹会在其他要素不变的情况下保持不变。由于变量A的存在,方程(3.19)的曲线实际上与方程(3.9)的曲线是有差异的。但处于存在一个稳定的均衡点的系统内,曲线还是服从一种有序的波动,整个系统的状态是稳定的。在这种情况下,系统的状态受$A = A(I_i, I_e)$的影响,但不会在经济系统中显示为非规则震荡,整个系统的状态呈现出一种平滑的变化趋势。

结合现实世界的经验证据,如果矿产资源密集型区域在资源枯竭阶段真的实现了可持续发展的目标,并不能简单地看作"技术创新"的必然结果。我们可以认定,某种创新会使区域生产要素配置发生变化,导致产业结构发生变化。又因为,一般地,对于一个经济系统,其系统波动的轨迹始终伴随着生产要素的配置改变,所以说在经济系统内产业结构变动的过程中,技术创新绝对是非常重要的一个原因,但并不是唯一的原因,我们并不能直接得出结论:技术是产业结构变迁的唯一决定性因素。

本节前述的两种情况表明了不同的技术变化速率会导致区域经济系统截然不同的发展状态。从这个角度出发,如果我们坚信技术创新会对矿产资源密集型区域的产业结构变化存在作用,那么分析其对经济系统的作用机理,就必须明确导致不同技术变化速率的原因。考虑到技术创新的驱动力是一种对现有要素状态再配置的期望,而这种期望需要由投资、人力等要素的进一步驱动。因此,我们可以将对技术创新的投入看作影响技术创新速率对自然增长率的偏移,在此基础上,我们可以更好地解释矿产资源密集型区域经济波动的实质。

二、含有技术创新项的 Logistics 方程

将"技术创新"引入方程(3.10),主要的目的是要解释参数 α 如何确定系统的状态。为了实现这一目的,引入了变量 A,使其满足 $A = A(I_i, I_e)$ 的条件,与方程(3.10)相联系。在描述系统运动轨迹的演化模型中,不考虑其他生产要素的情况下,"技术创新"因素通过某种作用机制对系统的运动轨迹的状态进行影响。当我们认为区域经济系统具有明显的非线性系统的特征时,我们也就不能否定技术创新的作用将会导致区域经济系统的运动轨迹显现出一种不规则的状态。在上一节中,本书集中讨论了不同对象的创新对经济系统波动状态的影响,解释了不同对象的创新对参数 α 的影响过程。

在此,再现上一节关于技术创新和区域经济系统产业结构变迁的讨论,考虑一个函数 X_t 来表示系统在 t 时刻的状态,而系统在 t 时刻的状态由"技术创新" A 的状态来决定,考虑到内生的技术进步与外生的技术转移速度是不一样的,所以 X_t 严格依赖于时间 t,双方存在一个函数关系。在一般的经济增长模型中,生产要素诸如储蓄率、资本和劳动力等能够被用来描述经济增长的本质,在本书的模型中,也将 A 看作描述经济增长的重要因素。但是考虑到经济系统的复杂性,创新对于矿产资源密集型区域可持续发展施加的影响机理还并不清晰,所以对变量 A 进行测度是困难的,其变化轨迹也是难以预料的。函数 X_t 主要反映的是在技术进步因子 A 的影响下,经济系统所呈现出的一种结构状态的波动。

有学者就技术创新与经济系统演化的研究方面作了深入的分析,席尔瓦伯格(Silverberg)在 1993 年建立了一个基于技术进步的演化模型,不仅解释了技术创新在经济周期波动中的作用,同时也阐述了技术创新会导致经济系统显示出非线性波动的状态。

式(3.20)是席尔瓦伯格的非线性演化模型的通用形式,很多学者使用它进行产业演化方面的研究:

$$X_{t+1} = \frac{\sigma A}{1 + \lambda} X_t^\beta (s - X_t)^\gamma \qquad\qquad 式(3.20)$$

其中，X_t 是资本劳动比率；σ 是储蓄率；λ 是劳动力自然增长率，并且 $0 < \lambda < 1$；A 为技术因子，且 $A > 0$；β 是资本劳动力比率的弹性系数，且 $\beta > 0$；γ 是固定常数；s 则是最大资本劳动率。

考虑当 $\beta = \gamma = s = 1$ 时，令 $\eta = 1 + \lambda$，对方程（3.20）进行变换，可以得到如下方程：

$$X_{t+1} = \eta X_t (1 - X_t) \qquad\qquad 式(3.21)$$

可以看出，方程（3.21）和方程（3.12）的形式是一样的，同样属于一个经济系统的动态增长方程，不同的参数取值范围会导致整个经济系统演化状态的动态变化。继续考虑技术创新对经济状态波动的影响，考虑到矿产资源密集型区域在矿产资源枯竭的阶段发展乏力，其原本僵化单一的产业结构在面临新技术的进入时反应并不敏感，更加需要外部持续的投资以重振其增长的动力。换言之，这种技术与传统产业的结合需要大量投资的介入才可实现，不仅仅是来自政府的固定资产投资或技术创新投资，更可能是市场自动因技术波动而显示的自然选择，这种投资的向度会导致一种在现有技术条件下偏离自然增长率的经济增长方式。因此，对方程（3.21）进行简化并重新定义变量，将重新定义为系统在 t 时刻的状态，将模型变换为方程（3.22）的形式，即：

$$X_{t+1} = p A X_t^\beta (s - X_t)^\gamma \qquad\qquad 式(3.22)$$

我们又获得了一个 Logistics 方程，其中包含重要的描述技术创新的项。

第四节　几个理论研究的假定

在下一章中进一步展开实证分析之前，有必要将本书涉及的几个理论假定做一个介绍。

本书的终极目标在于探寻矿产资源密集型区域可持续发展的路径。目前学界对于矿产资源密集型区域的可持续发展问题有很多的看法,大部分的研究认为,所谓矿产资源密集型区域的可持续发展必须要考虑如何使传统的依赖于资源禀赋的企业可以通过某种方式延续其生命周期。这种判断的依据在于,产业结构变化的动力应当由其中的各个主体自发驱动,区域经济系统产业结构的变化不是颠覆式的改变,而是一种渐进性的过程。但是,通过对现实世界的观察和分析,我们发现,在矿产资源密集型区域,大部分得以持续发展的产业,往往是因为受到外界的某种力量作用的结果,例如技术创新。毫无疑问,区域的可持续发展问题必然伴随着区域经济系统内各要素重新配置的过程,而这正是技术创新的本质所在。对于矿产资源密集型区域尤甚,原本单一的产业结构必须通过创新才可以向多元产业结构发展。在创新进入矿产资源密集型区域的过程中,如何解释其作用机理是我们实现该类型区域可持续发展目标的关键。但是,技术创新是一个抽象的过程,其作用于区域经济系统所影响路径很难在现实世界中被观察出来。同时,技术创新在矿产资源密集型区域的表现也不会和其在其他系统内的表现完全相同,了解技术创新过程在该区域经济发展中的特殊性,也是我们解决这一问题不能回避的关键部分。基于上述考虑,本书特提出如下几个理论假定。

一、矿产资源密集型区域可持续发展的本质是区域产业结构的变迁

描述一个区域是否真正地实现了可持续发展事实上是存在判断标准上的困难的。如果我们相信创新的本质是经济系统中各要素的配置优化的过程,那么,由创新所驱动的矿产资源密集型区域的可持续发展问题的本质也就是区域经济系统内各要素重新配置的过程。一般认为,不同的产业结构会导致经济系统内要素配置的不同方案,基于以上推导,我们会发现矿产资源密集型区域持续发展的本质就是区域产业结构的变迁,这是本书的第一个假设。

二、矿产资源密集型区域产业结构的演变过程可以用产业规模和产业有序度来定义

一般认为,产业结构变化最明显的特征就是产业规模的变化。这并不难理解,可以判断的是,对于矿产资源密集型区域而言,其产业结构的变化过程就是一个非矿产资源经济对传统矿业经济的替代过程,而这种变化必将会使产业规模,也就是企业数量发生变化。另外,判断一个产业是否是健康地、持续地发展,我们会对产业的有序度进行观察,事实上,经济增长的本质就是一个无序波动的产业结构系统向着有序稳定产业结构变化的过程。因此,本书的第二个假设前提是,矿产资源密集型区域产业结构的演变过程可以用产业规模和产业有序度来定义。

三、矿产资源密集型区域经济系统内各要素水平波动符合一种非线性的假定

考察影响矿产资源产业发展水平的关键因素,最重要的是要先确定每种要素的波动轨迹。从不同的视角出发,我们对这种数量的波动的解释是不同的,如果把这种波动理解为线性的,我们可以推导出一种无极限的增长。但是在现实的情况下,我们很难看到经济系统内各要素的波动趋势是固定的。在矿产资源密集型区域,随着资源储量的下降,我们反而会看到这种增长的趋势被自身的行为所约束。如果认为这种变化趋势符合矿产资源密集型区域的发展现实,我们可以用 Logistics 方程来定义这种数量的变化。因此,在我们考察的尺度上,我们认为矿产资源密集型区域经济系统内各要素水平波动符合一种非线性的假定,这是本书的第三个假定。

第四章　石油城的转型

——基于大庆的案例分析

第一节　案例介绍

作为新中国成立后第一个重要的能源基地,大庆在我国的经济发展版图上扮演着极为重要的角色,但是在 1959 年之前,它并不是人们关注的对象。这事实上体现了一种我们国家独有的城市规划思路,并非单一按照历史和交通的因素确定人口密集的区域,而是从工业发展和增长的角度来思考城市的功能性问题。

综观全国所有的矿产资源型城市,我们可以发现除了部分自古以来就是市镇之外,其余都是因为矿产勘察而人为地逐步建立了居住区。可以这样认为,正是因为矿产资源作为城市投资的一部分而加速了人口的聚集和其他资源的流动,最终形成城市。

一般认为,城市的功能性与城市本身的规模密切相关,人口规模越大,城市提供的功能性也就越发完备,而大规模的人口一定有与之规模相对应的产业相匹配。产业的丰富会自发地形成合乎区域经济发展水平的三次产业的分布。城市规模的扩张并非是一个短期快速的过程,产业的匹配也不是仅仅通过行政力量便可以解决的,更多的时候需要市场的自治机制的运行来实现。

但是在计划经济体制下,整个市场的供给和需求是给定的,这就为人为形成一座城市提供了便利的基础——既然我们可以在一个已经存在的区域之内实现经济资源的计划,那么通过计划来创造一个新城市也不是不可能的事情。

在 20 世纪 50 年代,通过计划经济的方式建城并不是孤立的现象,可以观察到的案例俯拾皆是,特别是矿产资源型城市尤其如此。大庆在这些"因矿而兴"的城市中,并没有显得那么特别,一种自上而下的资源整合方式确定了大庆在整个黑龙江省的重要地位。和制造业不同的是,外部环境的影响对油田和石油工业发展的制约被人为压制到了极低的水平上,一切以石油开采为最优先级考量的执行思路不但在企业本身,也在地方治理层面被奉为圭臬。

在本书接下来的几章里,会有类似于大庆的城市被拿来讨论,它们都有共性,即便是在城市本身形成的历史条件上存在差异,但是如果把观察边界锁定在 20 世纪后半叶的话,我们发现如果这类型城市真的有所发展的话,他们所投入的要素的比例是极为接近的,不论是已有产业集群的城市还是原本的一片荒原。

所以,从某种程度上,本书认为这些城市作为今天矿产资源衰竭的典型,它们的发展脉络近乎相似。

一、案例基本情况

大庆是中国重要的石油生产基地。新中国成立后形成的矿产资源城市有一个共性,就是并非因城而矿,往往是因矿而城。

1959 年 9 月,松基三井喷出了第一滴原油,大庆这座"油城"诞生了。由于在此之前国家实行的"大跃进"等经济政策造成了许多失误,又遭遇了连续 3 年的自然灾害,农业一蹶不振,使当时国民经济陷入了极度困境。百废待兴,各个需要石油的行业面面相觑,飞机缺油不敢起飞,马路上的公共汽车都因缺油而背上了煤气包,甚至烧酒精和木炭,可想而知,大庆喷涌的石油就像新鲜血液一样,重要性不言而喻。在举国同庆之时,石油工人发扬了革命前辈的精神,于 1960 年 2 月快速展开规模空前的"石油会战",从一望无际没有任何物资工具的草原,建立起具有现代化水准的石油基地,仅用了 3 年半的时间,标志着以"铁人"王进喜为代表的石油工人所具有的"大庆精神"成为城市的标志。在此次石油会战期间探明了 860 多平方千米的特大油田,建成之时原油产量 1166 万吨,占全国同期原油产量的 51.3%,在此基础上,大庆油田完成了财政税收 10.6 亿元,前期投资完全回收之后,还为国家积累了财政资金 3.5 亿元。城市中的主导企业绝大部分由国家投入资金,各种资源都有保证,使整个城市快速兴起,在短暂的时间内就能形成庞大的规模。这些主导产业的发展,改变了地区的交通和电力落后的现状,为地区经济的发展和交流创造了条件;主导企业吸纳了大量劳动力,解决了就业问题;主导企业的发展需要相应的辅助产业进行服务,带动了其他产业的兴起,促进了产业结构的多元化发展。在城市发展过程中,主导企业发展良好,缴纳的大量税费在政府财政收入中占主要比重,为城市的发展提供了资金,对城市发展起了巨大的推动作用。

因地制宜,大庆自主创新了"大型陆相非均质砂岩油田开发技术",这一系列技术在全世界处于领先地位,与世界上同类的其他油田相比较,主油田采收率高出了十到十五个百分点,突破了 50%。大庆油田自投产至今,已经开发了大大小小 27 个不同规模的油气田,原油累计生产达到我国陆上石油总产量的 40%,超过 20 亿吨;实现连续 27 年稳产原油 5000 万吨以上,已探明的天然气储量达到 8000 亿立方米以上。多年来油气产量达到并保持稳定水平。因其开采量的高水平,大庆油田创造了世界上同类油田开发史上的奇迹,造就了大庆的辉煌历史。

在历史长河中,一直以来河流是人类文明的发源地,也是城镇最初兴起的地方,但大部分资源型城镇是例外,最初并不是沿河而建的人口密集、欣欣向荣的村落,可能是巍峨的高山也可能是广袤的草原,也许并没有原著民,他们的形成并没有经历过自然的城市功能的转型,没有经历农业的持续发展到集镇的形成再到商业和手工业的发展,以及其他服务业的进一步繁荣,也没有经历过城市规模扩大、发展趋于稳定的这缓慢而又复杂的过程。只是因为在某个历史的节点上,其地下可贵的资源,经过地质学家的勘探发现,人为进行了开发。但也并不是在每一个资源藏量相当的地方都可以发生,能否开发还取决于资源的集中程度、区域开发条件、开采技术水平以及加工条件等。那些能够进行采挖的区域,因为有各种不同的外部资源的进入,通过建设大量的基础设施,高强度地强制改变原来的自然环境快速形成的城镇,进而发展成为城市。说明资源基础在资源型城市形成过程中的重要地位,并不是宣扬"地理环境决定论",而是承认了资源禀赋是资源型城市发展的客观条件。类似于攀枝花、金昌、白银市、克拉玛依市等,都是这样形成、兴盛起来的。因为资源开发迅速崛起的工业,成为城市经济的主体,整座城市的主要功能和服务都围绕"资源"二字运转。资源型城市的生命周期按照对资源的开采程度,可以大致分为五个时期,即开发建设期(初期投产,城市因资源而生)—高产期(资源储量大,城市因资源而盛)—成熟期(资源储量减少,城市发展稳定)—衰退期(资源储量趋于衰竭,城市发展缓慢)—衰亡(资源枯竭,城市停止发展)/新生(转型成功,实现新生)。全国上下经国务院认证的共有262座资源型城市,其中,有部分城市已经成为发展程度较高、产业结构健全的资源型城市;有些因为资源日益枯竭正面临城市转型升级的难题;也有些被计划经济的发展模式造成的大量经济和环境问题所束缚,陷入停滞状态;有的甚至因为资源已经枯竭而成为人去楼空的空城。这说明因资源而生的城市,在发展过程中,对于城市规划、城市建设以及城市的管理能力不能相应地提高,就会出现各种类型的"资源城市病"。在这方面,国内外都有前车之鉴,例如:委内瑞拉的玻利瓦尔油田,在资源开采量衰减的同时,城市经济也进入了萧条状态;苏联的巴库也以盛产石油闻名于世,但也因为资源开采停止之后,城市经济陷入了停滞状态,而成为废弃的"鬼城";离我们更近的是甘肃玉门,当年让中国摘掉"贫油帽"之一的城市,也因为原油资源的枯竭,停止了发展。我国前后共认定了69

座资源枯竭型城市,这些城市只能依靠国家财政勉强维持,城市的劳动力大量流失,对于自己的未来十分迷惘。但大庆是个例外,从未进入我国资源枯竭型城市名单之列,保持着发展的活力,油气产量依旧维持着高稳、高产的状态,第二产业仍然在经济结构中保持着重要地位,相较于其他资源型城市来讲,出乎意料地展现着自己的年轻和活力,也有人说这也许只是暴风雨来临之前的假平静。

果不其然,2010 年,就是这座为中国提供了源源不断的石油动力的城市建成了俄罗斯至大庆的原油管道,大庆作为管道末站,从 2011 年起,未来 20年,大庆每年将从俄罗斯购进 1500 万吨原油。曾经是中国动力之源的大庆,如今却需要从俄罗斯引油入境,这一举动究竟是为何而起? 疑虑重重的时候,坏消息接踵而至,2010 年大庆原油产量降至 4000 万吨,从此,大庆市的 GDP产值增速开始下降,让人始料未及的是,大庆市的经济下滑时,2014 年第一季度发布的全国各省市 GDP 的数据显示,老工业基地黑龙江省 GDP 增速竟然排全国倒数第一,全年 GDP 增速仅 5.6%,经济出现了断崖式的衰退,这一事实就像一颗重磅炸弹,一个地级市的经济下滑竟然将整个省份的 GDP 拉向了深渊,这一事件引起了全国上下的关注。在一段时间里,大庆要转型、要进行产业升级、要保证可持续发展的提议充斥着各种会议、论坛。专家学者们纷纷开始对大庆进行解剖式的分析,开始为大庆的可持续发展出谋划策。马尔萨斯的资源绝对稀缺说表明,随着时间的推移,人口的增长是无限的,并且是呈指数型增长;但自然资源储量是会因为开采而绝对减少的。因此,总有一天人口的增长要超出环境的容量,超出自然资源的承受能力,造成对环境、资源的毁灭性破坏。所以,实现可持续发展的基本着眼点就是要兼顾当下,发展未来,妥善地处理好人与自然、人与社会以及人与人之间的关系。从环境来看,大庆作为城市,它的地理位置并不是自然选择的结果,而是人为使用各种手段对环境进行改变,提升了环境容量;从资源来看,衡量一个城市是否具有发展潜力,主要是由城市自身的资源藏量、城市对外部资源的吸纳能力以及城市对于资源的转换利用的能力来决定的。大庆作为资源型城市非常特殊，其自身丰富的资源储量正是吸引外部资源(例如:资金、劳动力、技术)进入的重要因素,对资源的转换利用效率也是大庆这座石油城市发展的重要推动力。正因为资源产业是城市发展的支柱,内部产业结构关联度大,依赖性强,围绕石油及石油加工等一系列配套产业形成了一条紧密的产业链,大庆城市与其资源产业之间有着唇与齿的关系。"荷兰病",指的就是经济的发展对某种储量丰富的资源过分依赖,造成经济实力整体恶化。长期以来,大庆市的产业机构人为地朝重型化发展,第二产业结构偏高,且对其他产业具有超强的连带效应,一损俱损,一荣俱荣。资源型城市的转型的核心也就是产业转型,本质就是摆脱对资源的依赖,转向多元发展其他产业,若不能及时培育接续产业,资源一旦耗竭,由于产业间的紧密联系,产生多米诺骨牌效应,一个产业的衰败导致整个城市经济的衰退,城市立马就会因为产业发展无以为续,陷入贫困和落后的局面,到那时,城市转型也将更加困难。

　　细细思考这些重大事件的前因后果时,可以发现,石油城市的资源产品与消费产品的价格扭曲,长期以来,油田作为国家投资,为国家输出资源的场所,城市的各种消费依靠外部输入。诚然,石油资源的开发带动了城市的经济发展,但是传统的原材料价格低、产品价格高的这种几近扭曲的经济规律,使石油城市在输出大量原油和天然气或低价油气加工品的同时,从外部输入了价格高昂的轻工产品,这种局面,造成了城市的"双重利益"受损,阻碍了大庆市的经济发展。在过去十年间,黑龙江能源工业占规模以上工业比重虽然有下降趋势,但是比重仍然占到一半以上,最低为53.8%,最高为72.9%。其中大庆油田在黑龙江规模以上工业中比重达到50%左右,但是大庆油田的原油产量已经由10年前年产5000万吨,下降至目前的4000万吨,能源工业遭受原料减少的困扰;与此同时,受国家宏观经济增速整体放缓的影响,全国的能源消耗量增速也进一步放缓,需求的减少致使石化产业收益同步减少。总的来说,黑龙江资源型产业占比过高,接续替代产业和第三产业发展缓慢;石油可采量逐渐下降;资源价格也在下降,在双重打击之下,工业总产值不可避免地下滑了。

二、大庆城市的经济现状

从第一口油井出油到今天不过一甲子春秋,从年龄上讲,大庆是一座真正年轻的城市。大庆市的发展,是其城市内部各种要素综合作用的结果,是产业结构、国家政策、资源储量或者劳动力协调作用,共同促进的结果,如果其中一个要素或者几个要素发生改变,就会对整个城市系统产生一系列联动效应。

大庆市是顺应国家战略发展而建成的城市,自 1980 年建市以来,大庆城市经济总量在不断提高,原油产量自 2000 年起逐年下降,到 2009 年下降至4000 万吨,至今大庆原油产量持稳无下降,在原油产量保持稳定的情况下,原油加工量大致呈现上升趋势至 2011 年稍有下降(见图 4-1);加上油价上涨的原因,大庆地区生产总值自 2003—2011 年连续实现两位数增长,大庆的经济总量明显上升(见图 4-2),成为拉动全省经济增长的重要马车,2011 年之后受原油市场需求萎缩,油价下跌的影响,GDP 增速放缓,呈现出下降趋势。

（单位：万吨）

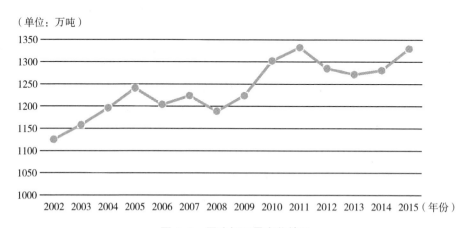

图 4-1　原油加工量变化情况

资料来源:大庆市统计公报。

从大庆发展波动的曲线来看,城市发展能力的趋势与开采成本和开采规模息息相关。到了今天,大庆石油的开采成本已经达到了惊人的水平,如果不考虑未来开采难度将进一步加剧对企业成本的冲击,那么产业本身升级的路径也就无从谈起,为了了解大庆产业升级的路径,我们试图从产业规模和产业有序度的角度来进行分析。

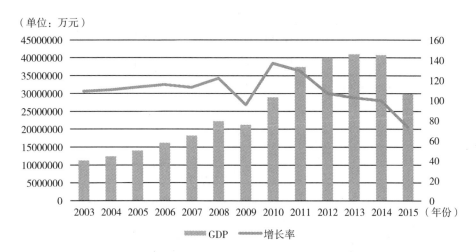

图4-2 大庆地区生产总值及GDP增长率变化情况

资料来源:大庆市统计公报。

大庆市在黑龙江省仅是一个地级市,但其工业产值在地区中所占比重十分高,大庆油田从1960年"石油会战"开发投产以来,地区生产总值逐年高速增长,经济总量一度占黑龙江全省的30%左右,作为省会城市的哈尔滨的GDP总量占黑龙江整个省份的35%(见图4-3)。但这一现象并不符合区域城市理论,一般情况下我们认为省会城市作为中心城市才具有天然的吸引力,对于资金、技术、人才等各种各样的资源有虹吸效应,省会城市才是区域发展的中心,是经济支柱。经过对比观察全国其他省份和城市,越是资源密集型省份,它的省会城市在发展过程中占有不是特别重要的地位。例如山西省,山西是著名的煤炭资源型省份,太原作为山西的省会城市,其GDP增长从未占据过第一名,山西虽然是国家矿产资源密集型省份,但太原市却是以第三产业为主要发展产业的城市,太原的 GDP 增长事实上依赖的是消费和贸易,而不是矿产资源的开采,所以山西省的经济并不会因为煤炭资源的减产而必然地产生巨大的经济衰退;同理,哈尔滨也应该如此,但是事实上,作为国家老工业基地的东北三省,工业基础是整个东北的发展支柱,哈尔滨与太原并不一样,这座省会城市依然是以第二产业为主要发展产业的城市,和大庆的产业结构相似,准确地说,黑龙江全省的产业结构都是相似的,并且大庆与哈尔滨对黑龙江整个省份的 GDP 贡献率高达 60% 之多。在这种产业结构高度相似的情况下,哈尔滨并不能像太原市一样,在地级市资源减产影响经济发展的情况下,给予黑龙江省重要的支撑。

（单位：亿元）

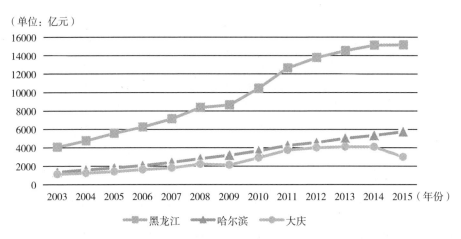

图 4-3　黑龙江、哈尔滨、大庆生产总值变化图

资料来源:中国城市统计年鉴。

　　大庆市的产业发展的状况到底如何? 对于石油城市的界定有两种说法:一种说法是,从定性的角度看,城市的兴起依托于石油资源,全市的 GDP,财政税收,国民收入,劳动力的就业主要是依靠对石油资源的开发利用;另外一种说法是,从定量的角度看,城市的兴起与发展的基础是石油资源的开发,从事于石油开发相关工作的劳动力占城市总劳动力人口的 40% 以上,因石油资源实现的国民收入占城市总收入的一半以上。大庆无论从哪种角度分析,都

是非常典型的石油城市。在当时的历史条件下,大庆油田开发主要目的是保障国家石油安全,因此大庆市无法选择合理的产业结构,虽然经过数十年的产业结构优化升级,油气资源产业在大庆市现有产业结构中仍然处于主导地位,城市经济的绝大部分仍由其创造。2014年地区生产总值达到4070亿元,同比增长了4.5%。其中,第一、二、三次产业产值分别为185亿元、3133亿元、752亿元,第一、二、三产业的增加值占大庆市GDP的比重分别为4.5%、77%、18.5%,三次产业产值分别比上一年增长8.5%、3.7%、8.0%。纵观世界经济发展的历程,三次产业结构的转变趋势从第一、二、三产业向产业三、二、一变化,呈现此种变化趋势的主要是由于三次产业产值结构以及吸纳劳动力的比重发生了变化。图4-4是大庆市2003—2014年的三次产业产值增加情况,结合世界产业结构一般发展趋势来看,大庆市三次产业变化情况与产业结构演进的一般规律相一致。

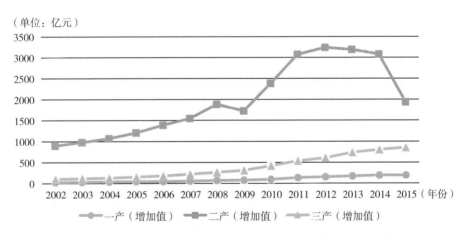

图4-4 大庆市三次产业增加值变化情况

东北三省是我国重要的商品粮生产基地,黑、吉、辽三省的耕地面积占全国耕地总量的六分之一,粮食产量占全国总量的七分之一左右,可想而知第一产业的发展程度应该是非常可观的。大庆市发展畜牧业具有天然的优势。在大庆油田发现之前,大庆所在地区便是游牧民族区域,自然资源丰富,江河湖泊星罗棋布,草原面积达到 84 万公顷,而且盛产羊草等十几种天然牧草以及上百种中草药,芦苇面积达 10 万公顷、森林面积也有 13 万公顷,这些丰富的自然资源使大庆市发展畜牧业如鱼得水。从国际上第一产业发展的一般趋势来看,随着经济的发展和农业现代化的推进,种植业占比下降,渔业及畜牧业的比重将逐步提高。大庆市的农业结构中,农、牧业占主要地位。1980 年开始大庆的农业即种植业逐渐呈现下降的特征,与之相对应的是畜牧业呈现出明显的上升趋势,至 2003 年,畜牧业出现快速发展,全年实现产值 38.1 亿元,同比增长 31.3%,实现增加值 17.2 亿元,畜牧业总产值占农林牧渔业"半壁江山"的目标已成现实。渔业的比重呈现逐年缓慢上升的特点,林业呈现下降的特点。截至 2014 年全年实现畜牧业产值 213.7 亿元,实现畜牧业增加值 95.4 亿元,同比增长 7.4%;渔业产值达到 11.5 亿元,同比增长 21.9%;水产品产量 9.6 万吨,同比增长 5.5%。可以说,大庆市的第一产业结构逐步合理化。

在发展过程中缺乏比较优势,尽管第一产业的产值是逐年增加的,不过产业占比增长缓慢。2003 年第一产业实现增加值 34.3 亿元,同比增长 8.0%,占地区生产总值的比重为 3.04%;2014 年第一产业增加值为 185 亿元,与上年比较增长 8.5%,占地区生产总值的比重为 4.5%,十年间第一产业占比变化仅为 1.5%。

大庆市更重要的一个角色是典型的工业型城市,规模以上工业企业数在 2004—2014 年间最多达 723 家。近年来,大庆市工业化水平有下降趋势。重工业的比重在大庆市建市之初到 1995 年有所下降,但在 2000 年重工业比重骤然上升,一直保持 98% 的比例,后又有所下降;在 2003 年第二产业增加值为 959.9 亿元,在三产业中占比 85.33%,至 2014 年,第二产业实现增加值 3133 亿元,但在三产业中占比下降到 77%,相较于 2003 年下降了 10 个百分点。由这一系列的数据分析可以看出,大庆市产业结构合理程度在提高,但仍然存在。重工业化过重,精细加工、高附加值的加工工业需要得到更好发展。

大庆市的第二产业对劳动力的吸纳水平也是相当高的。从就业结构角度分析(见表4-1),随着人均 GDP 的增长,大庆市的就业人数由集中在第二产业向第三产业缓慢转移。大庆市人均 GDP 在 2003 年达到 43927 元,三次产业产值比为 3.04∶85.33∶11.63,就业结构比为 2.87∶57.85∶39.28,2013年大庆市人均 GDP 为 147756 元,三次产业比为 4.3∶77∶18.00,就业结构比为 0.56∶52.16∶47.27。可以明显看出,在这十一年间大庆市劳动力向第三产业转移,但第二产业劳动力仍然占据主要地位。

表4-1　大庆市经济发展及产业结构变动关系

年份	人均GDP(元)	产值结构(%)			就业结构(万人)		
		一	二	三	一	二	三
2001	42887	2.05	89.04	8.91	66	30	47
2002	40674	2.78	87.02	10.2	63	33	45
2003	43927	3.04	85.33	11.63	62	36	46
2004	47667	3.23	84.58	12.18	57	37	47
2005	53199	3.03	85.92	11.05	54	36	46
2006	60493	3.13	85.64	11.22	52	41	51
2007	67161	3.03	84.97	12.01	50	43	55
2008	80655	3.12	85.08	11.8	51	43	58
2009	76068	3.79	78.68	17.53	52	42	59
2010	103576	3.28	82.24	14.48	51	43	62
2011	133301	3.59	82.05	14.36	51	45	66
2012	142013	3.84	80.89	15.27	66	30	47
2013	147756	4.3	77.7	18.00	62	34	59
2014	146518	4.7	75.5	19.8	57	32	66
2015	110113	6.5	64.9	28.6	54	30	68

大庆市第三产业从 2003 年的 131.4 亿元增加到 2014 年的 752 亿元,在三次产业结构中占比由 11.63% 上升到 19.8%。从数据上看,第三产业保持了良好的增长势头,发展速度明显快于第一产业和第二产业,但同时也出现了

一些问题,服务业仍然以基础型、传统型为主;而现代型、高科技型的比重偏小。尽管第三产业结构在不断地调整,直至 2014 年,如表 4-2 所示,传统的批发和零售业仍在大庆市的第三产业中占有重要地位,其次才是现代服务业的房地产业和非营利性服务业。

表 4-2　2014 年大庆市第三产业内部结构情况

指标	指标值(亿元)	同比增长率(%)
第三产业	752.0	8.0
交通运输、仓储和邮政业	33.4	7.4
批发和零售业	221.6	5.8
住宿和餐饮业	37.9	8.7
金融业	37.1	13.4
房地产业	157.2	7.0
营利性服务业	98.0	12.7
非营利性服务业	166.8	8.1

经过对大庆市整体产业结构的细致分析,从整体来看,大庆市产业结构逐步升级优化,呈现第二产业所占比重下降,第三产业逐年上升的发展态势。但是大庆市仍然没有改变第二产业主导地位突出的格局、第三产业缓慢发展、第一产业基础薄弱这样的产业结构,这便使经济运行效率低下,从而对大庆市形成了刚性的制约,影响城市系统的稳定与发展。

由于大庆市资源储量有限,经过多年高强度的开发,已经日益枯竭。现在的大庆市,橘黄色的磕头机已经成为一道风景线,日复一日地落下、拔起,因为储量减少,可能在重复成百上千次之后才会打出一滴原油。这种效率较低的开采,使成本不断上升,严重削弱了石油产业的竞争力;而石化产业作为整个城市经济的主导产业,竞争力下降,意味着经济效益的下滑,主导产业经济效益的下滑产生的一系列问题,严重地影响到整个城市的经济和社会发展。因此如何在石油资源逐步枯竭的情况下实现大庆市的可持续发展,也已经成为当代世界最为严峻的城市问题和社会问题之一。

此时大庆市要冲破"资源诅咒"的设定,迫切需要的是新技术的进入,对产业发展新的血液和动力进行一些改变。自从大庆这座城市建立伊始,大庆一直是高速保持石油的开发利用,就连黑龙江省也要为大庆的城市功能所服务,由此造成大庆的采油出现规模上的减产而黑龙江的 GDP 出现断崖式的下滑,这是种非常危险的局面。在整个省份的各个城市产业结构极度相似的情况下,创新就必须有针对性地进行。熊彼特在《奥斯陆创新手册》中是这样解释创新的,他把创新视为将新的生产要素以及生产条件的"新结合"引入生产体系,新结合包括五种情况:引入新产品,采用新的生产方式,挖掘新的市场,寻找新的原料或半成品供应来源,实现新的产业组织。这五种方式实际上可以总结为技术创新、市场创新和组织创新三种类型。过往文献表明,事实上在区域经济整体下滑的阶段,新技术进入更加困难。在产业结构非常僵化的时候,产业经济又出现下滑,此时新技术的进入成本非常高,实现外部的创新流入更难,因此,区域内部网格化的创新组织与主体产业之间的互动就显得更加重要。

"巴登—符腾堡州"的例子较好地解释了上文的推断,在一个机械加工业密集的区域,最伟大的创新永远不会来自那些诸如:戴勒姆—克莱斯勒、博世这样的巨型企业,而那些为它们利润创造带来动力的小微企业才是"喷泉池"内的核心。依照亚当·斯密的分工理论,发掘财富的重要方式之一是专业化精深,在巴登—符腾堡州,这种趋势更为明显。小微企业和巨型企业之间的分工与协作为技术在区域经济系统内部的流动创造了条件,分工的程度越高、协作的密度越大,技术的流动才会显得愈加流畅。一种本地化的、互动式的学习过程,有利于将更具财富驱动效应的"隐性知识"内化于系统内部的各主体内,同时,各个企业之间的互动学习可以使创新更为高效。这种创新的方式有一些先决条件需要关注,例如,特定区域的嵌入、巨型企业的生成,以及规模报酬递增的假定,这些都是产业集群出现的关键标志。在中国的矿产资源密集型区域,这些特征也分外明显。以大庆为例,大量的石油储备使工业化的开采规模形成,而当突破了最初的资本与技术"瓶颈"之后,规模报酬递增效应帮助企业及区域获得了高额利润,集群效应显现。集群效应会天然地带来新企业和大量的劳动人口,而这一切又会帮助巨型企业的规模持续扩张。而进入资源开采成本递增的阶段后,为了抵御边际利润的下滑,一些理性的企业会将其不太重要的流程外包,这就给小微企业的生存和发展提供了空间,区域分工和协作就成为可能,而技术的流动性则会在这种互动过程中加以体现。事实上,此时创新的效益不只取决于企业个体的创新绩效,而且与企业间以及企业与其他组织机构之间互动方式以及互动程度密切相关,企业组织间的互动关系带来的是资源共享、互相学习、信息扩散以及专门知识获取的便捷性。王缉慈提出,区域内创新是一个积累的学习过程,互动式学习是区域创新系统的重要概念。

回到关于"巴登—符腾堡州"的讨论中去,博世和戴勒姆公司永远不会选择一条"成为城市"的企业发展路径。巩固自身的核心竞争力,而通过专业化的外包降低边际成本成为所有巨型企业在发展道路某个阶段的必然选择。考虑到保罗·克鲁格曼的经济地理理论中聚集效应的产生条件,一种网络化的区域经济系统的产生,也就并不令人惊奇。区域网络化的产业系统中,区域创新系统扮演着绝对重要的角色,这是保证"最优技术选择"的先决条件。这一推断很好地说明了德国、奥地利和北欧一些国家在劳动力绝对数量有限的情况下如何发展产业,并不断通过技术推动产业结构的演进和升级。同理,若将大庆市视为一个整体,在外部的创新很难流入这个区域的时候,系统内部创新就应当发挥更重要的作用。如何在区域中促进创新?"巴登—符腾堡州"的例子给出了很好的答案,运用网络化的区域创新来解决产业结构落后、技术僵化和生产成本高昂的现实窘境。在面对复杂的现实区域经济系统时,单个企业对于新技术、新市场的感知不可能是理性选择的结果,必须与其他企业结成一个网络,共同促进创新。换言之,企业只有通过网络化的学习过程,才可以达到技术转移和知识内化的目标。给出一个形象的比喻,区域创新就像是一种传染病毒,在不同的寄主体内都会结成完全不同新形态(知识内化过程),也可以把区域内的企业或者组织结成的网络看作一种构造物,它是人们创造出来的为了加强联系而形成的,各个参与者之间高频次的交互作用才能促进更加稳定的创新。

大庆和"巴登—符腾堡州"的维度接近,尽管分属于不同的产业类型,但是某些共同点,让它们有了相互比较的可能。在大庆市区以东 30 千米的位置,大庆高新技术开发区中已经有了一些拥有与传统区域产业系统相迥异技术的小微企业,同时这些小微企业与传统巨型石油企业之间的交互频次也在逐年上涨。一张孕育着创新的网络正在形成的过程中,这张网不仅可以提供各个参与者在系统内部的定位,也可以反过来鼓励各个参与者之间相互作用,引导区域内的参与者发生多维合作,进一步促进创新。在这个过程中,每一个参与的主体都因为技术的流动而收获了学习成本的下降和新技术应用支持体系,从而实现真正意义上的区域创新。

在大庆市经济高度发展、产业结构固化的情况下,在区域内部的企业和组织,进行本地化的、互动性的学习,促进创新。但是,从长期来看,非正式的本地化学习,并不能产生持久的作用,知识的循环流动,并不能保证知识能够从隐性转化为显性从而作用于创新。大多数企业不能只单纯地依赖非正式的学习,而且必须要从更广阔层面即国家或全球性地获得分析性和综合性知识。"巴登—符腾堡州"的案例告诉我们,区域创新系统需要有一个强有力的职业教育机构,或者有效的培训体系,为经济发展提供大量高素质的熟练并拥有多样化能力的劳动力。或者是建设基础研究设施以供技术转移使用,在"巴登—符腾堡州",斯泰恩拜斯基金会,在整个区域内拥有一个技术转移的办公室网络,特别针对中小型企业,为其提供方案以解决技术问题。大庆可以通过加强与本地高校、研发机构的合作,或者在本地建立技术转移中心和创新服务机构来共同创建区域网络化的创新系统,这些基础设施可以提供信息和帮助企业学习源自本地的能力。国家对于整个区域进行规制,提供更好的产业关系系统,有集中的劳资谈判系统等,使企业之间在职工的薪酬水平上的差异最小化,这样就能创造一个良性的竞争环境,引导企业依靠质量和创新取胜。大庆市高新技术产业开发区的建设,就是通过有意加强区域制度基础设施等政策干预使这些创新系统具有更多的经过规划的特征。这样大庆区域内部的企业和组织之间就可以同时进行正式和非正式的学习,隐性知识更容易转化为显性知识,便于所有参与者共同学习和模仿,这不仅提高了参与者的集体创新能力,而且有助于削弱"技术锁定"效应,更容易摆脱原有过时的技术轨迹,可以使创新发挥更强大、更高级的作用。这样说来,大庆借助区域性的网络化创新系统进行内部创新是一种可行的途径。

可行性还有一个重要因素,那就是大庆区域内的中小企业是创新知识的一种载体。在社会网络中,各个主体之间存在强联结和弱联结,若其中两个主体之间只存在强联结即直接联系,而与另外的主体之间只存在弱联结即间接联系,此时就存在"结构空洞"。而在一个社会网络中,往往关系强联结地带并不是最可能给组织带来竞争优势的位置。相反,在关系紧密地带之间的稀疏地带的结构空洞最有可能是竞争优势的来源。从字面意义上,我们可以知道,结构空洞是以一种放空的形式存在,在这个空洞里,鲜有知识和信息产生,但这个结构就像是一座"桥",连接着两个关系稠密地带。很容易知道,关系稠密地带的信息和知识产生是非常丰富的,与外界交流产生扩散也是相当频繁,在这种情况下,结构空洞就像一个载体,使信息和知识在两个地带之间流动,同时也为结构空洞带来新的信息和知识,这就给结构空洞之中的主体带来了竞争优势。在大庆市,大型企业就是社会网络中的主体,各个主体之间的关系有强有弱,在强弱之间活跃着一些中小型企业,为大型企业服务或者独立于社会经济发展中,而它们就相当于活动于结构空洞之中的主体。其实在企业的生态系统之中,非常需要这些结构空洞的存在,一个富有结构空洞的系统出于对内部的优化会促使各个结点的企业与关系稠密地带联结在一起,即使它们之间并不具备共同关系,通过改变企业生态系统的结构,不同企业将新知识和信息通过结构空洞互相交流,将各结点企业贡献的核心知识与信息有机地结合在一起,组建成知识库,各结点企业以知识库为基础,不断加强交流,既能使自身获取所需知识,同时也能与其他结点的企业合作擦出创新的火花。这样,为自身带来新资源的同时,企业生态系统也得到优化,其价值也得到提升,从而使整个区域的经济效益得到提高。大庆市能够借助中小型企业,使区域创新得以实现,从而提升经济效益,也是对结构空洞的充分利用,也就是为什么说,中小型企业是区域中创新的载体。在区域网络化创新系统中,各个企业和组织就像星罗棋布的网格,之间的联系强、弱有别,但就是这种关系,给予了创新无数种可能。

三、新技术产业园的发展

作为资源型城市,大庆无疑是幸运的,早在 20 世纪 80 年代末,国家就将大庆这个中国第一大油田如何发展持续产业的问题提上了日程。暂且不谈国内其他矿产资源或者煤炭资源城市在资源枯竭后萧条的景象,就看与大庆一样,因石油而生的玉门,铁人王进喜的故乡。能源枯竭之后,9 万居民弃城外迁,玉门成为一座空城,因石油而废。大庆在石油高稳产的高峰期就开始为城市的可持续发展做准备,20 世纪 90 年代初,借国家"火炬计划"实施的契机,在大庆市兴办了高新区。在大庆市东城区,南邻滨洲铁路,东接哈大高速公路,划定了一块总规划面积 12 平方千米土地来孕育城市的新生命,大庆高新技术产业开发区于 1992 年春天破土开工,同年 11 月经国务院批准为国家级高新区。这一举动,也将大庆与玉门的命运彻底分离开来,让大庆打破了即将成为第二个玉门的预言。

美国著名的油城休斯敦被全世界认作资源型城市转型的样板,也一直被视为中国油都大庆学习的榜样。与百年休斯敦相比,年轻的大庆市与之也有些许共同之处。两座城市都因为石油开发利用而迅速崛起,世界闻名。1901

年,休斯敦发现了石油,因此吸引了大量的社会资本,休斯敦的石油工业迅速发展起来,也带来了整个城市的繁荣;1959 年,大庆则是因为"松基三井"的惊世一喷而诞生,国家建设大军高水平、高质量地拿下了大庆油田。19 世纪 40 年代,休斯敦开始改变经济结构,放弃石油产业独大的局面,向多样化迈进,开始发展医疗制药,打造了医疗中心,后来又建设美国最大的宇航中心;大庆则是在油田开采 32 周年之际,油气当量保持 5000 万吨高峰期时,确定建立高新技术产业,开启了以发展接续产业,实现可持续发展为目标的建设。当两座城市的主导产业发展到一定程度之后,开始向更高的产业层级调整。大庆人更是提早抓住机遇,此轮调整,相对于 19 世纪休斯敦的产业升级来讲,大庆提前了休斯敦 20 年。或许不久之后,大庆也能与休斯敦一样成为资源型城市转型成功的典范,从这个角度来看,高新技术产业开发区的建设对于大庆市发展的重要意义不言而喻。

大庆在东北率先启动了国家创新型科技园区建设,大庆高新区建设以来,大庆市的高新技术产业的发展初具规模。在此之后又建立了"宏伟""兴化"化工园区,形成一体两翼发展格局,随后又建设了"林源"化工园区,目前形成了"一区三园"的建设格局。

在大庆高新技术产业开发区的发展之初,肯定也存在这样的想法,是否存在某一特定的模式可以不断被复制?比如硅谷的高新技术产业开发区。硅谷这座承载了无数年轻创业者梦想的城市,自建立以来,以每年惊人的速度源源不断地吸引着美国乃至全世界冒险家们,为何一个绵延不到 100 千米的平坦谷底,发展历史只有 40 年的年轻城市吸引力如此非凡?就是这样一座世界高科技的圣地,近年来,其发展纷纷被各国竞相模仿,但我们都明白,硅谷的高新技术产业开发区的发展只能借鉴,不可生硬地嵌套。

因此大庆从总体需要和高新区自身建设的实际目标出发,既然是依托油气优势而辟建的国家级高新区,所以主要发展的是石油和天然气化工产业,但为了发展非油经济,将电子信息、精细化加工、机电一体化、新材料、医药作为重点产业发展。高新区主要发展环保低耗的高新技术产业项目,建设了一批优秀的企业,在电子信息领域,建设了三维集团等骨干企业,而且大庆高新区也成为黑龙江省电子信息产业基地,给予重点扶持;在农牧产业加工领域,培育了大庆日月星等农牧产品加工企业;在机电一体化领域,主要生产石油石化机械、电力装备等,形成了力神泵业公司等企业;在新材料领域,主要是有机高分子材料及高性能复合材料等,建设了50多家骨干企业;医药领域,目前初具规模,以麦迪森制药为代表的企业发展起来。在2011年大庆石油化工新材料产业集群进入国家创新型产业集群建设首批试点。区域内产业集群,作为企业相互协作的一种方式,是一种有效的创新组织。产业集群中的企业,既是相互独立的,也是相互联系的,企业的独立性使在集群内部展开创新活动是具有灵活性的;企业的互相联系,使集群中的企业在开展创新活动和经营活动时,能够有效地进行资源整合和优势互补,获得规模经济效益。而这一次产业集群试点,使集群内部交易网络、技术网络更完善了,由于占比重较大的隐性经验类知识在此之前只能在具有共同背景和特征的个人之间或者在相同的社会环境中进行非正式的交流,而集群的建设,其内部完善的社会网络正好为隐性知识的非正式交流提供了平台,所以集群内技术创新的成果能够迅速地扩散。在这一点上,国家从政策上使这一创新具有了更多规划的特征。以上分析也印证了,为什么目前,大庆市高新区是全省发展最好的高新技术开发区之一。

大庆市的高新区和三个专业产业园共同发展,"三园"主要依托原有石化企业,发展重化工、石化深加工和精细加工项目。宏伟园位于大庆西城区,是专业化工科技园,以石油产品深加工、化学品加工和天然气化工为主导产业;兴化园区位于大庆东南部,依托于大庆石化总厂、大庆石化公司,可就近获得化工原料,发展石化产业;林源园区则是黑龙江省"火炬计划"的特色产业基地,主要发展新材料产业、石油化工和轻纺业,也是哈大齐工业走廊子项目区。

高新技术产业开发区可以为这一区域的经济带来些什么?据大庆市2010年国民经济和社会发展统计公报资料显示,截至2010年年底在高新技术开发区注册的企业数达到 2760 个,与去年同期相比增长 10.9%,全年共实现技工贸总收入 965 亿元,同比增长了 27 个百分点;高新区实现工业总产值 700 亿元,比上一年增加了 30%;实现工业增加值 261 亿元,同比增长了 56%,占大庆市地方工业增加值的 1/2;全年实现利税 60 亿元,同比增长 19%。

尽管有这样非常可观的数据显示,高新技术产业已成为最具活力的新经济增长,在发展持续产业,促进产业结构调整中的领头作用已显现出来,似乎很快就能帮助大庆市城市产业结构成功实现转型。但是从高新产业园具体的发展内容来看,在转型升级的阶段,发展的持续产业主要是以石油、天然气为原材料的加工、精细化工和其他综合利用等,虽然并没有完全介入大庆的主体产业之中,但仍然与大庆市主体产业有着密切的联系,甚至有很大部分的产业仍然依附于主体产业之上,可以说是依赖油气资源的多元化,这在严格意义上并不完全属于高新技术产业,因为按照高新技术企业的定义来讲,信息技术、生物技术以及新材料技术企业才属于这一类别,而这些依托于油气资源的除去部分新材料企业外仍然有一大部分属于传统企业。从图 4-5 可以看出传统企业与科技企业在工业总产值上仍然有很大差距,科技企业的产值是一条平滑的曲线,波动并不明显,说明产值不高,发展缓慢。这也从另一侧面说明,大庆的高新技术产业开发区还需要进一步发展高新科技产业,但也不能过于急功近利。

事实上,硅谷如今的规模也不是一蹴而就的,而是经过了一代又一代人理智的规划与努力,不断为其注射新鲜血液,成就如今的"巨人"。而技术,作为第一生产力,其跨越的主体以及承载的主体均为企业,其本质上来说,属于一种经济活动,它依托产品的层次,逐步在产业链的每一个环节蔓延,最终形成一个具有自主技术研发能力的主导产业,以技术为动力的产业链,具有高效的自我修复能力,并且呈现出非凡的包容性。然而,单一产品或者是产业上的技术效应是有限的,若不同的技术依据产业在不同的区域发展,那么地域上的距离,造成交易的不确定性,以及交易的频率波动变大,使交易成本升高,只有将

（单位：万元）

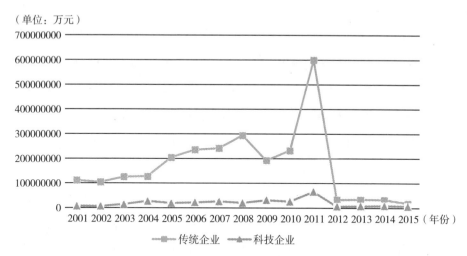

图4-5　大庆市传统企业与科技企业工业总产值变化情况

（单位：万元）

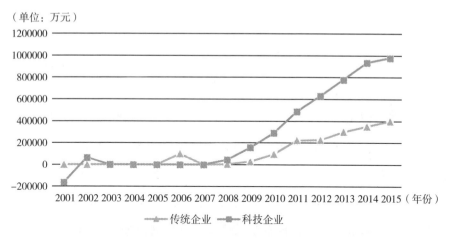

图4-6　大庆市传统企业与科技企业新产品产值变化情况

众多产业的技术有机地组合，才能实现最大程度的经济、社会效应。正如硅谷这样一个弹丸之地，却紧扣世界高科技创新的脉搏。1951年，由斯坦福大学毕业的佛雷德·特曼教授，提出创建斯坦福研究院区的构想，这就是全球最早的位于大学附近的高科技工业园区。不知特曼教授是有意为之，还是偶然的想法，对于高科技园区这样的布局，影响着以后大多数同类园区的选址决策，当我们细心观察,如今许多高科技产业园区,无论是国家级的还是区域内的,基本都与研究机构、大学校园毗邻而建。研究性大学,是一个区域乃至国家的创新力量的源泉之地,在校园里,学子们容易接受新的前沿知识,在重视新理论、新思路的氛围中,更加富有创造力,而如此的选址模式,可以以最低的成本将科研与生成链接,有助于将最新的科研成果向生产力迅速转化。高新技术产业开发区与研究性大学的联合,如同给科技产出添加了催化剂一般,加快化学反应的发生。

大庆高新产业园,也规划开辟建设了大学园区,其中就包括了大庆石油学院、黑龙江八一农垦大学、哈尔滨医科大学大庆校区三所高校。还引进建设了东北林业大学大庆生物技术研究院、黑龙江省化工研究院大庆分院、黑龙江省农科院大庆分院、哈尔滨工程大学熔盐技术研究院等7个科研院所和其他8个研究中心。除此之外专门为海归人员以及博士后、创业者建设了诸多研究平台;辟建了面积约20万平方米科技孵化场地,建设了860个专业化智能孵化单元。这些高校与科研机构的建设,给大庆高新区提供了将技术转化为生产力,将创新转化为经济效益的机会。

这也说明大庆建设高新区,也是将其当作了一块能够引入科技,创造新技术的创新区域。在高新技术产业开发区内的不同主体,虽然可能从事不同的方面,例如有一些是生物制药,另一些则是信息服务业,但这些主体,仿佛是处于虽不同但却由一套规律相互连接的"地理环境",这些迥异的地理位置蕴藏着不同的"资源量",有的如同涌现的喷泉——传递着显性知识创新,有的如同沙漠一般但在内部沉淀着隐性知识,还有一些处于两者之间,扮演着水洼的角色。不同的科技型主体,共享高新技术产业开发区内的基础设施,构成了以创新为能量流动的生态系统环境。这类生态系统,与一般的产业生态系统特别是第二产业系统,有很大的不同,后者往往是由规模报酬效应递增驱使形成的,当产业内部有序度达到一定程度之后,其产业壁垒较高,且技术转换效率低下,显性知识转化为隐性知识的成本偏高。而高新技术产业开发区内,技术动态的流动,且具有相当活力的连接点,致使结构并非刚性,而是如同柳枝一般相互缠绕,形成柔性的组织结构。开发区系统构建之初,主体间共同的原则可以保证创新在系统内自由流动,正是这样坚定的原则,为高新技术产业开发区的适应性创新机制保驾护航,同时,在这样的原则之下,不同企业间达成一种相互的默契,使知识不仅几乎以零成本的方式向生产力转化,向系统外部输出;而且,最重要的是,一般来说,在普通的产业内部,知识很可能存在较大的默会性,导致知识辨识度下降、可转移性壁垒的产生等阻碍知识在不同企业间传递的问题。在高新技术产业开发区内发生上述问题的可能性相对较小,如此,企业自身获取新知识无论从概率上,还是难易程度上都会朝着较好的方向发展。更进一步,某一企业获得了新知识,首先会对其加工,形成与自身特点匹配的知识,这暂且称为模仿,经过一段时间的使用,这类被消化的知识,将会向着更深的纵向发展,以新的知识形态从本企业内沿着系统创新链条溢出,被下一个适应性主体接纳,如此循环往复,经过系统中竞争企业、互补企业、纵向结点企业一级级地深入,从最初的单方向接受,到自身的模仿,再经过系统的一次次洗礼,最终以创新的形态溢出。换言之,对不同的科技型企业知识进行重新的有效组合,抛弃无用的,将各种优良的知识有机地组合在一起,形成符合高新科技柔性、有序、系统的体系,这个过程类似于遗传的作用原理,基因通过不断地进化,不断地接受适应性实验,筛选出拥有最大适应性的个体,进而遗传给下一代,最终推动整体的进化。

我们可以看到,高新技术产业园正在向一个创新系统发展,其最大的贡献在于破除了传统意义上封闭创新的一元式结构(多种结构对于重工业显得尤为突出),它是以新的生态系统,呈现出二元甚至是多元化态势,相对独立而又相互因同样愿景聚集在一起的众多企业,结合成有机的共存体。借用复合系统中协同科学的观点,即在开发区内,企业间关系是竞争共存的,共存的基础是创新愿景,竞争则推动企业不断更新自身系统,朝着有序度的高峰攀登。的确,在大多数的高新技术产业开发区内,企业的规模基本属于中小型,但是有一句话说得好,船小好掉头,这也说明中小型企业抵御风险的能力很强,在这种情况下,创新更容易实现。星星之火能燎原,这些企业以各自的核心能力为发展内核,从起初的两两交叉,进阶到多重交叉的组合,形成创新链条中的增值节点,通过互动调整自身的增值活动,以最大程度适应整体的发展,以优势互补、合作共赢、资源共享的策略创造新的竞争优势。一个高新科技产业开发区,当无论是个体还是整个系统的有序程度通过系统内知识或是创新的流动,自发地不断改善之时,由其贡献的创新效应向周边区域溢出。虽然对于开发区而言,这是一种无意识的影响,然而,对于周边区域的产业(如果有的话)是巨大的改变。

一般而言,由产业链构建起来的产业集群存在集体效应与经济外部效果,从而自产业链初端至产业链末端的每一个节点上,都降低了成本,尤其是交易成本,生产效率得到了有效的提高。这样的集聚,专业化的增强以及劳动分工的进一步深化出现的概率较大,并且由于处在同一产业链条上,共享着部分的基础设施以及部分显性知识,因此,企业间的联系进一步加强,这样一来就可以进一步降低技术服务成本、合同洽谈成本。同时,相对于单个企业孤军作战,产业集聚的共同目标是最大限度地降低生产成本,增强产业链上的产品在市场中的竞争力,基于这样的目的,产业集群还会在自身内部形成一定的创新氛围,以促使知识的转化效率。但这样形成的创新与高新技术产业开发区的创新差异是很大的,正如上文所述,前者基于的是产业链成本的降低,一种半自动半主动的创新,致使形成的组织还是属于刚性性质的,刚性系统最鲜明的特点是系统内部的个体,基本相互连接的方式大多属于强联络,彼此之间知识储备存在很多相似之处,因而,所增加的资源、信息都是冗余的,或者说是耗散度大、贡献度低的,这样导致其内部的创新跨越性不强,并不能给系统带来新的创新(跨产业式的创新),当产业群内部都无法完成全面彻底的创新产出,更遑论创新溢出效应的存在,这类特点在重工业或是资源型产业集群中显得尤为明显。大庆高新技术产业开发区,成为区域创新的泉眼,承担了主要的创新活动,但是由于大庆的产业对油气资源的依赖性,大部分无法完成全面彻底的创新产出,使大庆高新产业园并没有成为真正意义上的区域创新系统。

至此,基于上文的一系列比较,我们对高新技术产业开发区有了一个清晰且深刻的认识,它的存在对于一个区域而言,是由点到线、到面最后到网络的辐射作用,以自身的力量不仅实现了系统内部的各个企业的持续创新发展,而且对其外部影响效应也十分明显,当一个区域的创新能够实现自由扩散之时,可持续发展成为可以实现的目标。

四、宏观政策对区域产业的影响

矿产资源是现代工业社会发展的根基力量,它不但直接决定了国家和地区的发展水平,同时还对宏观经济的安全有着深远的影响。由此可见,如何实现矿产资源产业的健康发展和逐步升级,是国家实现经济社会永续发展这一根本诉求的永恒主题。

尽管我国近三十年的经济发展成果丰硕,但必须看到,尤其在最近 5 年,矿产资源产业的问题尤为突出。石油依存度的不断攀升,甚至于 2019 年首破 70% 的现实情况,严重威胁到了我国宏观经济系统的安全。而正如前文所描述的,大庆作为坐落于我国东北部的石油之星,在严峻的现实背景下,其经济生产要素的贡献率更值得深入考虑。因此,本节尝试运用模糊算法,对大庆的某些重要生产要素的影响效应进行考虑,以期从宏观角度得到某些有效的结论。

第二节 资源密集型区域经济发展模型构建

关于生产要素对于产业贡献大小的度量,一直是国内外学者致力于解决的难题,用怎样的模型既可以尽量反映现实情况,又能在技术上可行,然而两者的存在本身就是矛盾源,如何寻求两者的平衡是本书在技术上必须处理的第一个问题。

国内外学者对某一特定产业的生产要素的确定,往往还是从经典的道格拉斯生产函数出发,在这种极简的函数上通过对现实的进一步观测,引入新且重要的(即影响显著的变量)的变量形成新的研究模型,进行实证研究。本书也从此思路出发,这样的逻辑流程一方面能保证模型的精简,另一方面又能反映不同产业在新的研究区间内的新特性——毕竟原始的道格拉斯生产函数自问世已距我们有100多年的历史。

影响自然资源产业发展的因素,除了该行业的人力资本、技术综合水平、投入的资本三大类要素外还有什么? 资源产业,既是一国的国民经济的基础产业也是国民经济的支柱产业,若希望该行业能健康持续地发展,深入分析其关键影响要素是亟须解决的难题。许多学者也做过多方研究,通过整理,我们发现,大多学者通过实证研究证明了产业发展环境、产业对外依存度、政治因素等对资源型产业都有显著影响。针对这样的产业特点,我们通过进一步梳理,向传统的道格拉斯生产函数添加产业外商直接投资额、产业贷款总额两大要素,同时,对于区域经济的主要发展形式,我们采取主营业务收入指标来衡量,同时将其分为资源依赖型和技术驱动型两类,分别收取数据,如此,我们认为所构建的模型继承了经典生产函数的精髓,映射了现实真实境况,技术上的可行性也通过。

生产函数: $Y_t = A_t^\gamma K_t^\alpha L_t^\beta$ 　　　　　　式(4.1)

大庆市经济发展生产函数模型: $Y_t = A_t^\gamma K_t^\alpha L_t^\beta F_t^\sigma M_t^\theta W_{1t}^{\mu_1} W_{2t}^{\mu_2}$ 　　式(4.2)

对时间 t 求导,进行初步的数学整理,得到如下公式:

$$\ln Y_t = \gamma \ln A_t + \alpha \ln K_t + \beta \ln L_t + \sigma \ln F_t + \theta \ln M_t + \mu_1 \ln W_{1t} + \mu_1 \ln W_{2t}$$

式(4.3)

其中, A_t 表示第 t 期技术资金投入; K_t 表示第 t 期资源型产业固定资产投入; L_t 表示第 t 期资源型产业平均从业人员数; F_t 表示第 t 期资源型产业外商直接投资额; M_t 表示第 t 期资源型产业贷款总额; W_{1t} 表示第 t 期资源型产业的主营业务收入；W_{2t} 表示第 t 期科技型产业的主营业务收入；γ、α、β、σ、θ、μ_1、μ_1 分别表示对应的各要素对于大庆市经济的贡献率。

一、数据收集

通过查阅《中国统计年鉴》《中国贸易外经统计年鉴》《中国科技统计年鉴》《中国工业统计年鉴》以及网站新闻收集等,得到初步的数据,对于某些年份的缺失,我们采取曲线拟合的方法进行补充,同时由于年鉴统计项的不完整,对于政府财政支持力度和外商直接投资我们用各自的资本金数据表示。数据收集结果如表4-3所示。

表4-3　大庆市经济发展主要数据收集

年份	从业人员数（万人）	固定资产投资（亿元）	外商直接投资（亿元）	科学支出（亿元）	贷款总额（亿元）	主营业务收入:传统（亿元）	主营业务收入:科技（亿元）
2001	156776	1948678	10707	0.04026	1733136	823.3	82.29
2002	153038	1993598	3000	0.02143	1917115	1045.62231	133.07425
2003	191309	2179273	0	0.037	2022675	1249.07396	142.68404
2004	191309	2473502	1800	0.0404	1831237	1541.72419	283.54106
2005	242353	3159852	400	0.0215	1885654	2132.34312	233.99434
2006	292078	3908985	4260	0.0368	2193172	2657.98803	273.14675
2007	273538	4957036	51552	1.0591	2511552	2785.35345	295.29773
2008	290875	6167031	40663	1.1906	2492009	3434.65276	229.72063
2009	260848	8354454	41930	1.354	3240004	2281.07596	342.94069
2010	259362	11415740	3566	1.2421	4097771	2676.9888	293.64129
2011	284918	11427861	845.5	1.391	4945575	9592.26646	1019.64565
2012	270841	14079028	39	1.9822	6717502	3418.2189	718.8756
2013	245941	16263500	3000	2.5545	7485053	3414.7077	847.314
2014	243009	9935440	247126	0.8309	8750763	3317.3195	921.5753
2015	235076	6535940	72908	0.5049	9575000	1783.649	822.0837

二、熵的数学模型及算法

进一步讨论，重新审视采用的模型，可以肯定的是，构建模型的逻辑过程没有瑕疵，但是如果仅仅依赖于道格拉斯生产函数，这样一种确定论的前提下继续探讨，可以预判的是其运算的结果没有满足我们采用数据处理方法的要求，由此可以得出，是选取的方法有问题——线性回归法无法精确地解释模型中各要素对于资源型产业的影响。事实上，从系统的角度出发，资源型产业是一个复杂的产业系统，不仅有因变量对自变量的关系，还存在因变量间的互动关系，用一个线性的定量方法去解决非线性的定性世界观，本就是南辕北辙的路线，也许这就是出现上述结果的关键。

考虑到资源型产业的系统属性，其内部运行要素都在不停地变化着，如此看来一个产业的协同运作，似乎是与其内部参与的人、资金、技术永不停止地流动和它们形成的种种结构分不开的，正如湍急的流水中一块礁石前的驻波，产业是一种动态的模式。弗里德曼在讨论浮动汇率制的自稳定性时提出"弗里德曼精灵"，该精灵角色类似于麦克斯韦妖（Max Well's Demon），该观点传递出这样一个信息，即周期运动和不稳定结构在竞争市场中是不可能存在的。借用物理中热学观点，可能更易理解，即为在不对外做功的条件下制造温差，这将违背热力学第二定律。同样的，嫁接到本书所研究的资源型产业，其内部的要素如同一个个完全理性的弗里德曼精灵，在不断的变化中，是会带来系统的耗散，正是因为这种耗散，导致了投入与产出失衡。因此，如何度量"精灵们"在对资源型产业做贡献时耗散能量的大小，成为本书的关键。通过这样一种方式，尝试根据耗散能量的大小得出资源型产业各要素的贡献率大小，弥补通过线性回归带来的偏差。

三、耗散熵模型

要确定影响因素的熵，首先应分析影响因素，若有 n 类主要影响因素，记为集

合 $A' = \{X_1, X_2, X_3, \cdots, X_n\}$ ，若有 m 年的数据，则对影响因素的判断矩阵即为：

$$A' = \left\{ \begin{matrix} X'_{11} & X'_{12} & \cdots & X'_{1m} \\ \hline X'_{21} & X'_{22} & \cdots & X'_{2m} \\ & \cdots & \\ X'_{n1} & X'_{n2} & \cdots & X'_{nm} \end{matrix} \right\} \qquad 式(4.4)$$

由于不同年份的数据受物价水平等因素的影响，因而首先对数据进行初步处理，此外不同影响因素数据具有不同的度量标准，为消除其存在属性和数量级的差异，要对已经做过初步处理后的数据采用无量纲化的方法进行标准处理，采用的公式如(4.5)所示：

$$X_{ij} = \frac{X_{ij} - \min(X_{ij})}{\max(X_{ij}) - \min(X_{ij})} \qquad 式(4.5)$$

其中：$i = 1,2,3,\cdots,n; j = 1,2,3,\cdots,m$

归一化处理后得到矩阵为：

$$A = \left\{ \begin{matrix} X_{11} & X_{12} & \cdots & X_{1m} \\ \hline X_{21} & X'_{22} & \cdots & X_{2m} \\ & \cdots & \\ X_{n1} & X_{n2} & \cdots & X_{nm} \end{matrix} \right\} \qquad 式(4.6)$$

每个影响因素的每一年的指标的相对比重为：

$$f_{ij} = \frac{X_{ij}}{\sum_{j=1}^{m} X_{ij}} \qquad 式(4.7)$$

由此，第 i 个影响因素的熵值为：

$$H_i = -k \sum_{j=1}^{m} f_{ij} \ln f_{ij} \qquad 式(4.8)$$

其中 $i = 1,2,3,\cdots,n; k = 1/\ln(m)$

熵的本质是信息量大小程度的度量，H_i 即为信息熵，其大小反映了某影响因素的投入多少与总投入的均匀程度，当 $X_{i1} = X_{i2} = \cdots = X_{im} = (\sum_{i=1}^{m} X_{im})/m$

时,熵最大。基于以上的逻辑分析,事实上,H_i 表示的是均衡度,即影响因素结构信息熵值与最大值之比。那么,当 $H_i = 1$,则均衡度最大,当 $H_i = 0$ 均衡度最低,由此,构建出影响因素投资的集中度公式:

$$J_i = 1 - H_i \qquad\qquad 式(4.9)$$

如果某个影响因素的熵越大,说明该影响因素的增减波动幅度越小,提供有用的信息量越小,换言之,即对因变量的影响越小,那么,进一步推广,从更广义的角度来说,即为该影响因素对因变量的贡献越小,对于贡献相对小的影响因素,给予小的权重(熵权),反之亦然。我们再次具体到本章中的石油产业产值上,为了简化,选取了四个影响因素,算出其熵值,以第 i 个影响因素为例,可得到其熵权为:

$$W_i = \frac{1 - H}{n - \sum_{i=1}^{n} H_i}; i = 1, 2, \cdots, n \qquad\qquad 式(4.10)$$

四、基于熵计算的步骤

资源型产业的算法思想如下:

a)基于普遍使用的生产总量函数模型,确定影响因素,完成数据采集;

b)数据的处理。由于"时间"这一间接影响因素的存在,首先要对数据进行预处理,然后将各影响因素的数据进行归一化处理,即进行无量纲化,得到矩阵 A;

c)计算各个影响因素的每个指标对于影响因素所有指标的相对比重;

d)计算每个影响因素的熵值;

e)计算每个影响因素的贡献率。

五、计算结果

(一)熵值计算

1. Matlab 软件,对表4-3中预处理后的数据进行归一化处理得到如下矩阵:

$$A_1 = \begin{Bmatrix} 0.04013 & 0.03225 & 0.11290 & 0.11290 & 0.22047 & 0.32526 & 0.28619 & 0.32272 & 0.25945 & 0.25631 & 0.88270 \\ 0.04969 & 0.05958 & 0.07196 & 0.08946 & 0.12304 & 0.17683 & 0.25264 & 0.35365 & 0.48655 & 0.68471 & 0.86843 \\ 0.01765 & 0.06759 & 0.12610 & 0.20123 & 0.28813 & 0.39940 & 0.60873 & 0.61906 & 0.71167 & 0.80575 & 0.89465 \\ 0.01388 & 0.00142 & 0.01172 & 0.01397 & 0.00146 & 0.01159 & 0.68825 & 0.77529 & 0.88344 & 0.80937 & 0.90793 \\ 0.04466 & 0.09206 & 0.11937 & 0.06989 & 0.08407 & 0.16318 & 0.24529 & 0.24024 & 0.43300 & 0.65406 & 0.87255 \\ 0.00839 & 0.03105 & 0.05179 & 0.08162 & 0.14182 & 0.19540 & 0.20839 & 0.27457 & 0.15699 & 0.19734 & 0.90222 \\ 0.00786 & 0.05633 & 0.06551 & 0.19997 & 0.15267 & 0.19005 & 0.21119 & 0.14859 & 0.25667 & 0.20961 & 0.90266 \end{Bmatrix}$$

2. 计算收集的七类因素数据每年在11年中的相对比重矩阵：

$$A_2 = \begin{Bmatrix} 0.01407 & 0.01131 & 0.03960 & 0.03960 & 0.07732 & 0.11407 & 0.10037 & 0.11319 & 0.09099 & 0.08989 & 0.30958 \\ 0.01545 & 0.01852 & 0.02237 & 0.02781 & 0.03825 & 0.05498 & 0.07854 & 0.10995 & 0.15126 & 0.21287 & 0.26999 \\ 0.00372 & 0.01426 & 0.02660 & 0.04245 & 0.06079 & 0.08426 & 0.12843 & 0.13060 & 0.15014 & 0.16999 & 0.18875 \\ 0.00337 & 0.00034 & 0.00285 & 0.00339 & 0.00036 & 0.00281 & 0.16712 & 0.18825 & 0.21451 & 0.19653 & 0.22046 \\ 0.01480 & 0.03050 & 0.03955 & 0.02316 & 0.02785 & 0.05406 & 0.08127 & 0.07959 & 0.14346 & 0.21669 & 0.28908 \\ 0.00373 & 0.01380 & 0.02302 & 0.03628 & 0.06304 & 0.08686 & 0.09263 & 0.12205 & 0.06978 & 0.08772 & 0.40106 \\ 0.00327 & 0.02346 & 0.02728 & 0.08328 & 0.06358 & 0.07915 & 0.08796 & 0.06188 & 0.10690 & 0.08730 & 0.37593 \end{Bmatrix}$$

3. 计算各因素数据每年的 $f_{ij}\ln(f_{ij})$ 得到如下矩阵：

$$A_3 = \begin{Bmatrix} -0.06000 & -0.05070 & -0.12786 & -0.12786 & -0.19793 & -0.24764 & -0.23074 & -0.24660 & -0.21811 & -0.21657 & -0.36299 \\ -0.06443 & -0.07388 & -0.08501 & -0.09963 & -0.12484 & -0.15948 & -0.19982 & -0.24274 & -0.28570 & -0.32933 & -0.35352 \\ -0.02082 & -0.06061 & -0.09648 & -0.13412 & -0.17023 & -0.20845 & -0.26358 & -0.26586 & -0.28470 & -0.30123 & -0.31471 \\ -0.01919 & -0.00275 & -0.01669 & -0.01929 & -0.00282 & -0.01653 & -0.29898 & -0.31438 & -0.33022 & -0.31974 & -0.33334 \\ -0.06235 & -0.10644 & -0.12775 & -0.08719 & -0.09973 & -0.15773 & -0.20398 & -0.20143 & -0.27855 & -0.33138 & -0.35876 \\ -0.02086 & -0.05912 & -0.08682 & -0.12033 & -0.17425 & -0.21224 & -0.22038 & -0.25671 & -0.18579 & -0.21348 & -0.36643 \\ -0.01872 & -0.08804 & -0.09826 & -0.20700 & -0.17520 & -0.20076 & -0.21381 & -0.17219 & -0.23901 & -0.21287 & -0.36779 \end{Bmatrix}$$

4. 经过以上几个步骤得到影响因素的 f_{ij}，如表4-4所示；进一步依据公式计算出熵值 H_i 值和集中度 J_i：

表4-4 各影响因素熵值和集中度

影响因素	从业人员数（H_1）	固定资产投资（H_2）	外商直接投资（H_3）	科学支出（H_4）	贷款总额（H_5）	主营业务收入:传统（H_6）	主营业务收入:科技（H_7）
熵值	0.8703455	0.8417231	0.8844344	0.6980852	0.8404496	0.7992076	0.8314169

影响因素	从业人员数（J_1）	固定资产投资（J_2）	外商直接投资（J_3）	科学支出（J_4）	贷款总额（J_5）	主营业务收入：传统（J_6）	主营业务收入：科技（J_7）
集中度	0.1296545	0.1582769	0.1155656	0.3019148	0.1595504	0.2007924	0.1685831

5. 由 H_i 得到 W_i，如表4-5所示：

表4-5 各影响因素熵权

影响因素	从业人员数（W_1）	固定资产投资（W_2）	外商直接投资（W_3）	科学支出（W_4）	贷款总额（W_5）	主营业务收入：传统（W_6）	主营业务收入：科技（W_7）
熵权	0.1050397	0.1282282	0.0936256	0.2445966	0.1292599	0.1626722	0.1365778

（二）结果分析

从计算的结果看出，大庆市经济增长中贡献率较高的投入要素有贷款总额、科学支出和主营业务收入。这就说明了大庆市依然依靠传统产业在支撑区域经济的发展。虽然大庆市也建立了高新技术开发区，但是可以从计算的结果得出，大量的科学支出涌向了传统产业或传统产业的下游产业，区域可持续发展的任务依然艰巨。

第三节　企业规模对大庆产业结构演化的影响

自20世纪90年代以来，国内外学者对奥蒂（Auty）提出"资源诅咒"理论进行了各种实证与案例分析，试图为资源密集型区域提出指导性的发展意见，以期能帮助由资源孕育的城市逃脱诅咒的命运。"资源诅咒"指的是丰富的资源禀赋对区域经济起到了抑制作用，自然资源富足的经济体的经济表现在某一时期发生迅速下滑的现象。

　　无论是国内还是国外,大多数资源密集型区域的发展均会呈现出惊人相似的发展趋势,在经济体形成的初期,由于技术、资金等生产要素还未完全适配,此时经济表现还处于一个较为温和的发展阶段。随着基础设施的逐步完善,加以相应的资源开采技术、从业人员,使生产效率大幅提高,形成产业规模效应,同时反之对产出增长和就业扩大起到带动效应,生产要素在该区域得到高效的配置,经济迅速增长。经过这样一个高速发展的过程,资源密集型区域形成了当地的资源主导产业。然而,随着资源储量的下降,开采变得愈加艰难,规模效应递减,同时,固化的产业结构对其他类型的企业产生了严重的挤出效应,外部的知识传递进入本经济体内愈加艰难。因此,如何实现资源型经济体的自我救赎,对该区域有着重要的意义。

　　通过上述对现实世界中资源密集型区域经济发展定性的描述,大致符合这样一个规律,即从较低的规模发展到产业集群、从低增长率发展到高增长率再转变为零增长率,尝试为该规律寻求出一个较为合适的描述模型,在传统的线性方法论范畴中,未能给予我们理想的回答。经济学中著名的均衡,是包含着正斜率的供给曲线和负斜率的需求曲线,两曲线相交点即为稳定点,其既保证了均衡的唯一性,也保证了实践中的可指导性。但这样的曲线无法模拟出我们所观测的经济体生存曲线,其原因在于,真实的经济体存在于非线性世界,更确切地说,本书探讨的是,处于复杂自适应系统中的经济主体,且尝试探索出某个较为接近的模型,把我们对经济体演变的知觉转变为更为深刻的定量描述。

一、协同演化模型

(一)复合系统协同演化模型

　　首先,利用单个种群的 Logistics 方程,来描述单个主体在理想状态下种群

生存曲线,如式(4.11)所示:

$$\frac{dN}{dt} = \alpha N(1 - \frac{N}{K})$$
式(4.11)

其中,N代表种群的数量;α代表种群的内禀增长率;K代表种群所处环境所能承载种群最大量,是对环境系统固有属性的描述。

本书着重考虑的是,科技驱动型企业如何在资源密集型区域与当地企业发生作用,因此,从单个主体出发扩充模型,建立方程组,以描述两个主体构建的经济世界。在单个种群Logistics方程的基础上,引入参数$\beta_{ij}(i,j = 1,2)$,该参数代表着子系统i对子系统j的影响力度,于是,确立出复合系统的协同演化模型,如式(4.12)、式(4.13)所示:

$$\frac{dN_1}{dt} = f_1(N_1, N_2) = Y_1 = \alpha_1 N_1(1 - \frac{N_1}{K_1} - \beta_{21} N_2)$$
式(4.12)

$$\frac{dN_2}{dt} = f_2(N_1, N_2) = Y_2 = \alpha_2 N_2(1 - \frac{N_2}{K_2} - \beta_{12} N_1)$$
式(4.13)

其中,N_1、N_2表示子系统1、2,在本书中,即分别代表资源依赖型企业、技术驱动型企业;K_1、K_2分别代理想条件下,系统环境对资源依赖型企业、技术驱动型企业最大承载力,它由环境和子系统本身两个因素共同决定。

对于参数$\beta_{ij}(i,j = 1,2)$,当$\beta_{ij} > 0$,说明j系统与i系统之间是一种竞争关系,j系统自身发展并不利于i系统的发展,后者的发展水平随着前者持续发展,在不同程度上受到的限制;当$\beta_{ij} < 0$,说明j系统与i系统之间是一种合作关系,j系统的进化有利于i系统的发展,这是一种相互促进的协同作用。

至此,本书所需要描述的问题,似乎已经通过模型(4.12)、模型(4.13)得到了很好的映射——通过α_1、α_2阐述了子系统的自身属性;通过K_1、K_2阐述子系统与环境共同作用的结果;通过β_{21}、β_{12}阐述了在复合系统协同过程中,子系统间相互影响。

（二）具有 Allee 效应的复合系统协同演化模型

进一步讨论，在复合系统中，各主体因对方的存在，已不再是系统中唯一的生存种群，因此，传统的 Logistics 方程没有描述其在多物种共存情况下有可能产生的自抑效应。而生物学中的 Allee 效应恰恰描述了我们尚需解决的问题。在生物入侵理论中，Allee 效应通常是由种群内的相互作用引起的，例如：寻找伴侣困难、社会功能障碍、扩散损耗等，当由于以上这些原因引起种群增长率减少则称为弱 Allee 效应，若出现负增长，则称为强 Allee 效应。该效应表现出对物种在空间和时间相互作用的几乎所有方面的影响，尤其是，Allee 效应对入侵物种的种群动态，特别是传播率、被入侵的种群的受感染率上有着深刻的影响。因此，引入 Allee 效应显得尤为必要。在增添 Allee 效应之后，得到新的协同进化模型，如式（4.14）所示：

$$\frac{dN_1}{dt} = f_1(N_1, N_2) = Y_1 = \alpha_1 N_1 \left(1 - \frac{N_1}{K_1} - \beta_{21} N_2\right) \frac{N_1}{N_1 + a_1}$$
$$\frac{dN_2}{dt} = f_2(N_1, N_2) = Y_2 = \alpha_2 N_2 \left(1 - \frac{N_2}{K_2} - \beta_{12} N_1\right) \frac{N_2}{N_2 + a_2}$$
式（4.14）

其中，$\frac{N_i}{N_i + a_i}(i = 1, 2)$ 便是 Allee 效应项，$a_i(i = 1, 2)$ 表示 Allee 效应常数，其值越大，表明种群受 Allee 效应作用越明显，需要更大的种群密度才能稳定生存。

二、复合系统协同进化模型平衡点分析

（一）协同进化模型的平衡点

前文已经建立了所需要的模型，现在讨论该模型的平衡点，根据方程平衡点原理，分别令 $\frac{dN_1}{dt} = 0$，$\frac{dN_2}{dt} = 0$，得到方程组，如式（4.15）所示：

$$\begin{cases} f_1(N_1,N_2) = 0 \\ f_2(N_1,N_2) = 0 \end{cases} \qquad \text{式}(4.15)$$

可以得到四个平衡点：

$$p_1(K_1,0)\ ,p_2(0,K_2)\ ,p_3\left(\frac{K_1 - \beta_{21} K_2}{1 - \beta_{21} \beta_{12}},\frac{K_2 - \beta_{12} K_1}{1 - \beta_{21} \beta_{12}}\right),p_4(0,0)$$

若令：

$$A = \begin{vmatrix} f_{1(N_1)}, f_{1(N_2)} \\ f_{2(N_1)}, f_{2(N_2)} \end{vmatrix} = \begin{vmatrix} \alpha_1\left(1 - \dfrac{2 N_1}{K_1} - \beta_{21} N_2\right) - \alpha_1 N_1 \beta_{21} \\ - \alpha_2 N_2 \beta_{12}\ \alpha_2\left(1 - \dfrac{2 N_2}{K_2} - \beta_{12} N_1\right) \end{vmatrix} \qquad \text{式}(4.16)$$

$$p = - (f_{1(N_1)} + f_{2(N_2)})\ |_{p_i} \qquad \text{式}(4.17)$$

$$q = detA\ |_{p_i}, i = 1,2,3,4 \qquad \text{式}(4.18)$$

$\beta_{21} = \dfrac{\sigma_1}{K_2}, \beta_{12} = \dfrac{\sigma_2}{K_1}$，其中 $\sigma_i(i=1,2)$ 表示一个另一种类型企业的存在相当于 σ 个本企业。

如此，首先，利用平衡点稳定性判别法来研究 p_1 点的稳定性问题，根据上述三个表达式，可以得到：

$$p = - \alpha_1 - \alpha_2\left(1 - \frac{\sigma_{1K_1}}{K_2}\right),q = - \alpha_1 \alpha_2\left(1 - \frac{\sigma_{1K_1}}{K_2}\right)$$

于是，当 $K_1 < \dfrac{K_2}{\sigma_2}, q < 0$，$p_1$ 为不稳定平衡点；

而当 $K_1 > \dfrac{K_2}{\sigma_2}, q > 0$，$p_1$ 为稳定平衡点，即当 $t \to \infty$ 时，$N(N_1(t),N_2(t)) \to (N_1,0)$。它表示最终资源依赖型企业顺利存活，而科技驱动型企业灭亡。

由此，依据上述分析，依次可以得到平衡点的稳定型分析表4-6：

表4-6　判别平衡点稳定的计算公式

平衡点	p	q	稳定条件
$p_1(K_1,0)$	$\alpha_1 - \alpha_2(1-\sigma_2)$	$-\alpha_1\alpha_2(1-\sigma_2)$	$\alpha_1 < 1, \alpha_2 > 1$
$p_2(0,K_2)$	$-\alpha_1(1-\sigma_1) + \alpha_2$	$-\alpha_1\alpha_2(1-\sigma_1)$	$\alpha_1 > 1, \alpha_2 < 1$
$p_3\left(\dfrac{K_1-\beta_{21}K_2}{1-\beta_{21}\beta_{12}}, \dfrac{K_2-\beta_{12}K_1}{1-\beta_{21}\beta_{12}}\right)$	$\dfrac{\alpha_1(1-\sigma_1)+\alpha_2(1-\sigma_2)}{1-\sigma_1\sigma_2}$	$\dfrac{\alpha_1\alpha_2(1-\sigma_1)(1-\sigma_2)}{1-\sigma_1\sigma_2}$	$\alpha_1 < 1, \alpha_2 < 1$
$p_4(0,0)$	$-(\alpha_1+\alpha_2)$	$\alpha_1\alpha_2$	不稳定

(二)模型分析及模型求解

1. 模型分析

通过表4-6,得到系统可能存在的四个平衡点,首先 $p_4(0,0)$ 由于难以满足数学上鞍点的存在条件,因此不在我们讨论范围内。而 p_1 和 p_2 分别代表两种极端情况,从数值表达式可以分析出,若出现这两类平衡点,代表复合系统只存在单一主体,必然有另一主体因竞争能力较弱而退出历史的舞台,这也不是本书构建该模型所寻求的最终结果,我们希望的是,通过调节能找到一种状态,使两类主体可相互促进发展。

那么,第三个稳定平衡点 p_3 的存在就显得尤为重要,是分析的重点,该稳定平衡点是属于部分竞争共存的性质,即传统型企业和新型技术产业在区域的复合系统中是在不断磨合过程中,既有竞争也有合作关系,两者在共同协同演化中共同发展,逐步趋向系统的稳定平衡点 p_3。该平衡点代表区域的经济系统,传统型企业和新型技术型企业形成了一个对经济贡献最大的组合,并且可以相互促进,随时间对系统的贡献是持续上升(至少不会下降)的。

2. 模型求解

解决方程组的参数问题,主要的方法有最大似然法、最小二乘法等,但这些方法主要针对的是线性方程,而本书从模型的建立伊始就奠定了方法基调是非线性科学,因此,这些方法或许能求得结果,但并非最优。事实上,我们需要的并非是找到一个确定的数使上述各个方程左右双方精确相等（当然也是做不到的），我们需要的是在系统可以接受的误差范围内，使方程左右近似相等，即找到较为精确的参数，使方程等号的左右双方无限接近，于是，这就转化为一个寻找最优化问题。

所谓最优化问题，即在满足一定的约束条件下，寻找一组参数值，使某些最优性度量得到满足，在运筹学中，关于最优化问题已经产生了较为成熟的算法，即根据其目标函数、约束函数的性质以及优化变量的取值等可以分为许多类型，每一种类型的最优化问题根据其自身的性质不同都有其特定的求解方法。不失一般性，设所考虑的最优化问题为：

$$\begin{cases} \min f(X) \\ s.t. X \in S = \{X \mid g_i(X) \leq 0, j = 1,2,\cdots,m\} \end{cases} \qquad \text{式(4.19)}$$

其中，$f(X)$ 为目标函数，$g_i(X)$ 为约束函数，S 为约束域，X 是 m 维的优化变量。

由此，建立如下最优化问题：

$$\begin{cases} \min f(X_1, X_2, X_3, \cdots, X_p) \\ a_j \leq X_{j \leq} b_j \end{cases}, j = 1,2,3,\cdots,p \qquad \text{式(4.20)}$$

其中，X_j 表示 p 个变量，$[a_j, b_j]$ 表示 X_j 的初始变化区间，f 为非负的优化准则函数。标准遗传算法的原理，进化从完全随机个体的种群开始，之后一代一代发生。在每一代中，整个种群的适应度被评价，从当前种群中随机地选择多个个体（基于它们的适应度），通过自然选择和突变产生新的生命种群，该种群在算法的下一次迭代中成为当前种群。当最优个体的适应度达到给定的阈值，或者最优个体的适应度和群体适应度不再上升时，或者迭代次数达到预设的代数时，算法终止。此时就把当前群体中最佳个体或某个优秀个体指定为遗传算法的运行结果。

三、实证分析

本章以黑龙江省大庆市为实证分析的样本，在近十年的尝试后，我们尝试验证大庆的产业规模是否发生了一些改变,通过我们所构建的协同演进模型分析大庆如今的经济系统状态,将关注的焦点收敛到资源型与高新技术型产业,探索两者的作用关系,以期得到一些定量性的结果。

(一)数据来源

本章通过《中国工业企业年鉴》,筛选出黑龙江省大庆市 2001—2011 年,总计十一年规模以上企业的个数,通过查阅相关资料,国家对于科技驱动型企业有如下标准:

新《高新技术企业认定管理办法》对企业研发费用占销售收入的比例调整如下:销售收入为 5000 万元以下企业,比例定为 6%;销售收入为 5000 万—2 亿元的企业,比例定为 4%;销售收入为 2 亿元以上的企业,比例定为 3%;根据《中国统计年鉴》高技术产业包含 5 大门类:医药制造业,航天航空制造业,电子及通信设备制造业,电子计算机及设备制造业,医疗器械及仪器仪表制造业;科技型企业产品领域范围:光机电一体化、电子与信息、新材料、生物医药、新能源和高效节能、环境保护及其他高技术领域、农业专利产品(新品种、新成果)等;而资源依赖型企业主要包括煤炭开采和洗选业、有色金属矿采选业、非金属矿采选业、非金属矿物制造业、黑色金属冶炼及压延加工业、有色金属冶炼及压延加工业、石油加工、炼焦及核燃料加工业。

跟踪 2001—2011 年《中国工业企业年鉴》中登记企业的进入与退出大庆经济系统动态变化,同时根据上述的国家分类标准,分别统计出规模以上的大中型资源依赖型企业与科技驱动型企业数量,得到表 4-7。

表 4-7　大庆市资源依赖型企业与科技驱动型企业数量

年份	2001	2002	2003	2004	2005	2006	2007	2008
资源依赖型	48	93	110	212	191	175	180	240
科技驱动型	67	63	102	163	141	146	158	206

续表

年份	2009	2010	2011	2012	2013	2014	2015	
资源依赖型	179	120	312	168	171	162	86	
科技驱动型	139	153	316	174	185	202	164	

(二)参数求解

对式(4.20)建立的出发点是基于生物学中种群生存 Logistics 方程,该方程中最重要的参数为内禀增长率,其重要之处在于其能度量某一特定种群在理想环境中的生存能力,而根据达尔文的《物种起源》原理,种群的生存是经过长期所处生态系统考验,这暗含着内禀增长率一定的考察期内不发生改变。由此,解式(4.20)中各参数值,首先须解得能表达企业属性的内禀增长率,根据结果分析系统中两类企业的生存状态以及系统性质。

依旧借助生物学中的计算规则,内禀增长率求解方法有近似解和精确解。近似解过程如式(4.21):

$$R_0 = \sum_{t=0}^{n} l_t \times m_t, \quad T = \frac{\sum_{t=0}^{n} t \times l_t \times m_t}{\sum_{t=0}^{n} l_t \times m_t}, \quad r_{mo} = \frac{\ln(R_0)}{T} \qquad \text{式(4.21)}$$

其中,r_{mo} 即为内禀增长率近似解,R_0 表示净增长率,l_t 表示第 t 期种群的存活率,m_t 表示第 t 期种群的生殖率。

而精确解为式(4.22):

$$\left| \sum_{t=0}^{n} e^{-r_m t} * l_t * m_t - 1 \right| = 0 \qquad \text{式(4.22)}$$

即精确解试图构建高级方程通过寻得一个精确的 r_m,使 $\sum_{t=0}^{n} e^{-r_m t} \times l_t \times m_t$ 无限接近于1。在企业存活率的计算上需作一定的调整,因为一般来说,企业不会在当期成立又在当期消亡,因此,企业的存活率不同于生物界中的存活

$$率 = \frac{t\,期内存活的数量}{t\,期期初新生数量}，而是为式（4.23）：$$

$$存活率 = \frac{t\,期企业数量 - (t-1)\,期企业数量}{t\,期企业数量} \qquad 式（4.23）$$

$$繁殖率 = \frac{(t+1)\,期企业数量 - (t)\,期企业数量}{t\,期企业数量} \qquad 式（4.24）$$

依据式（4.23）、式（4.24）对表4-7原始数据进行处理，得到企业的 l_t，m_t，$l_t \times m_t$，$t \times l_t \times m_t$，归纳如表4-8、表4-9所示：

表4-8　大庆市2001—2011年资源依赖型企业的存活率与繁殖率

年份 企业存活 率与繁殖率	2001	2002	2003	2004	2005	2006	2007	2008	2009	2010	2011
l_t	1.536	0.134	0.183	0.927	-0.099	-0.084	0.029	0.333	-0.254	-0.330	1.600
m_t	0.134	0.183	0.927	-0.099	-0.084	0.029	0.333	-0.254	-0.330	1.600	-0.179
$l_t \times m_t$	0.210	0.025	0.170	-0.092	0.008	-0.002	0.010	-0.085	0.084	-0.527	-0.287
$t \times l_t \times m_t$	0.210	0.049	0.509	-0.367	0.041	-0.014	0.067	-0.678	0.754	-5.274	-3.159

表4-9　大庆市2001—2011年科技驱动型企业的存活率与繁殖率

年份 企业存 活率与繁殖率	2001	2002	2003	2004	2005	2006	2007	2008	2009	2010	2011
l_t	0.288	-0.060	0.619	0.598	-0.135	0.035	0.082	0.304	-0.325	0.101	1.065
m_t	-0.060	0.619	0.598	-0.135	0.035	0.082	0.304	-0.325	0.101	1.065	-0.139
$l_t \times m_t$	-0.017	-0.037	0.370	-0.081	-0.005	0.003	0.025	-0.099	-0.033	0.107	-0.148
$t \times l_t \times m_t$	-0.017	-0.074	1.111	-0.323	-0.024	0.017	0.175	-0.790	-0.295	1.073	-1.632

由此，根据内禀增长率的精确计算公式（4.22），可分别得到本章所研究的两类企业的内禀增长率，如表4-10所示。

表 4-10　大庆市两类企业的内禀增长率

	资源依赖型	科技驱动型
r_m	−0.009—0.289i	0.170+0.268×i

（三）结果分析

一是内禀增长率的结果显示,资源型企业与科技型企业该值的表达式相同,均由实部和虚部构成,并非普遍的实数表达,这似乎暗含着位于大庆市的两类经济类型均发生了变化,很显然大庆市的资源依赖型企业与科技驱动型企业内禀增长率均带有象征异质空间的虚部,当科技型企业携带者创新"病毒"入侵到资源密集型区域时,它必然是从原来生存的同质空间穿越到由资源型企业主导的异质区域,这种动态的入侵过程带来了内禀增长率上的变化,这点已经在结果上得到验证。那么为何本就生存在资源密集型区域的资源主导型企业的内禀增长率也带有异质空间项? 唯一合理的解释是,科技创新企业入侵到该区域后,通过长时间地与当地企业发生良性的互动,它们如同相互依赖而又自私的生物一起协作完成整体的生存,如此在子系统间演进过程中,同时也使当地的经济系统发生了变化——不再是单一地、强烈地依赖于某一行业的产业结构。

二是上述我们从生物学的角度解决了两者内禀增长率形式上的问题以及说明的现象。进一步比较两者的数值关系,大致有如下判断,实部显示着两者生存能力的大小,显然在新的经济系统中,资源型企业生存活力小于科技型(前者为−0.009,后者为0.17),更为严重的是,资源型企业似乎无法在新系统内完成自我救赎,发生了负增长(至少在考察期内),同时由于其在空间的穿梭方向上也出现负值——与系统的演化方向相左,相比之下科技型企业生存发展良好,不仅拥有规模上的正向增长率,也遵循了新经济系统的发展轨迹。

得出两种类型企业的内禀增长率后,我们得到了一些较为重要的结论,从定量的角度分析了大庆市两大类企业的生存状态以及经济系统属性。既然科技型企业与传统型企业发生了互动,同时还带来了对系统的扰动,我们还需要更深入地分析,两主体间的协同力度,生存自抑效应的大小,以及是否能实现在新系统的稳定平衡点。以式(4.25)为模型,借助遗传算法求解模型中的各个重要参数值。

$$
\begin{aligned}
Z_1 &= \min \sum_{i=1}^{11} \left[Y_1 - \alpha_1 N_1 \left(1 - \frac{N_1}{K_1} - \beta_{21} N_2\right) \frac{N_1}{N_1 + a_1} \right]^2 \\
Z_2 &= \min \sum_{i=1}^{11} \left[Y_2 - \alpha_2 N_2 \left(1 - \frac{N_2}{K_2} - \beta_{12} N_1\right) \frac{N_2}{N_2 + a_2} \right]^2
\end{aligned}
\qquad \text{式}(4.25)
$$

其中,Y_1、Y_2 为 $\dfrac{dN_1}{dt}$、$\dfrac{dN_2}{dt}$ 的近似表达,由中心差分法求得。

由此得到参数结果,如表4-11、表4-12所示:

表4-11　参数计算结果

	K	β	a
资源依赖型	−1.543	12.177	1.73
科技驱动型	3.928	−0.261	1.524

表4-12　平衡点稳定性判别

平衡点	p	q	稳定条件
$p_1(-1.543,0)$	−0.1107	0.0009	$\alpha_1 < 1, \alpha_2 > 1$
$p_2(0,3.928)$	−0.2608	−0.0733	$\alpha_1 > 1, \alpha_2 < 1$
$p_3(-11.8171,0.843732)$	−0.0292	−0.0024	$\alpha_1 < 1, \alpha_2 < 1$
$p_4(0,0)$	−0.1608	−0.0016	不稳定

四、结果分析

讨论两类企业的作用关系,通过 β 的对比,科技型企业对资源型企业有强烈的副作用影响,相反的是,后者对于前者却有着促进作用,这似乎和现实相违背,按一般的逻辑来推演,在资源密集型区域,资源型企业有着更完善的经济网络,有完整的产业链结构,在这种情况下,该企业群对于科技型企业会有明显的竞争优势。但结合内禀增长率的讨论结果,我们发现大庆市的经济系统已经从传统依赖资源(主要是石油)的发展模式,转换为衍生出新秩序的系统。在这种生态系统中,资源型企业由于其低效的产出率而使原本具有的产业规模效应发生递减,自抑效应愈加明显,这一点从 a 值可以得到印证,资源型企业明显高于科技型企业。

进一步,由于资源型企业的生存愈加困难,释放了一部分生产要素,科技型企业的入驻,恰好吸收了这部分资源同时也开发了当地的新型发展模式,防止有效的资源(例如人力资源)外流,产生城市的溃亏。因此,科技型企业的生存自抑效应减弱,资源型企业对其有促进发展的作用。

经济系统的演化平衡点为表中 p_3(- 11.8171,0.843732),该值显示出,当系统处于平衡状态时,科技型企业与资源型企业是无法顺利共存的,这与我们构建模型的初衷相违背,并非模型或是算法出现了偏差,而是由于,在这种姑且称为过渡型的经济系统中,任何一些小的生产要素发生变化,均会给系统带来巨大的噪声干扰,使系统的稳定性崩塌,换言之,大庆市的系统仅仅还在混沌复杂状态而非自适应的状态。

第四节　产业有序度对大庆产业结构演进的影响

如何衡量产业发展状态？规模是否能够在一定程度上诠释？的确,在产业结构有所改变之时,产业规模的确相应地发生变化,但从规模的角度只能说明产业中企业的数量的变动,但并未就其产业本身内部属性是否转变提供正面的回答,从普遍的"质变与量变"的辩证关系中,可肯定地推断出,若产业的有序度有波动,那么该产业的结构一定发生了较大的变更。

解释创新扩散过程中复合系统内主体自身以及相互间的有序度关系,即为描述较为复杂的现象,用简单的线性模型很难完整地解释清晰。基本上,线性模型来源于这样一种假设,即创新是应用科学,其假定创新是按照一系列有序的阶段逐步展开的,然而这样一种流传较为广泛的观点却忽视了创新扩散中各阶段之间的反馈与循环,而恰恰是这些反馈关系的存在,导致了创新的复杂性,因此,线性模型只是小部分、单一的创新过程。

基于复杂科学的视角,在创新扩散的过程中,通过主体间的交互作用,形成彼此间从初期的相互竞争逐步过渡到共同合作形成一种宏观的集体效应,如何描述这种复杂的、循环往复的运作,是非常困难的,因为如此的复杂系统(虽然本章只讨论两个主体)的整体行为不是各部分行为的简单加和——非线性。非线性意味着,我们通常从特殊到一般观察,归纳总结出较好普适性规律的工具,如曲线拟合、均值分析等,都失去了可行性。弥补这一缺陷的最佳方案,是跨学科比较研究,通过对比分析,从其他已经拥有成熟理论基础的学科中寻求一些显著的特性。生物学中演化方法拥有一些突出的描述正与本章讨论经济体的轨迹相似,运用生物学中较为成熟且符合所观测的真实经济系统中主体规模变化规律的模型,尝试回答资源密集型区域有序度如何可持续发展的问题。

一、模型构建

(一)模型介绍

模型的设立,是为了让我们能将现实世界中感性的认识转化为更为一般的规律性认识。通过对典型的资源密集型区域经济体的长时间观察,我们有如下的发现:经济结构固化单一,由于依赖资源的经济体,在产业形成较大规模后,使其有更高的边际生产率,生产要素将逐步地转移到产业链的初段,那么高新技术业、制造业、服务业这些可以大量吸纳当地劳动力人口的行业便因此萎缩,当无法形成聚集效应时,在规模报酬递增的条件下,专注于资源发展就会损害经济效率,短期的资源收入却削弱了长期增长的动力。基于这样一种发展轨迹,资源型经济体,沿着钟形曲线的脉络行进,生物学中用于描绘种群生长的 Logistics 曲线能够较好地拟合。

单个种群的 Logistics 方程,如式(4.11)所示,此处不再复述。

进一步解释,在经济学意义上的各个参数的含义。由于本书不再讨论产业规模与产业结构的联动关系(上文已经阐述过理由,此处不多加复述),转而讨论的是,更有明显决定意义的产业有序度问题。基于这样的假定,模型(4.11)中的 N 代表的产业的各个时期有序度度量,本书认为,α 属于在一定时期范围内,产业经过长期发展所形成的,具有鲜明产业特征的增长率,它自然地隐射了产业有序度的走向,可以直观地判定同一区域对不同产业的影响能力的区别。请注意,内禀增长率在较短时期内受影响的可能性较小,正如资源型行业,即使出现了连续几年的产业规模衰减,但是其内禀增长率存在长期的滞后效应,这与行业发展模型,以及所处的经济系统属性强烈相关。K 代表着在一定的区域内,经济系统对于当地企业有序度的最大承载力。例如,资源密集型区域,在资源大规模开采的初期,资金、技术、人力等重要的生产要素汇集于资源型产业,能够在较短的时间内,完成产业集聚,形成当地的主导型企业。此时系统对其有序度的承载力变大,但当持续地、不加规划地开采,资源以指数甚至级数的速度下降时,加之极高的技术转化成本,使系统对主导型产业有序度承载力便会下降,这从技术上,用极其简便的一个参数值高度概括了产业与资源密集型区域的关系变化。

(二)模型改进

正如前文所述,本书尝试跳出传统经济学均衡幻象的模型,通过跨学科的方式,构建简单却高度模拟,在资源密集型区域,资源型产业与试图进入该区域发展的高新技术型产业的互动关系。在上文中,本书利用单个群落

Logistics 生存曲线模拟产业有序度的发展轨迹,为了保证方法的统一性,同样的,通过该方程刻画技术型产业,虽然出发点是从方法论的角度,但这并不与实际情况相违背(高新科技型企业虽然并不会因为资源递减而迅速衰落,但其也在成长到一定的时期,陷入停滞增长的瓶颈,例如我国江浙一带制造业)。

同时,在单个种群 Logistics 方程的基础上,引入参数 $\beta_{ij}(i,j = 1,2)$,该参数代表着子系统 i 对子系统 j 的影响力度,于是,确立出复合系统的协同演化模型,如式(4.12)和式(4.13)所示。公式与各参数定义内容详见前文。

(三)具有 Allee 效应的复合系统协同演化模型

本书对于资源密集型区域内两类产业有序度的模型和现实情况大致吻合,但对于科技型的企业,若试图顺利地入驻资源密集型——这样一个完全与其发展模式不一致的系统内,事实上是面临着诸多壁垒的,进入成本极高,当地固有产业对其的挤出效应明显。因此,这类企业面临着相对于资源型企业更高的有序度保障值,换言之,即高新科技型企业在资源密集型区域,只有自身产业有序度发展更为良好才能生存。在经济学上,衡量某一类产业内部自我协调能力、抵御生存风险能力,若存在强 Allee 效应,说明其能力较弱,与当地经济环境没有良好的耦合性。

在增添 Allee 效应之后,得到新的的协同进化模型,如式(4.14)所示,此处不再复述。

二、实证分析

对本章所建立的模型进行实证分析,选择黑龙江省大庆市作为实证数据的来源。在 1992 年,大庆市政府尝试通过建立高新科技区,吸收新生力量进入当地,从而促进经济的多元化发展,经过 20 多年的发展,的确取得了一些阶段性成果,第三产业产值占比逐渐上升。这从侧面反映出,非资源型企业在大庆形成了小规模的产业集群,并影响着当地经济结构,那么,这些异质的产业有序度与资源型产业有序度发生了怎样的化学变化,经济环境对两者的反应又是如何? 因此,本章讨论大庆市资源依赖型企业与科技驱动型企业两个产业群的有序度,在两者组成的复合系统内协同演化。

(一)数据来源

本章通过《中国工业企业年鉴》,筛选出大庆市 2001—2011 年,统计十一年规模以上企业,我们定义科技驱动型企业有如下标准:

1. 新《高新技术企业认定管理办法》对企业研发费用占销售收入的比例调整如下:销售收入为 5000 万元以下企业,比例定为 6%;销售收入为 5000 万—2 亿元的企业,比例定为 4%;销售收入为 2 亿元以上的企业,比例定为 3%。

2. 根据《中国统计年鉴》高技术产业包含 5 大门类:医药制造业、航天航空制造业、电子及通信设备制造业、电子计算机及设备制造业、医疗器械及仪器仪表制造业。

3. 科技型企业产品领域范围:光机电一体化、电子与信息、新材料、生物医药、新能源和高效节能、环境保护及其他高技术领域、农业专利产品(新品种、新成果)等。

而资源依赖型企业主要包括煤炭开采和洗选业、有色金属矿采选业、非金属矿采选业、非金属矿物制造业、黑色金属冶炼及压延加工业、有色金属冶炼及压延加工业、石油加工、炼焦及核燃料加工业。

本章以复合系统协同演化模型为媒介,考察资源依赖型企业群与科技驱动型企业群有序度的变化形态,那么某种类型的产业集群有序度应该以何种方式来度量抑或是描述? 也许是经典的柯布—道格拉斯生产函数最佳,该函数以极为简单的方式解释了一个产业的主要的驱动因素、边际参数,以及其中产业发展结果,讲述的是某产业一般性、较为稳定的规律。虽然,这种模型的稳定性与复合系统的复杂性、自适应性背道而驰,即在对复合系统讨论时,以之做回归分析较为不妥,但我们可以借鉴该模型的描述变量来构建产业有序度的度量变量。因此,实证数据方面,我们梳理《中国工业企业年鉴》黑龙江省大庆市2001—2015年(15年)规模以上企业的如下指标(见表4-13):

表4-13 数据指标

成本性指标	固定资产投资	效益性指标	工业产值
	平均从业人员数		
	研究开发投资		

注:依据柯布—道格拉斯生产函数 $Y_t = A_t^\gamma K_t^\alpha L_t^\beta$,其中 Y_t 为第 t 期实际产值;A_t 表示第 t 期技术投入;K_t 表示第 t 期的固定资产投入;L_t 表示第 t 期劳动力投入;γ、α、β 分别表示技术投入、固定资本投入、劳动力投入的产出弹性。以年鉴中的平均从业人员数表示劳动力投入,研究开发投资代表技术投入。

收集初始数据后,为了排除固定资产的经济折旧、折旧资产的处理价值等因素的影响,根据永续盘存法对数据进行初步处理,得到表4-14、表4-15。

表4-14 大庆市资源依赖型产业的相关指标数据

年份	工业总产值	从业人员平均人数	固定资产投资	研究开发投资
2001	111666514	127697	82341213	34809
2002	104398837	125592	84560550	19240
2003	125719241	135992	84183437	11120
2004	127477482	135992	84183437	11120
2005	204845058	145487	91598448	8183
2006	236080541	182433	114294592	806122
2007	242003011	184533	135375302	280133
2008	294876702	236169	145459678	−366558
2009	192926539	169530	196043222	−133350
2010	233260999	170595	128284359	269901
2011	599978152	373954	314615907	981716

续表

年份＼相关指标 资源依赖型产业	工业总产值	从业人员 平均人数	固定资产投资	研究开发投资
2012	486900000	198523	317900000	608900
2013	499100000	180045	384100000	86840
2014	471300000	175714	439200000	26730
2015	457800000	158663	481800000	38430

表 4-15　科技驱动型企业

科技驱动型	工业总产值	从业人员 平均人数	固定资产投资	研究开发投资
2001	7185128	29079	8261530	32452
2002	6835091	27446	8060456	25330
2003	14163944	55317	11747101	21620
2004	27252292	55317	11747101	21620
2005	19198206	96866	17259814	20280
2006	22187376	109645	13563780	24998
2007	26473301	89005	15663441	43322
2008	20359215	54706	10670119	4076
2009	31304797	91318	15595240	14800
2010	26270528	88767	15640880	43322
2011	65840128	182646	36448627	152202
2012	51640000	58139	28460000	146500
2013	54050000	50936	28780000	128400
2014	53870000	52869	27470000	125200
2015	54740000	49126	26640000	146800

注:运用永续盘存法预处理数据时,经济折旧率、折旧资产处理价值分别取 0.096、0.04。

(二)有序度计算

根据协同学的观点,技术转移系统的协同度是指各子系统之间在发展演变过程中相互和谐一致的程度。假设 u_i 为所观测的复合系统序参量，u_{ij} 表示第个 i 序参量的第 j 个指标，其具体值为 N_{ij}，γ_{ij}，η_{ij} 分别为所统计的序变量分量的上、下限值。根据子系统的序变量分量有序度的计算公式为：

$$u_{ij} = \begin{cases} (N_{ij} - \eta_{ij})/(\gamma_{ij} - \eta_{ij}), u_{ij} \text{ 为效益性指标} \\ (\gamma_{ij} - N_{ij})/(\gamma_{ij} - \eta_{ij}), u_{ij} \text{ 为成本性指标} \end{cases} \qquad \text{式}(4.26)$$

由于资源依赖型企业群和科技驱动型企业群性质不同，其各自的系统内序参量的有序程度的总贡献率需要通过赋予各个指标一定的权重求得。即为：

$$u_i = \sum_{j=1}^{m} \lambda_{ij} u_{ij}, \sum_{j=1}^{m} \lambda_{ij} = 1 \qquad \text{式}(4.27)$$

本文通过熵权分析法确定 λ_{ij}，公式如式(4.28)所示：

$$f_{ij} = \frac{N_{ij}}{\sum_{j=1}^{m} N_{ij}}, H_i = -k \sum_{j=1}^{m} f_{ij} ln f_{ij}, W_i = \frac{1 - H}{n - \sum_{i=1}^{n} H_i}; i = 1, 2, \cdots, n \quad \text{式}(4.28)$$

其中，$i = 1, 2, 3, 4, 5; k = 1/ln(m)$

每个序参量的每一年的指标的相对比重为 f_{ij}，第 j 个指标的熵值为 H_i，熵权为 W_i。

将表4-14、表4-15的数据依次代入式(4.26)、式(4.27)、式(4.28)，依次得到资源依赖型系统有序度(见表4-16)、科技驱动型系统有序度(见表4-17)、熵权值(见表4-18)、序参量有序度(见表4-19)。

表4-16　大庆市2001—2011年资源依赖型系统有序度

年份 \ 资源依赖型系统	工业总产值	从业人员平均人数	固定资产投资	研究开发投资
2001	0.031285	0.950843	0.917614	0.741301
2002	0.018444	0.9579	0.889515	0.752344
2003	0.056112	0.923037	0.86447	0.758104
2004	0.059218	0.923037	0.841732	0.758104

年份 \ 资源依赖型系统	工业总产值	从业人员平均人数	固定资产投资	研究开发投资
2005	0.195906	0.891209	0.811968	0.760188
2006	0.251091	0.767361	0.757027	0.194189
2007	0.261554	0.760321	0.681215	0.567286
2008	0.354968	0.58723	0.599985	1.026001
2009	0.174849	0.810613	0.464013	0.86058
2010	0.246109	0.807043	0.423929	0.574544
2011	0.894	0.125355	0.158316	0.069636

表 4-17　大庆市 2001—2011 年科技驱动型系统有序度

科技驱动型	工业总产值	从业人员平均人数	固定资产投资	研究开发投资
2001	0.015595	0.9752	0.810937	0.824226
2002	0.010314	0.9844	0.845976	0.867718
2003	0.1209	0.8263	0.82741	0.890374
2004	0.318393	0.8263	0.810556	0.890374
2005	0.196863	0.5905	0.719928	0.898557
2006	0.241967	0.5179	0.688156	0.869746
2007	0.306639	0.6351	0.630621	0.757846
2008	0.214382	0.829722	0.646619	0.997511
2009	0.379542	0.621946	0.593845	0.932022
2010	0.303579	0.636423	0.54531	0.757846
2011	0.900653	0.103653	0.216929	0.092946

注:序变量上限值和下限值分别取 2001—2011 年最大值和最小值的 90%、110%。

表 4-18　大庆市两类企业的熵权值

	工业总产值	从业人员平均人数	固定资产投资	研究开发投资
资源依赖型	0.17404	0.281505	0.279123	0.265333
科技驱动型	0.193081	0.264463	0.274621	0.267834

表 4-19 序参量有序度

年份	资源依赖型	科技驱动型	年份	资源依赖型	科技驱动型
2001	0. 725930311	0. 704361	2007	0. 600217237	0. 603319
2002	0. 720769092	0. 727063	2008	0. 666787699	0. 705567
2003	0. 71204825	0. 707554	2009	0. 616479194	0. 650474
2004	0. 706242343	0. 741058	2010	0. 540793092	0. 579657
2005	0. 71331651	0. 632537	2011	0. 25354542	0. 285779
2006	0. 522543482	0. 605625			

（三）参数求解

对式(4.28)的复合系统模型求解参数值,虽然从理论上来说,我们拥有的数据对于该方程在数学意义上是足够的,利用的工具可以是用途较广的最大似然法、最小乘数法,来体现方程组的精确性,本章选择近几年发展迅速的遗传算法求解运筹学上的最优化问题。即:

$$\begin{cases} \min f(X) \\ s.t. X \in S = \{X \mid g_i(X) \leqslant 0, j = 1, 2, \cdots, m\} \end{cases} \qquad 式(4.29)$$

其中, $f(X)$ 为目标函数, $g_i(X)$ 为约束函数, S 为约束域, X 是 m 维的优化变量。

将其数值以及表 4-19 数据先进行中间差分,中间差分是基于泰勒公式,近似得到不同时间点 $\dfrac{dN_1}{dt}, \dfrac{dN_2}{dt}$,即 Y_1, Y_2 代入式(4-30),利用遗传算法求得其余参数值。

$$\begin{aligned} Z_1 &= \min \sum_{i=1}^{14} \left[Y_1 - \alpha_1 N_1 \left(1 - \frac{N_1}{K_1} - \beta_{21} N_2\right) \frac{N_1}{N_1 + a_1} \right]^2 \\ Z_2 &= \min \sum_{i=1}^{14} \left[Y_2 - \alpha_2 N_2 \left(1 - \frac{N_2}{K_2} - \beta_{12} N_1\right) \frac{N_2}{N_2 + a_2} \right]^2 \end{aligned} \qquad 式(4.30)$$

由此,得到结果整理成如表 4-20 所示:

表 4-20　参数计算结果

	α	K	β	a
资源依赖型	-0.8553	0.5582	0.7419	0.0694
科技驱动型	-0.4018	1.445	0.4956	0.1691

(四)结果分析

在内禀增长率方面,大庆市区域系统内,无论是资源依赖型企业抑或是科技驱动型企业,两者的参数值都是负值,说明当地的经济环境对于两类企业有序度的发展均为不利的,甚至是阻碍的,这表明两者都不适于在当地发展。并且由于前者该值(-0.8553)是后者的两倍,即大庆的资源型产业结构已经过于固化,在石油开采难度加大及炼化成本大幅提高的情况下,这类产业已经无法完成自身的有序度自我修复,呈现出飞速衰减的状况。并且,当地的环境排他性十分强烈,使新技术转化效率极低,也无法满足推动科技型企业有序发展的要求。

那么对于有序度的承载力又如何?资源型企业依然小于科技型企业,结合 α 值,我们可以有一个较为确定的猜想,即当地那些经过了几十亿年形成的资源仅仅在经过几十年毫无节制的开采后,已经所剩无几。这不可不说是一种强取式、粗暴式的开发,直接导致今天的大庆无法对其资源型企业有序度作出贡献,甚至难以容纳新的企业进入,浮华背后的经济已处于悬崖之巅。

既然资源型企业已经无法实现自我救赎,那么如果通过政策引入高新技术企业是否能改变这一格局?结果恐怕令人失望。β_{21},β_{12} 均大于零,说明即使有新技术型企业进入大庆市的经济系统内,无论是它对于资源型企业还是后者对它,都是有排挤效应的,两者为了争取仅剩的生产要素发生激烈的竞争,将形成恶性的作用关系。

由于产业僵化,挤出效应异常明显,这样直接导致大庆市的技术型企业的最低有序度要求要高于当地资源型企业,即存在较高的 Allee 效应,这样更有可能导致本已进入大庆经济系统的新型企业退出当地,恶性循环之下,这类企业再嵌入大庆的概率将会进一步下降。

三、复合系统协同进化模型稳定平衡点分析

(一)协同进化模型的平衡点

前文已经建立了所需要的模型,现在讨论该模型的平衡点,根据方程平衡点原理,分别令 $\dfrac{dN_1}{dt}=0,\dfrac{dN_2}{dt}=0$,得到方程组,如式(4.31)所示:

$$\begin{cases} f_1(N_1,N_2)=0 \\ f_2(N_1,N_2)=0 \end{cases} \qquad\qquad 式(4.31)$$

可以得到四个平衡点:

$$p_1(K_1,0)\ ,p_2(0,K_2)\ ,p_3\left(\frac{K_1-\beta_{21}K_2}{1-\beta_{21}\beta_{12}},\frac{K_2-\beta_{12}K_1}{1-\beta_{21}\beta_{12}}\right),p_4(0,0)$$

若令:

$$A=\begin{vmatrix} f_{1(N_1)} & f_{1(N_2)} \\ f_{2(N_1)} & f_{2(N_2)} \end{vmatrix}=\begin{vmatrix} \alpha_1\left(1-\dfrac{2N_1}{K_1}-\beta_{21}N_2\right)-\alpha_1 N_1\beta_{21} \\ -\alpha_2 N_2\beta_{12}\ \alpha_2\left(1-\dfrac{2N_2}{K_2}-\beta_{12}N_1\right) \end{vmatrix} \qquad 式(4.32)$$

$$p=-\left(f_{1(N_1)}+f_{2(N_2)}\right)\big|_{p_i} \qquad\qquad 式(4.33)$$

$$q=detA\big|_{p_i},i=1,2,3,4 \qquad\qquad 式(4.34)$$

$\beta_{21}=\dfrac{\sigma_1}{K_2},\beta_{12}=\dfrac{\sigma_2}{K_1}$,其中 $\sigma_i(i=1,2)$ 表示一个另一种类型企业的存在相当于 σ 个本企业。

如此,首先,利用平衡点稳定性判别法来研究 p_1 点的稳定性问题,根据上述三个表达式,可以得到:

$$p = -\alpha_1 - \alpha_2\left(1 - \frac{\sigma_{1K_1}}{K_2}\right), q = -\alpha_1\alpha_2\left(1 - \frac{\sigma_{1K_1}}{K_2}\right)$$

于是,当 $K_1 < \dfrac{K_2}{\sigma_2}, q < 0, p_1$ 为不稳定平衡点;而当 $K_1 > \dfrac{K_2}{\sigma_2}, p, q > 0, p_1$ 为稳定平衡点,即当 $t \to \infty$ 时, $N(N_1(t), N_2(t)) \to (N_1, 0)$ 。它表示最终资源依赖型企业顺利存活,而科技驱动型企业灭亡。

由此,依据上述分析,依次可以得到平衡点的稳定型分析表4-21:

表4-21　判别平衡点稳定的计算公式

平衡点	p	q	稳定条件
$p_1(K_1, 0)$	$\alpha_1 - \alpha_2(1 - \sigma_2)$	$-\alpha_1\alpha_2(1 - \sigma_2)$	$\alpha_1 < 1, \alpha_2 > 1$
$p_2(0, K_2)$	$-\alpha_1(1 - \sigma_1) + \alpha_2$	$-\alpha_1\alpha_2(1 - \sigma_1)$	$\alpha_1 > 1, \alpha_2 < 1$
$p_3\left(\dfrac{K_1 - \beta_{21}K_2}{1 - \beta_{21}\beta_{12}}, \dfrac{K_2 - \beta_{12}K_1}{1 - \beta_{21}\beta_{12}}\right)$	$\dfrac{\alpha_1(1 - \sigma_1) + \alpha_2(1 - \sigma_2)}{1 - \sigma_1\sigma_2}$	$\dfrac{\alpha_1\alpha_2(1 - \sigma_1)(1 - \sigma_2)}{1 - \sigma_1\sigma_2}$	$\alpha_1 < 1, \alpha_2 < 1$
$p_4(0, 0)$	$-(\alpha_1 + \alpha_2)$	$\alpha_1\alpha_2$	不稳定

(二)平衡点定性分析

平衡点 $p_1(K_1, 0)$ 、 $p_2(0, K_2)$ 描述的与现实情况是一致的,即系统中的两类企业竞争力相差较大,一个产业对于资源和市场的争夺能力远大于另一个,难以对抗,这样,竞争力强的企业将会占据整个市场,彻底将竞争处于弱势的一方挤出市场。

另一方面,平衡点 $p_3\left(\dfrac{K_1 - \beta_{21}K_2}{1 - \beta_{21}\beta_{12}}, \dfrac{K_2 - \beta_{12}K_1}{1 - \beta_{21}\beta_{12}}\right)$ 则为现实经济系统中较为常见的一种市场竞争模式,两类企业存在一定的竞争差距,但在不断的磨合过程中,或者是在某一方的原始的竞争优势有些许下降(具体到本章所研究的区域就有可能出现这种情况,例如资源禀赋的丧失),此时两类企业的竞争力应该相差不大,基本能够形成平和的竞争局面。在本章所构建的复合系统中,两类主体彼此会对对方造成影响,从而对对方在理想状态下产生阻碍作用,由于两者的竞争力旗鼓相当,容易相互协同,并在不断的演化过程中形成一个全局稳定平衡点,如果没有太大的来自外部的宏观经济动荡影响,两类企业的有序度将会稳定在平衡点附近。

最后,$p_4(0,0)$ 则代表两类企业彼此的竞争能力都很强,这样双方都会激烈地挤占资源,不给对方系统自我修复适应的空间,严重地阻碍对方有序度的发展,这种情况在现实中很难出现。

(三)平衡点求解

根据表 4-21 的结果,代入已求得参数值,得到大庆市资源型产业与科技新产业协同进化平衡点,整理如表 4-22 所示:

表 4-22 平衡点稳定判别

平衡点	p	q	稳定条件
$p_1(0.5582, 0)$	-0.56466	-0.24859	$\alpha_1 < 1, \alpha_2 > 1$
$p_2(0, 1.445)$	-0.46342	0.024759	$\alpha_1 > 1, \alpha_2 < 1$
$p_3(-0.8126, 1.8477)$	-0.32558	-0.02546	$\alpha_1 < 1, \alpha_2 < 1$
$p_4(0, 0)$	1.2571	0.34366	不稳定

(四)结果分析

通过平衡点定性分析,将关注点放在对 $p_3(-0.8126, 1.8477)$ 的讨论上,显然在现实情况中,这类平衡点是很难实现的,即使要求并不精确,资源型企业的有序度也是在-0.8126附近徘徊,也就是说要实现这种平衡,必须使资源型企业有序度下降近乎于负值,这似乎意味着资源型企业彻底放弃有序度的重塑,支持科技型企业的发展,使经济结构实现转型。

第五章　铁山的破局

——基于大冶的案例分析

作为清末洋务运动领袖张之洞复兴计划中的重要一环,芦汉铁路的修建从建立伊始就被赋予了别样的色彩。在张之洞的世界里,超越西方的关键在于将西方世界的现代工业社会完全拷贝到中国土地。这种想法的根源在于——经济发展的关键在于全社会资源的调动,而非现有资源的再配置。这是一种渴望重塑社会整体的诉求,在彼时的中国并不鲜见。

铁路是一个国家是否进入现代化的重要标志之一,它是一种高效率的运输工具,它革新了传统运输模式的作业流程,缩短了工业社会的供应链长度。在19世纪中叶的美国,铁路开始扮演越来越重要的角色,一般认为,在南北战争中,帮助林肯扭转战局的最为关键的两个要素分别是电报和铁路。这两种发明大大缩短了信息交互的距离,同时也为林肯取得胜利奠定了坚实基础。铁路的投入使用提高了美国的生产效率,大大促进了美国的经济发展,加速美国追赶英国等世界一流强国的步伐,事实上,张之洞也这么认为。

19世纪的中国,生产力关系落后,生产力得不到有效释放,要在这片第一产业作为主导产业的土地上修建铁路的意义相比于同时代的美国并不相同。一个工业体系落后的国家要想用铁路把全国各地的生产要素联系在一起,难度极大。姑且不论当时的清王朝是否具备实施如此计划的工业基础和技术,单从原材料的供应一方面,就极难达成。

但是,张之洞未被困难吓倒,他决意在中国,乃至整个亚洲建立第一间现代化的炼钢企业——汉阳铁厂。

汉阳铁厂选址汉阳府,它大约位于今天中国武汉市汉阳区琴台大道附近,在张之洞的计划里,它将为中国的铁路事业提供强有力的支持。

一个现代化的钢铁企业,其铁矿石资源和焦煤资源的可获性应当是其生存和发展的根本,但在120年前的中国,上述两种要素的重要性被人为弱化了,更需要注意的是,基础地质学成果在19世纪末的清王朝很难向经济领域实现平滑转化。汉阳铁厂在建厂伊始,并没有解决好矿石可获的基本问题。

郭师敦,英国地质学家,在中国大冶,发现了储量丰厚、含量极高的铁矿石。基于他的研究成果,张之洞满怀自信,认为中国如果真有一个地方可以炼出合格的钢轨,那无疑是来自汉阳的铁厂,这在他写给当时内阁大学士李鸿章的信中可见一斑:"每年可出铁三万数千吨,以之炼钢,可得三万吨。"

如果必须给出一个回答,仅仅依赖理论上的可能性是不足够的。对于现代的钢铁产业而言,仅仅依赖矿石的供给是不够的,必须具备完整的产业链条才能发挥出产业自身的动力,那么,钢铁企业最适合的地方应该是布局在矿石原材料的产地,毕竟在20世纪初中国并没有完备的铁路和公路的运输网络。产业集群会提升技术和能源的双重效率,降低企业的生产成本,为规模化效应奠定基础。

第一节　资源与技术的博弈

一、资源

毫无疑问,对于矿产资源密集型区域而言,主导矿产资源的枯竭几乎对这个城市宣判了死刑。在中国从发生学的角度来看,大部分的矿产城市都遵循这样的一条发展轨迹：发现（探明）矿藏—组织开采—资源流入—形成城市。这就是说，几乎所有的矿业城市的第一批居民都是来此进行开采矿山的矿业工人，随着开发程度的加深以及由矿产品吸引而来的各项资源的存在，使原本功能单一的工人村慢慢演化为三次产业划分清晰、功能日渐复杂的现代城市。这样的城市有很多的例子，例如甘肃的玉门、黑龙江的大庆，它们都是非常年轻的现代城市，没有过去的包袱，因此城市的发展随着矿产资源的开发显得动力十足。和这些城市不同，大冶并不是一个因矿而兴的城市，在其历史进程中，大多数时期它表现得较为默默无闻，尽管2000年之前，这里就形成了国家冶铁的基地，但是它从一百多年前才真正意义上地进入工业化的开采阶段。作为一个拥有漫长历史的矿业小镇，大冶已经习惯依附于矿业产业构筑其特有的产业结构，因此，在工业化开采之后，大冶的产业结构并没有发生剧烈的变动。

作为一个县级市，大冶有着和它行政级别并不相衬的经济发展能力，它不仅对于黄石市，甚至对于正处于新中国成立初期的湖北省而言，都显得极为重要。从20世纪50年代开始，大冶行政区域的划定问题就经过了几次大的波动和调整。从新中国成立之初的石黄特区到大冶专区的建立，到后来撤销大冶专区将其并入新建的黄石市。历届政府都始终集中在一个问题上：应该如何使大冶更好地发挥其在国民经济建设中的作用？对于现代工业社会而言，矿产资源是其发展的前提和动力，保证矿产资源安全地开发利用，是推动区域经济社会发展的最关键一环。

从郭师敦对大冶铁山作出工业化大规模开采的判断，再到吕柏主导汉阳铁厂的生产；从盛宣怀力挽汉阳铁厂之即倒，到日本大规模控制大冶铁矿的矿石产出。大冶铁矿一直默默承载着太多伤感而又令人感到无能为力的纠结。这样纠结的境遇一直延续到新中国，大冶终于开始坚定它接下来要走的发展道路并在工业强市的道路上稳步前行。无论是从经济规模指标，还是物质规模指标上进行测度，本书都惊讶于大冶近几年在第二产业上不俗的表现，例如钢铁、铜矿、水泥等销量都持续走高；"资源立市、工业强市"为大冶地区带来了经济利好，却也导致了"这座被架在铁矿上的城市"似乎在被铁矿驱赶和牵制着往前走，经济规模的扩张和产业结构的转变在带给大冶经济利好的同时，也似乎给大冶埋下了一个巨大的陷阱。

纵观世界工业史，一座矿产城市能否走出低效发展的梦魇，关键是如何重塑由矿产资源主导形成的区域产业结构，一如德国的鲁尔，抑或是法国的洛林。无疑地，向这类型的城市学习是必要的，但要想复制其成功的经验则需要更多的外部和内部约束条件。在中国，大多数矿产资源密集型城市如前文所提及的玉门、白银等，在进行城市发展转型时都不得不面临高昂的成本和依旧令人扼腕的成果。这最主要的原因是这些地区形成城市并不是经济社会自然选择的结果，而是基于它们地下埋藏着的宝藏。这样的城市在中国有很多，它们之中有的正处于高速发展的历史时期，但也有的已经到了矿产资源开始枯竭的阶段。对于矿藏丰富的地区，如何尽可能地延长矿产的开采年限是它们最为关注的方面，不难理解，矿产资源的不可再生性以及储量有限性决定了没有任何一个地区可以无限制地依赖矿产资源的开发来发展。

所谓资源枯竭型城市，在中国有很多，依据2013年国务院《全国资源型城市可持续发展规划（2013—2020年）》的界定大约70个（严格意义上是67个）。为什么资源密集型城市会在转型过程中充满痛苦，最核心的问题是，资源型城市的产业结构更多的是为了服务矿产品的开发利用而形成的，并且这种高度集中却单一的产业结构严重制约了该类型城市功能的完善。在资源产业发展较快、矿藏丰厚的阶段，城市的管理者会更倾向于以提高矿产生产效率为出发点的城市功能构造思路。因此，大部分矿产资源密集型城市，几乎所有的劳动力都会涌向资源产业。这样就会造成一种结果——整个城市的产业结构简单而粗暴，同时技术人口的结构固化。这会导致城市发展对抗风险能力较差，对发展过程中突然出现的拐点抗力不足。

对于资源型城市而言，城市发展的最大拐点毫无疑问是矿产资源的枯竭，而且这种拐点几乎是不可逆的,且几乎所有的主动行为都是徒劳的。所有矿产主导资源濒临枯竭的城市无论选择何样的改变都无法得到自我解脱。实现资源枯竭型城市的自我救赎最关键的并不是在拐点出现的一刻深刻反思,而是如何在拐点到来之前为自己开辟一条发展道路。

矿产资源密集型区域的发展具有极其强烈的显著特征,它是工业社会发展的基石,同时,它也消耗着自我来支撑人类社会的发展。关于城市发展极限的故事,本书已有所耳闻,大多数伤感的现实令人不禁心有戚戚。单一的产业结构和技术固化的劳动人口是资源枯竭型城市悲剧性结局的起点,将产业结构由低级的单一现状向高级的复杂水平演进,将新技术应用于产业内部,唯有如此,它们才能继续发展并为中国经济的发展作出贡献。

二、技术

进入 20 世纪之后,汉阳铁厂进入了一个高速发展的时期。第一次世界大战的爆发为钢铁工业带来了重大利好,成钢进口减少而出口增多,民营资本介入的汉阳铁厂进入到了最好的发展时期。产业革命促进了现代兵器产业的成型,而枪炮军舰均离不开精钢,精钢的冶炼又必须依赖高品质的铁矿石和焦煤。李鸿章在 1882 年上书的奏折中称:

"船炮机器之用,非铁不济、非煤不济。"

尽管张之洞意气风发地写信给直隶总督李鸿章告诉他汉阳铁厂的宏伟计划,对于芦汉铁路的修建充满乐观情绪,但事实上,汉阳铁厂不但没有实现年产 3 万吨精钢的宏愿,从根本上说,利用汉阳铁厂的钢材来进行建设完全不可行,无论从技术角度还是从市场角度来说。

导致汉阳铁厂良品率极低的关键原因是其厂里的三座高炉。在投资建厂的时候,张之洞并没有对现代钢铁冶炼技术有充分的了解,当高炉的供货商英方要求对矿石进行检测以确定高炉类型的时候,张之洞竟自负地认为:

"量我中华之地大物博,何所不有?"

但事情的真相是：尽管汉阳铁厂的供矿地大冶铁矿的矿石品位高，含矿量超过 64%，但是其较高的含磷量使其并不适用于酸式炼钢法。在和英国的谈判结束之后，张之洞从英国带回来了三座高炉，一座马丁炉，两座贝赛麦炉，前者适用于碱性炼钢法，后者适用于酸性，结果可想而知。事实上，贝赛麦炼钢法是冶钢技术的一次重大飞跃，极高的钢产量把原本高昂的钢价格拉下来，供求关系的平衡使现代铁路工业和钢构摩天大楼如雨后春笋般拔地而起。美国的现代工业体系在贝赛麦炼钢法的支持之下高速发展，但 19 世纪末的张之洞却没有这样的运气。

严格意义上的技术并没有在张之洞的钢铁厂中得到充分应用。技术往往是解决一个问题的关键要素，而其本身并不是固定不变的，反而是处于不断变化、更迭的过程之中。这种更迭的驱动力来自现实生产生活中令人感到艰难的实际问题。就如同张之洞所面临的局面一样，到底为什么大冶的铁矿石不能在汉阳铁厂的高炉内成为合格的钢锭，进而躺在那些数不清的枕木之上？关键在于，如何将现实情况下产生的技术需求与技术水平适配在一起。

但是，本书总会发现，技术在现实生产中所扮演的角色总是稍微滞后一些，因为在生产生活中总是会遇到现有技术不能解决的问题，而且这个比例还相当之高。在人类社会不断进步的过程中，似乎总有一种"天然"的力量在驱动本书将面对的复杂问题一一解答，在技术更迭的过程中，本书更愿意把这种力量叫作"创新"。

在产业发展的初级阶段，创新一般不会密集地发生，而在产业逐步升级、演化的阶段，创新会从生产实践中逐步产生。1965 年，来自英国萨塞克斯大学的科学政策研究中心对创新过程展开深入研究后发现，科学进步仅仅只是创新产生诸多重要要素的一个，但远不是全部，创新更多地在经济和社会的变迁中扮演更重要的角色。

在张之洞"中学为体，西学为用"哲学观的指导下，大冶再不是从前那个安静的小镇，其出产的铁矿也不再仅仅只为了锻造宝剑赠烈士，而是被工业化的洪流席卷。伴随着现代化铁矿的建立,一系列为了把地下深处的铁石运送到汉阳铁厂的产业组织接踵出现,张之洞为了更高效地冶铁,甚至将铁路修到了铁山的北侧。工业化规模的开采加速了大冶的发展,同时也使铁矿储量下降。到了20世纪第二个十年,大冶铁矿的出矿量已经达到了25万吨每年,比之20年前张之洞设想的最好的情况已然超出了十倍余。究其原因,一方面是由于技术革新,新的开采技术大大提高了铁矿的开采效率,同时,汉阳铁厂的冶炼技术的升级从另一个侧面提高了铁矿石的需求量,这是技术的力量;但另一方面,无节制、无规划地开采也使大冶铁矿的矿储直线下降,而粗放开采带来的低效问题仍未得到解决。

新技术在相当多的时候被看成是一柄"双刃剑",它既可以帮助区域经济实现飞速发展,但同时也会摧毁区域原本成熟稳定的产业结构。技术的流动和涌现并不完全以人的意志为转移,它是一种难以观察到的"波",以其自身设定的某种规则为约束条件,超越人类通过生产生活实践建立起的产业系统。

本书认为相较于如玉门、大庆等面临着发展困境的矿产资源密集型城市而言,创新(尤指新技术)扩散的效率与效果对支撑城市的发展似乎在某种程度上起到了一定的缓解或者促进作用。本书通过文献梳理了解到一种更普遍意义上的创新扩散系统,遗憾的是目前该领域并没有认可度非常高的研究成果,而以领土嵌入式创新系统作用模型为对象进行研究的文献亦屈指可数。因此本章以大冶市所位于的武汉"1+8"城市圈作为整体案例研究对象,基于生态创新理论及创新扩散理论,回顾其发展历程,分析技术扩散的效率与效果的影响因素和机制,尝试解释在此过程中技术扩散对大冶市发展产生的主观或客观的影响,从结果上讨论这种自下而上的、领土嵌入式区域创新系统如何作用于区域内部次级城市(大冶)的可持续发展。本章试图梳理领土嵌入式区域创新系统对于区域内城市发展的作用过程及特点,尝试推导出具有更普遍借鉴意义的领土嵌入式创新扩散系统的作用模型,为大冶市摆脱"资源诅咒"的困境,实现可持续发展提供有价值的意见,也为其他如大冶般正面临着发展困境的地区和城市提供参考案例。

第三节　案例描述

大冶作为中国"铁矿之都",曾经是国家工业崛起的重要支柱,而矿产资源的不可再生性、储量有限性是资源密集型城市可持续发展道路上无法规避的障碍。高度依赖矿产资源而腾飞的经济和产业,终将随着矿产资源储量的标红,走向一条举步维艰的不可持续之路,大冶又如何不被滚滚前进的历史抛弃?

通过对"大冶(县级市)""武汉'1+8'城市圈"两个主体从2007—2013年经济发展中的数据进行分析,本章认为作为次级城市的大冶在走向主导资源枯竭的过程中,其产业结构、资本结构、人力资本结构、技术结构等都在武汉"1+8"城市圈的统一布局下发生了变化,并且是相对良性且可持续的变化。本章发现即便被界定为全国首批资源枯竭型城市(2008年)和中国最早枯竭的铁矿,大冶在经济数据上并没有表现出非常明显且不可控的下滑趋势,反而在经历了小幅跌落之后,大冶市经济迅速反弹和崛起,甚至在2012年冲入了中国百强县。

因此,基于现有的统计数据和文献,本章以时间为轴对大冶市和武汉"1+8"城市圈两个研究对象进行认真的研究,尝试梳理出其演变规律,试着推导出具有更普遍借鉴意义的领土嵌入式创新扩散系统的作用模型,为大冶市实现可持续发展提供有价值的意见,也为其他地区和如大冶般的城市提供参考案例。

一、大冶简介

大冶市(县级市)位于长江中游南岸,湖北省中南部,因其丰富的矿产资源和"青铜文化故里"而闻名于世;大冶于 1995 年撤县设市,全市国土面积为 1566 平方千米,还下辖 1 个省级经济开发区(金山开发区)。"资源立市,工业强市"一直是大冶的发展准则,截至 2014 年年末,大冶市户籍人口(含汪仁、金山)约 95.9 万人,城镇化率达到 53.91%;目前由黄石市代辖,也是黄石经济的重要组成部分。

矿产资源始终在大冶市发展中扮演着最关键的角色,是大冶核心竞争力所在。大冶的矿藏类别繁多,全国 34% 的矿种在大冶都能找到,且品位不凡储量也不低,其中包含金、铜、铁、银、锰等 17 种金属矿产,煤、硅灰石(水泥制作原料)等 25 种非金属矿产资源。

大冶并不是一个"先矿后城"的城市,更多的时候大冶则是扣着铁矿小镇的名号,碌碌无为。大冶的铁矿开采,可以追溯到三国,其最初的开采需求源于兵器和钱币铸造,是官方垄断经营下的封闭性生产,导致民众并不能从矿藏开发中获利,故其社会影响有限,生产力水平也难以得到突破。大冶就这样不温不火地躺在历史的河流中,随波逐流。而在西方工业文明的冲击下,坚持和加快对矿产资源的开发和利用、大力发展以军工为首的工业,是中国近代"师夷长技以制夷""实业救国"等思潮觉醒中具有史诗般意义的壮举,它为近代机器工业的植入奠定了基础。历经了历史的流离颠沛,以"大冶铁矿"为代表的工业文明的扩张,终于进入了工业化开采阶段,带动了能源开采加工业的发展,促进经济的飞速变迁。生产方式的改变、生产力的飞跃、矿产品的多样化需求不断冲击着小镇,越来越多劳动力投身矿藏开采和利用,社会结构、社会意识开始进行自我矫正,劳动分工越来越细,三次产业界限开始明晰,城市功能逐渐完善。

大冶市地理区位优势尤为明显,放在全国范围看,大冶处于中国版图上接近心脏的位置,位于中国第四大核心增长极长江流域,与湖北鄂州共为鄂东冶金工业走廊的重要支点。

在交通区位上,大冶几乎可以共享武汉、黄石等城市的水陆空所有的交通资源,无论全国范围内贯穿南北或者横亘东西的交通铁路、航线,或者是长江流域水运交通,抑或是省域间的快速交通网络,大冶都可以利用这种便利条件。

极为完善的交通网络为大冶的发展提供了便利条件。大冶可以通过畅通的交通缩短与产业劳动力的空间距离,辐射更大范围地区;交易成本和新技术的习得成本被便捷的交通抵减,大冶因而得以长足发展,成为武汉"1+8"城市圈中的重要经济增长极,大冶于 2012 年入选"中国百强县"结束了湖北省连续 7 年没有百强县的历史。

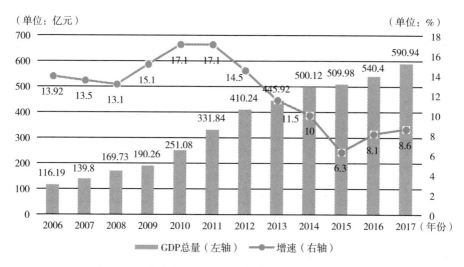

图 5-1　大冶市 2006—2017 年地区 GDP 总量及增速

即便在 2008 年被界定为全国首批资源枯竭型城市,大冶市在经济总量、规模上(简称"规上")工业增加值两项指标上并没有出现直接和大幅度的跌落,反而还在之后的 3 年内经济增速达到了 10 年内的顶峰。但在 2011 年后,大冶经济便再难以维持高水平的增长,一直到 2014 年,经济总量、规上工业增加值数量在增加但增速一直在下降,而且固定投资的增长速度也在下降(见图 5-1、图 5-2、图 5-3)。说明矿产资源的枯竭并不是未对大冶经济产生负面影响,而是其负面影响在经济指标上的体现具有一定的滞后性,为彻底摆脱

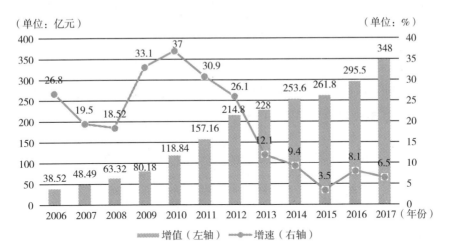

图 5-2　大冶市 2006—2017 年地区规上工业增加值和增速

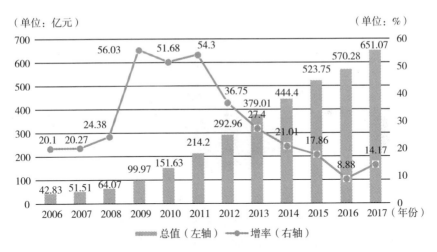

图 5-3　大冶市 2006—2017 年区域内固定资产投资及增率

主导资源濒临枯竭对大冶产生的负面影响,客观了解区域创新体系的作用机理,本书还需从更多方面进行思考。

此外,本书以 2014 年的经济数据为剖面,来了解大冶在工业经济指标最新的发展动向。由表 5-1 可得,2014 年大冶总共实现规上工业总产值是788.2 亿元,不包括黄金山开发区在内。本书将大冶的第二产业分为采矿业和制造业,从2014年的面上数据评判,采矿业占据了33.82%,同比2013年下降了2.97%;而制造业占据了65.62%,比2013年增长了13.65%,说明大冶市的产业结构中第二产业的增长极正在逐步过渡。

从工业产值在产业集群的分布上来看,四大产业群在2014年中累计完成工业总产值718.42亿元,比2013年增长11.12%。

表5-1 2014年大冶市工业产值在四大产业集群中的分布(单位:亿元)

	食品饮品产业集群	纺织服装产业集群	新型建材水泥产业集群	机电制造产业集群	整体产值
2014	97.37	27.89	138.51	138.51	718.42

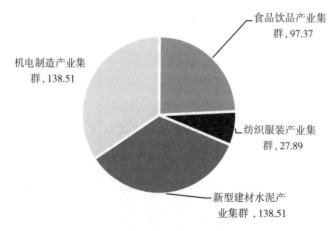

图5-4 2014年大冶市工业产值在四大产业
集群中的分布饼状图(单位:亿元)

本书得出大冶市目前工业经济的增长已经不能靠采矿来拉动了,而是需要通过采矿之后对于原矿产品进行深加工的制造业和产业链的延伸(分成四大产业集群)来实现。

二、基于嵌入式区域创新路径研究

本书认为大冶发展到现在之所以并不像其他面临着主导资源濒临枯竭的

矿产资源密集型城市那般令人扼腕,是得益于大冶所处的武汉"1+8"城市圈;武汉"1+8"城市圈对于大冶而言,是几近满足本书所定义的广义创新系统中自下而上的领土嵌入式区域创新系统的一种存在。

本书尝试从结果上(尤其是产业结构、技术结构、资本结构等结构状态)讨论这种自下而上的领土嵌入式区域创新系统如何作用于区域内部次级城市的可持续发展,尝试着推导出具有更普遍借鉴意义的领土嵌入式创新扩散系统的作用模型,从大冶—武汉"1+8"城市圈的发展模式中找出可借鉴规律,为大冶市摆脱"资源诅咒"的困境,实现可持续发展提供有价值的建议。

第四节 宏观政策对大冶产业影响

一、初步建模

本节建模部分与第四章第二节参考传统的道格拉斯生产函数形成大庆市经济发展生产函数模型相同,建模步骤及公式不再赘述。

生产函数表达式详见式(4.1),大冶市经济发展生产函数模型详见式(4.2),对式(4.2)的时间 t 求导并进行初步数学整理后得到式(4.3),参数解释参考上章内容。

二、数据收集

通过查阅《中国统计年鉴》《中国贸易外经统计年鉴》《中国科技统计年鉴》《中国工业统计年鉴》以及网站新闻收集等,得到初步的数据,对于某些年份的缺失,我们采取曲线拟合的方法进行补充,同时由于年鉴统计项的不完整,对于政府财政支持力度和外商直接投资我们用各自的资本金数据表示。数据收集结果如表5-2所示。

表5-2　大冶市主要数据收集

年份	从业人员数（千人）	固定资产投资（亿元）	外商直接投资（万美元）	科学支出（亿元）	贷款总额（亿元）	主营业务收入：传统（亿元）	主营业务收入：科技（亿元）
2003	30254	25.1792593	1889	3.1861	13.340	28.11	5.177
2004	29995	39.87373876	1527	9.919	13.356	33.95037	9.37156
2005	23954	56.700375	1522	13.106	17.443	35.70782	12.81052
2006	29246	79.86146844	1660.5	14.1812	18.414	50.68206	18.1874
2007	36474	108.1674355	1856.208589	14.2698	18.294	65.28723	18.01104
2008	31703	141.0287247	1987.730061	1.7063	23.374	82.8033	14.84909
2009	31655	179.5424174	1567.159509	3.4632	34.594	102.22388	18.33933
2010	31264	226.1739882	2550.920245	4.077	32.504	136.3868	29.43684
2011	28642	305.3739934	2857.361963	3.7593	57.086	118.73718	45.32837
2012	32449	429.8261262	2484.662577	3.4622	87.651	103.71233	18.76417
2013	32131	592.8133504	2700	3.9444	107.410	28.1564	5.33515
2014	23980	444.4	3117	4.4785	259.74	33.44	10.27
2015	29830	523.75	3003	6.89539	285.26	22.67	15.44
2016	36210	743.48	2652	11.83	317.46	28.89	16.64

注：表中的固定资产投资数值已经通过永续盘存法进行了换算。

三、耗散熵

本节对耗散熵模型的描述与第四章第二节相同。分析得到影响因素的集合 A'如式（4.4）所示，经归一化处理得到矩阵式（4.6），每个影响因素的每一年指标的相对比重公式见式（4.7），影响因素熵值表达式见式（4.8），集中度表达式见式（4.9），熵权表达式见式（4.10）。相关分析及参数解释见上章。

四、计算结果

1. 利用 Matlab 软件，对表5-2中预处理后的数据进行归一化处理得到如下矩阵：

$$A_1 = \begin{pmatrix} 0.46843 & 0.45448 & 0.12904 & 0.41413 & 0.80351 & 0.54649 & 0.54391 & 0.52284 & 0.38159 & 0.58668 & 0.56955 \\ 0.00400 & 0.02735 & 0.05408 & 0.09088 & 0.13585 & 0.18805 & 0.24924 & 0.32333 & 0.44915 & 0.64688 & 0.90582 \\ 0.29279 & 0.08865 & 0.08583 & 0.16393 & 0.27430 & 0.34846 & 0.11130 & 0.66606 & 0.83887 & 0.62869 & 0.75013 \\ 0.11655 & 0.59200 & 0.81705 & 0.89298 & 0.89923 & 0.01205 & 0.13611 & 0.17946 & 0.15702 & 0.13604 & 0.17009 \\ 0.01479 & 0.01291 & 0.05088 & 0.05938 & 0.05926 & 0.10196 & 0.20825 & 0.19490 & 0.43223 & 0.71312 & 0.89852 \\ 0.02254 & 0.06936 & 0.08345 & 0.20351 & 0.32061 & 0.46104 & 0.61675 & 0.89065 & 0.74914 & 0.62868 & 0.02291 \\ 0.01145 & 0.10425 & 0.18033 & 0.29928 & 0.29538 & 0.22543 & 0.30264 & 0.54815 & 0.89972 & 0.31204 & 0.01495 \end{pmatrix}$$

为了符合 Matlab 的输入规则,如上矩阵是初始矩阵的转置后归一化的结果。

2. 计算收集的七类因素数据每年在 14 年中的相对比重矩阵:

$$A_2 = \begin{pmatrix} 0.08642 & 0.08384 & 0.02381 & 0.07640 & 0.14823 & 0.10082 & 0.10034 & 0.09645 & 0.07040 & 0.10823 & 0.10507 \\ 0.00130 & 0.00889 & 0.01759 & 0.02956 & 0.04418 & 0.06116 & 0.08106 & 0.10516 & 0.14608 & 0.21039 & 0.29461 \\ 0.06891 & 0.02086 & 0.02020 & 0.03858 & 0.06456 & 0.08201 & 0.02619 & 0.15676 & 0.19743 & 0.14796 & 0.17654 \\ 0.02837 & 0.14409 & 0.19886 & 0.21734 & 0.21887 & 0.00293 & 0.03313 & 0.04368 & 0.03822 & 0.03311 & 0.04140 \\ 0.00539 & 0.00470 & 0.01853 & 0.02162 & 0.02158 & 0.03713 & 0.07583 & 0.07097 & 0.15739 & 0.25967 & 0.32719 \\ 0.00554 & 0.01705 & 0.02051 & 0.05002 & 0.07880 & 0.11332 & 0.15159 & 0.21891 & 0.18413 & 0.15452 & 0.00563 \\ 0.00359 & 0.03264 & 0.05647 & 0.09371 & 0.09249 & 0.07059 & 0.09476 & 0.17164 & 0.28172 & 0.09771 & 0.00468 \end{pmatrix}$$

3. 计算各因素数据每年的 $f_{ij}\ln(f_{ij})$ 得到如下矩阵:

$$A_3 = \begin{pmatrix} -0.21160 & -0.20783 & -0.08898 & -0.19648 & -0.28297 & -0.23132 & -0.23070 & -0.22558 & -0.18680 & -0.24065 & -0.23674 \\ -0.00865 & -0.04200 & -0.07107 & -0.10408 & -0.13783 & -0.17090 & -0.20368 & -0.23685 & -0.28100 & -0.32796 & -0.36004 \\ -0.18433 & -0.08074 & -0.07882 & -0.12558 & -0.17690 & -0.20510 & -0.09540 & -0.29048 & -0.32030 & -0.28273 & -0.30616 \\ -0.10106 & -0.27915 & -0.32119 & -0.33173 & -0.33252 & -0.01710 & -0.11288 & -0.13675 & -0.12476 & -0.11284 & -0.13184 \\ -0.02814 & -0.02520 & -0.07390 & -0.08290 & -0.08278 & -0.12228 & -0.19559 & -0.18775 & -0.29102 & -0.35013 & -0.36554 \\ -0.02878 & -0.06942 & -0.07972 & -0.14982 & -0.20022 & -0.24675 & -0.28598 & -0.33254 & -0.31157 & -0.28855 & -0.02916 \\ -0.02019 & -0.11171 & -0.16229 & -0.22187 & -0.22019 & -0.18712 & -0.22330 & -0.30249 & -0.35690 & -0.22725 & -0.02511 \end{pmatrix}$$

4. 经过以上几个步骤得到影响因素 H_i,如表5-3所示;进一步依据公式计算出集中度,如表5-4所示:

表 5-3　各影响因素熵值

影响因素	从业人员数（H_1）	固定资产投资（H_2）	外商直接投资（H_3）	科学支出（H_4）	贷款总额（H_5）	主营业务收入：传统（H_6）	主营业务收入：科技（H_7）
熵值	0.9757076	0.8107327	0.8951741	0.8348251	0.7528378	0.8434585	0.8584221

表 5-4　各影响因素集中度

影响因素	从业人员数（J_1）	固定资产投资（J_2）	外商直接投资（J_3）	科学支出（J_4）	贷款总额（J_5）	主营业务收入：传统（J_6）	主营业务收入：科技（J_7）
集中度	0.0242924	0.1892673	0.1048259	0.1651749	0.2471622	0.1565415	0.1415779

5. 由 H_i 得到 W_i，如表 5-5 所示：

表 5-5　各影响因素熵权

影响因素	从业人员数（W_1）	固定资产投资（W_2）	外商直接投资（W_3）	科学支出（W_4）	贷款总额（W_5）	主营业务收入：传统（W_6）	主营业务收入：科技（W_7）
熵权	0.0236114	0.1839615	0.1018872	0.1605445	0.2402333	0.1521531	0.1376090

6. 主要结论

从分析的结果可知，大冶的经济增长贡献率较高的投入要素有科学支出、固定资产投资和贷款总额。这说明大冶与大庆相比，其投入不再集中在主营业务之上，大量的投入被分散到其他的产业之中。大冶的发展模式是一种兼顾传统产业和新技术产业的发展模式，这不但有利于区域产业结构的优化和升级，同时也给区域劳动力结构和产业结构的调整赢得了时间。从调研的情况来看，也可以发现大冶大量的钢铁冶炼企业积极展开技术革新、下游产业布局和国际并购，与此同时，一些新产业，诸如食品加工和特色建筑等产业也在积极地发展。

第五节　产业规模变化与大冶产业结构的变迁

本节尝试探索性地构建一个可以全面反映科技型企业进入大冶经济系统后,与当地固有资源依赖型企业作用的模型。这涉及对创新主体如何影响另一个完全不同的经济体系的研究。从传统上看,经济学主要研究创新过程中的资源配置及其经济效果,而熊彼特(Schumpeter)认为这类静态的关注给定资源的分配问题,是远远不够的,在他的观念里创新是现有资源的重新组合,而这种重新组合是以何种方式、借助怎样的媒介,其本身一直或多或少地被视为一个黑匣子。这个黑匣子里所发生的一些标志性的转变正是本书试图解决的。

在分析创新扩散时,熊彼特很重视创新在一定行业或一定时期或一定空间"集群"的趋势,以及这种"集群"对世界经济范围内促成经济周期和"长波"的形成可能发挥的作用。如何分析集群的出现? 当线性研究方法失效时,复杂性科学对此却有很高的适配性,复杂系统试图解释,在不存在中央控制的情况下,大量简单个体如何自行组织成能够产生模式、处理信息甚至能够进化和学习的整体。这与本书所研究的问题十分相近,即在资源密集型区域,固有、僵化的依赖资源发展的产业结构是否能通过科技型企业的入驻,以及其携带创新在该区域的扩散,改变经济结构。

一、复合系统协同演化模型

为了实现技术上的可能性,从复杂性科学宏观的研究视角逐渐收敛到方法的可靠上,在承认若某一区域的产业结构发生变化,那么其不同产业的规模必须发生变化(产生新的集群),在这一假设成立的前提下,首先,需要解决的是,如何用一个符合的模型描述系统中单个主体的生存曲线。分析现实企业群规模走势,在产业初期,企业会需要一个最低的生存数量,即所谓的下限值,只有满足了这样一个阈值,才能实现族群网络构建,当企业满足基本生存能力后,竞争对手暂时的缺少,加之相适应的资源(人力、资本等)较为充分的情况下,会有一个较大的增长幅度,当然,当区域经济系统的容纳力达到极限时,即上限值,企业族群又会开始衰落,这大致符合一个钟形曲线的走向。这样一种规律,与生物学中最基本的 Logistics 方程曲线相似,该方程将生态系统中种群的出生率、死亡率合并为内禀增长率,同时涵盖了一定资源内所容纳的种群数量最大值,至此,已经解答了至少两个参数,那么种群生存的下限值如何设定?Allee 效应给予了一些重要的启示,Allee 指出:群聚有利于种群的增长和存活,但过分稀疏和过分拥挤都可阻止生长,并对生殖发生负作用,每种生物都有自己的最适密度。过分拥挤即所谓的最大容纳值,而当种群密度低于某一阈值时,物种将会灭绝,也就是说该种群具有一个足以维持生存的最低密度,这就是上文中所需的下限制。由此,本章以生物学中的 Logistics 为出发点,构建单个主体的 Allee 效应方程。

首先,利用单个种群的 Logistics 方程,来描述单个主体在理想状态下种群生存曲线,如式(5.1)所示:

$$\frac{dN}{dt} = \alpha N \left(1 - \frac{N}{K} \right) \frac{N}{N + a} \qquad \text{式}(5.1)$$

其中,N 代表种群的数量;α 代表种群的内禀增长率;K 代表种群所处环境所能承载种群最大量,是对环境系统固有属性的描述;a 代表种群的最低生存要求。

由式(5.1)构建具有 Allee 效应的复合系统协同演化模型如式(4.14)所示,详细分析见上章。

二、复合系统协同进化模型稳定平衡点分析

该部分内容和第四章第三节相同。平衡点的解析详见上章,判别依据见

表4-6。模型的分析及求解也参考上章内容。

三、实证分析

为了实现技术上的可能性,本书所研究的对象不宜过多,同时,结合本书专注的是资源型企业与科技创新型企业间的互动关系,因此,简化区域内经济主体的类型,只分为以上所述的两大类。

(一)数据来源

本章从《中国工业企业年鉴》中筛选出湖北省大冶市 2001—2011 年,总计十一年规模以上企业的个数,本章定义科技驱动型企业的标准与第四章第三节相同,详细内容可参考上章。

依据分类标准,分别统计出规模以上的大中型资源依赖型企业与科技驱动型企业数量,得到表5-6:

表5-6 大冶市 2001—2011 年资源依赖型企业与科技驱动型企业数量

年份	2001	2002	2003	2004	2005	2006	2007	2008	2009	2010	2011
资源依赖型	48	54	35	96	70	69	84	122	187	90	85
科技驱动型	34	52	15	20	16	15	18	35	39	19	25

(二)参数求解

该部分和第四章第三节内容相同,故不复述。内禀增长率的精确解表达式见式(4.22),企业存活率见式(4.23),企业繁殖率见式(4.24)。参数第 t 期种群的存活率比、第 t 期种群的生殖率 m_t,及其他参数和模型解析内容详见上章。

由此,计算得到企业的 l_t,m_t,$l_t \times m_t$,$t \times l_t \times m_t$,如表5-7、表5-8所示:

表 5-7　大冶市 2001—2011 年资源依赖型企业的存活率与繁殖率

年份 企业存活率与繁殖率	2001	2002	2003	2004	2005	2006	2007	2008	2009	2010	2011
l_t	1.667	0.125	-0.352	1.743	-0.271	-0.014	0.217	0.452	0.533	-0.519	-0.056
m_t	0.125	-0.352	1.743	-0.271	-0.014	0.217	0.452	0.533	-0.519	-0.056	0.318
$l_t \times m_t$	0.208	-0.044	-0.613	-0.472	0.004	-0.003	0.098	0.241	-0.276	0.029	-0.018
$t \times l_t \times m_t$	0.208	-0.088	-1.840	-1.888	0.019	-0.019	0.688	1.928	-2.487	0.288	-0.194

表 5-8　大冶市 2001—2011 年科技驱动型企业的存活率与繁殖率

年份 企业存活率与繁殖率	2001	2002	2003	2004	2005	2006	2007	2008	2009	2010	2011
l_t	0.619	0.529	-0.712	0.333	-0.200	-0.063	0.200	0.944	0.114	-0.513	0.316

由此,根据内禀增长率的精确计算公式(4.22),可分别得到本章所研究的两类企业的内禀增长率,如表 5-9 所示。

表 5-9　大冶市两类企业的内禀增长率

	资源依赖型	科技驱动型
r_m	0.390+0.376×i	0.161-0.294×i

通过以上的计算结果,发现无论是资源依赖型企业,还是科技驱动型企业,两者在各自的生态系统在理想状态下的内禀增长率都不属于实数范畴——带有虚部的复数。要解释以上运算的结果,让本书将视角收敛到本书所关注的区域经济系统,在模型的建立之初,为实现技术上的可能性以及深入剖析资源依赖型企业如何与科技驱动型企业影响机理,本书假设经济系统内只含这两大主体,两者共同构成复杂自适应系统,所处的经济系统影响着两个主体;反之,两个主体也会在一定程度上影响着系统。本书关注的是资源密集

型区域发展,因此系统的初始状态应为资源型属性,那么资源依赖型企业应与区域系统相同,基于这样的逻辑,如何衡量区域的经济属性发生了扰动? ——通过观测资源依赖型企业的属性反向隐喻。既然内禀增长率是研究主体性质的定量表述,资源依赖型企业该值显示为 $0.390+0.376×i$,带有异质项(虚部),揭示了这样一个事实,资源密集型区域经济系统已经发生了一定的改变。由此,本章有如下猜想,在经济发展的初期,通过大肆开采地下矿产资源,使该区域坐拥积极的投资前景,吸引周围的各类资本,劳动力得到有效消化,由于初始的经济发展模式决定了其系统特征是强烈依赖资源发展,然而,当资源越来越少,区域经济越显疲态,若此时通过某些方式(如政策引导)引入一些科技型企业,经过一定的经济周期,这些科技型企业会对固有的产业结构造成一定的扰动,使经济系统原本的发展轨迹发生了偏移,然而,至此,本章还不确定这种偏移是向着良好方向还是向着更加恶化的方向演化。

　　或许,本章可以从虚部的正负来尝试回答这个问题,大冶的资源依赖型企业与科技驱动型企业内禀增长率形式相同,不同之处在于数值的大小与正负,基于以上的推理分析,大冶市的经济系统已不再是单纯的资源密集型抑或是已转型为科技型(否则科技驱动型企业不会带有虚部),说明该市经济系统应处于转型阶段,且两类企业在这种性质不单一的系统中都有正向增长率(实部),两者向积极的一面发展。有如下进一步分析:虚部的正负号代表着两者在异质空间中的运动方向,前者为正,说明资源型企业在新的系统中是按照该系统的调节方向顺势发展,而相反的是,科技型企业是逆向,说明其自我运作方向与系统并非完全一致,因此,本章猜想大冶的产业结构应该是向着更加恶劣的方向转移。

　　得出两种类型企业的内禀增长率后,以第四章式(4.25)为模型,借助遗传算法求解模型中的各个重要参数值。由于式(4.25)缺乏 Y_1,Y_2 的数值,根据最优化原理,两者为不同年份相应的 $\dfrac{dN_1}{dt}$、$\dfrac{dN_2}{dt}$ 近似表达,基于泰勒公式,可利用中间差分法得到以上数值,经过整理后代入式(4.25),利用遗传算法求得其余参数值。

由此得到表5-10及表5-11:

表5-10　参数计算结果

	K	β	a
资源依赖型	5.1241	-0.7771	2.6012
科技驱动型	5.9961	11.9795	2.22

表5-11　平衡点稳定性判别

平衡点	p	q	稳定条件
$p_1(5.1241,0)$	10.0972	3.79020	$\alpha_1 < 1, \alpha_2 > 1$
$p_2(0,5.9961)$	-2.0491	-0.3552	$\alpha_1 > 1, \alpha_2 < 1$
$p_3(0.949, -5.373)$	-0.0261	-0.0747	$\alpha_1 < 1, \alpha_2 < 1$
$p_4(0,0)$	-0.5512	0.06277	不稳定

(三)结果分析

上文中,本书从内禀增长率的定义出发,通过比较资源依赖型企业及科技驱动型企业该参数数值,推断出大冶的经济系统属性不再单一,而是出于由单一向多复杂演变,在这种变革阶段,两类企业的互动关系呈现此消彼长的关系($\beta_{21} < 0, \beta_{12} > 0$),本书由此有理由相信两者因对方的存在而发生激战资源的竞争现象,很显然科技型企业是促进了资源型企业发展,但资源型企业却并未作出相应的反应。

另一方面,通过平衡点的计算,本书找到了在新的经济系统中,两类企业在何种规模下能够实现协同演进,共同促进大冶经济系统的可持续发展,表5-12中$p_3(0.949, -5.373)$即为所求的平衡点,该数只是数据模拟的结果,并不能用其指导现实世界,仅能定性地分析两类企业的平衡点。在新系统中,由于资源型企业对科技型企业有挤出效应,使其逆系统运行,在这种恶性循环下,新系统的平衡点又会使资源型企业主导,可以预想,在矿产资源持续下降的背景下,新经济系统也将面临崩溃。

最后,本书还需考察两类经济体的自抑效应,资源依赖型企业的 Allee 效应常数项 a(2.6012)比科技驱动型企业 Allee 效应常数项 a(2.22)稍大,说明两者在共存中前者的最低生存规模要大于后者,其对于生存环境的要求高于后者,说明在大冶市的转型过程中,由于资源可开采量持续下降,使得开采成本逐步上升,开采得到的矿石品位不足,导致资源型企业的经营遭到严峻的考验。

第六节　产业有序度对大冶产业结构演化的影响

在资源密集型区域,其经济发展遵循着一定的规律,即秩序,它从自身的资源禀赋内催生出可充分利用资源以快速形成产业集群效应,并将无序的元素转化为有序的发展。资源密集型区域内部产业的发展的有序性以及不同类型产业的互动关系也一直是国内外研究的热点。本章着重探讨的是,在这一种特点鲜明的区域,依托于矿产资源发展的传统企业如何与入侵的高新科技型企业作用。

有序,通常被视为某种静态的东西,但正如普利高津所说"近年来,有序和无序的观念发生了根本改变"。长期以来,平衡结构(如晶体)被视为理想的有序系统,而流体和化学反应则与随机和无序的观念相联系。这个情况在今天已经有了变化。本书知道,非平衡可称为有序之源。"'自组织'已不再处于科学的视界之外"。一个区域的产业也是一样,其有序是从运动变化中诞生,正如莱布尼兹所说的"自然无飞跃",产业间的更迭也不会跳跃式前进,而是不断地自我适应。

无论是从系统的角度去分析还是去模拟现实环境,这些意味着什么? 显然,本书需要借助新的研究工具,系统如网络一般是由一系列相关的活动或者是主体间的交互模式结合而成的整体。因而,本书关注到的是产业间有序度链接是否存在,其潜力是否得到充分的挖掘,以及是否相互影响并在经济上获益。通过对诸多资源密集型区域的跟踪观测,本书发现,若想在资源诅咒发生之前实现区域经济自救,必须要引入部分发展模式完全不同的产业,其满足与该区域的固有产业存在较强的互补性,如此才有可能避免补充要素的缺乏而阻碍升值延缓整个系统的发展。通过以上论述,本书借助企业生态学的 Logistics 方程以及 Allee 效应,模拟资源密集区域中资源型企业与科技型企业共同构成的复合系统,同时加以实证数据的收集分析,最终得到某一区域的参数值,分析出该区域的经济主体活动特性。

一、有序度计算

本节内容与第四章第四节相同。根据协同学观点,构建资源依赖型系统和科技驱动型系统的有序度计量公式见式(4.26)。通过熵权分析法确定熵权值,即权重,详见式(4.28)。根据式(4.27)求序参量有序度。以上步骤详见第四章。

那么,如何选择有序度公式中所需的效益性指标与成本型指标? 本书决定,从经济学中使用广泛的道格拉斯生产函数中析出,该函数构建了大部分产业实现增长所需的基本投资元素,即人力资源投入、资本投入、技术投入。三者虽然不能完全阐释产业发展的原因(事实上,现被承认的任何经济学方程都不能做到这一点),但解释程度已较高。因此,本书选取这三者作为衡量产业的成本性指标,产业产值作为效益指标。

二、基于 Allee 效应的 Logistics 方程

有关 Logistics 方程的缺点以及由此构建单个主体的 Allee 效应方程见式(5.1)。由式(5.1)构建具有 Allee 效应的复合系统协同演化模型如式(4.14)

所示,详细内容见上章。以下是模型解释。

1. $N_i(i=1,2)$ 分别代表资源型企业与科技型企业的有序度;其数值来源于实证分析中对原始收集的数据经有序度计算后得到。通过观察一定区间内有序度的变化,大致能对两个产业的发展情况有感性的判断。

2. $\alpha_i(i=1,2)$ 分别代表资源型企业与科技型企业有序度的内禀增长率。沿用内禀增长率的定义,来源于生存环境理想的状况下,生存率与死亡率的合并值,因此,$\alpha_i(i=1,2)$ 越大说明产业的有序度处于较好的状态。显然,当资源储量充裕时,资源型企业内禀增长率一定较好;当市场开放程度高、创新扩散明显时,科技型企业一定拥有同等程度的内禀增长率。这暗含着一个反向映射,即通过分析完全不同的产业有序度的内禀增长率大小,可以间接地分析出区域经济系统的有序度属性,这在技术上解决了如何将一个比较难以定量分析的系统属性转化为确定性分析的难题。

3. $K_i(i=1,2)$ 代表种群所处环境所能承载种群有序度最大容量,描述的是总系统对种群上限值,当产业的有序度达到此值时,其有序度将停止增长,随之会出现衰减现象,这意味着产业将逐步从有序的状态进入混沌状态,此时只有更新才是获得新生之道。

4. $\dfrac{N_i}{N_i+a_i}(i=1,2)$ 便是 Allee 效应项, $a_i(i=1,2)$ 表示 Allee 效应常数,其值越大,表明种群受 Allee 效应作用越明显,需要更大的种群密度才能稳定生存。通过比较该值的大小,可以得到在复合系统中,两类企业的最低有序度,其反映出企业对环境的反应, a_i 越大,说明企业在资源密集型区域的进入成本越高。

5. 对于参数 $\beta_{ij}(i,j=1,2)$,当 $\beta_{ij}>0$,说明 j 系统与 i 系统之间是一种竞争关系, j 系统自身发展并不有利于 i 系统的发展,后者的发展水平随着前者持续发展,在不同程度上受到限制;当 $\beta_{ij}<0$,说明 j 系统与 i 系统之间是一种合作关系, j 系统的进化有利于 i 系统的发展,这是一种相互促进的协同作用。

三、模型均衡点

该部分内容和第四章第三节相同。平衡点的解释详见第四章判别依据见表4-6,以下是对平衡点的讨论。

首先对 $p_1(K_1,0)$ 、$p_2(0,K_2)$ 分析。这两类平衡点显示,在复合系统中只有一类企业种群的有序度顺利得到发展,这样的结果是竞争者以最大程度侵占对方资源为手段,以完全挤出对方为目的竞争方式。两个平衡点最终造成资源密集型区域经济结构无法多元化,由复合系统演化为单一系统,当然,在有序度达到系统最大承载量时,增长率为0,实现产业的短暂性平衡。可预见的是,由于种群缺乏竞争者,自然会发生产业退化现象,如同生物界的近亲繁殖一般,这种均衡仅仅是昙花一现的幻象而已。

其次,$p_4(0,0)$ 含义更为直接,即经济系统彻底崩溃,陷入无序状态,所含有的一切产业均倒闭,劳动力严重外流,进而政府入不敷出,无力支撑当地社会性财政支出,如同"多米诺骨牌"效应一样,发生功能性衰退,最后被时代抛弃。

3. 因此,唯一有希望成为协同演进的平衡点为 $p_3\left(\dfrac{K_1-\beta_{21}K_2}{1-\beta_{21}\beta_{12}},\dfrac{K_2-\beta_{12}K_1}{1-\beta_{21}\beta_{12}}\right)$。该平衡点满足复合系统中竞争共存性特征——主体均存活,任何一子系统有序度所处状态都不是巅峰值,因而其增长率不会为0,那么两者的有序度还在发展,它们通过信息共享,创新的动态扩散,形成优势互补,企业的系统边界迅速配置系统内部的各种能力,营造协同进化的适应基础。通过这种优势互补,使创新要素之间存在某种默契的关联性,隐性知识转化为显性知识的成本大为降低,同时,当某一方生产要素出现上升或是下降时,另一方能够通过已有的系统网络将要素向彼方流动。

四、实证分析

1776 年,响亮的汽笛声向世界昭告着工业化的到来,蒸汽机的发明承载了人类工业文明,在国外,无论是德国的鲁尔还是法国的洛林,都是利用其自身的先天优势——富裕的资源,成功地成为这列火车的第一批乘客。然而在行进多年之后都不可避免地陷入低效的泥沼中,这类矿产资源型城市能否走出资源诅咒的宿命,关键在于如何重塑当地的产业结构。反观国内,一座座资源型城市重复同样的轨迹,短短几十年,迅速步入资源枯竭型阶段,大冶就是其中一员。作为一个县级城市,拥有全国为数不多的高品位铁矿资源,且含量丰富,全国众多的铁轨上都印有大冶铁矿的标志,而在 2008 年,这座为中国经济作出基础性建设的城市却被确立为中国第一批资源枯竭型城市,这不禁令人扼腕叹息,戏剧性的是,经过了短短 6 年的时间,大冶跻身于全国百强县之一。是经济真的得到了转型? 还是为了发展而挖尽最后一寸矿石? 基于这样的怀疑,本章选取湖北省大冶为实证分析对象。

(一)数据来源

本章通过《中国工业企业年鉴》,筛选出湖北省大冶县 2001—2011 年,统计十一年规模以上企业,本章定义科技驱动型企业的标准与第四章第三节相同,详细内容可参考上章。

收集初始数据后,为了排除固定资产的经济折旧、折旧资产的处理价值等因素的影响,根据永续盘存法对数据进行初步处理,得到表5-12、表5-13。

表5-12　大冶市 2001—2011 年资源依赖型产业相关指标数据

年份 \ 资源依赖型产业	工业总产值	从业人员平均人数	固定资产投资	研究开发投资
2001	2168147	13446	626524.7	28509
2002	3384360	22641	1570374	17170
2003	3305779	19647	2739756	10260
2004	3823923	23374	3978978	6312
2005	6864312	24992	5052042	5118

续表

年份 \ 资源依赖型产业	工业总产值	从业人员平均人数	固定资产投资	研究开发投资
2006	8515390	24782	6775987	8350
2007	11003370	25549	8771873	3128
2008	14913784	25223	11696036	8758
2009	12074318	20351	13864459	5833
2010	11161441	26320	15245023	3118
2011	2492450	25647	17153484	3543

注:运用永续盘存法预处理数据时,经济折旧率、折旧资产处理价值分别取 0.096、0.04。

表5-13　大冶市2001—2011年科技驱动型产业的相关指标数据

年份 \ 科技驱动型产业	工业总产值	从业人员平均人数	固定资产投资	研究开发投资
2001	1696362	16808	2231083	3352
2002	1144016	7354	2524160	82020
2003	1495610	4307	2777351	120800
2004	1780661	5872	2847308	135500
2005	2253279	11482	2927553	137580
2006	1673524	6921	3046150	8713
2007	2292324	6106	3294773	31504
2008	3686820	6041	3867443	32012
2009	4948529	8291	4382943	31760
2010	2329587	6129	4529392	31504
2011	542611	6484	4858482	35901

注:运用永续盘存法预处理数据时,经济折旧率、折旧资产处理价值分别取 0.096、0.04。

表5-14　大冶市2001—2011年资源依赖型系统有序度

年份 \ 资源依赖型系统	工业总产值	从业人员平均人数	固定资产投资	研究开发投资
2001	0.0150	0.9202	0.9966	0.0998

续表

年份 ＼ 资源依赖型系统	工业总产值	从业人员平均人数	固定资产投资	研究开发投资
2002	0.0991	0.3745	0.9450	0.4970
2003	0.0937	0.5522	0.8811	0.7390
2004	0.1296	0.3310	0.8134	0.8772
2005	0.3399	0.2350	0.7548	0.9190
2006	0.4541	0.2475	0.6606	0.8058
2007	0.6263	0.2020	0.5516	0.9887
2008	0.8968	0.2212	0.3919	0.7916
2009	0.7004	0.5104	0.2734	0.8940
2010	0.6372	0.1562	0.1980	0.9890
2011	0.037438	0.196135	0.093709	0.974196

注:序变量上限值和下限值分别取 2001—2011 年最大值和最小值的 90%、110%。

表5-15　大冶市2001—2011年科技驱动型系统有序度

年份 ＼ 科技驱动型系统	工业总产值	从业人员平均人数	固定资产投资	研究开发投资
2001	0.2438	0.115	0.9331	0.9977
2002	0.1323	0.762	0.8453	0.4674
2003	0.2033	0.9705	0.7694	0.2059
2004	0.2608	0.8634	0.7484	0.1068
2005	0.3562	0.4795	0.7244	0.0928
2006	0.2392	0.7916	0.6888	0.9616
2007	0.3640	0.8474	0.6143	0.8079
2008	0.6455	0.8519	0.4427	0.8045
2009	0.9001	0.6979	0.2882	0.8062
2010	0.3716	0.8458	0.2443	0.8080
2011	0.0110	0.8215	0.1456	0.7783

注:序变量上限值和下限值分别取 2001—2011 年最大值和最小值的 90%、110%。

表 5-16　熵权值

	工业总产值	从业人员平均人数	固定资产投资	研究开发投资
资源依赖型	0.1944	0.2597	0.2616	0.2843
科技驱动型	0.2241	0.2727	0.2612	0.2420

表 5-17　序参量有序度

年份	资源依赖型	科技驱动型	年份	资源依赖型	科技驱动型
2001	0.5310	0.5712	2007	0.5996	0.7058
2002	0.5050	0.6100	2008	0.5594	0.7190
2003	0.6022	0.5971	2009	0.5943	0.6871
2004	0.5733	0.5479	2010	0.4974	0.6004
2005	0.5858	0.4485	2011	0.3597	0.4777
2006	0.5545	0.7227			

　　将其数值以及表 5-12(其数据先进行中间差分,中间差分是基于泰勒公式,近似得到不同时间点的 $\dfrac{dN_1}{dt},\dfrac{dN_2}{dt}$,这里不再多述),以第四章式(4.25)为模型,借助遗传算法求解模型中的各个重要参数值代入式(4.25),利用遗传算法求得其余参数值。

表 5-18　参数计算结果

	α	K	β	a
资源依赖型	−0.9629	4.5885	−0.044	−0.0225
科技驱动型	0.9726	3.5327	4.0029	2.1906

表 5-19　平衡点稳定判别

平衡点	p	q	稳定条件
$p_1(4.5885, 0)$	15.9285	-16.2648	$\alpha_1 < 1, \alpha_2 > 1$
$p_2(0, 3.5327)$	2.0852	1.0820	$\alpha_1 > 1, \alpha_2 < 1$
$p_3(4.0335, -12.6131)$	-4.6703	4.8750	$\alpha_1 < 1, \alpha_2 < 1$
$p_4(0, 0)$	-0.0097	-0.9365	不稳定

(二)结果讨论

1. 对于内禀增长率，$\alpha_1 < 1, \alpha_2 > 1$，表明资源依赖型企业有序度低于科技驱动型，并且呈现负增长，这样的结果其驱动因素来源于，当大冶的资源储量大幅下降，使当地资源型重工业产业的开采成本变高，企业可获利润的能力变小，最终使资源依赖型企业的产业有序度以负增长的速度下降。与之相反的是，科技型企业，由于其发展并不依赖于资源禀赋，同时，资源依赖型企业有序度的下降，释放了部分可用资源，例如人力、资金等，这样，当地的经济环境是利于科技型企业的有序度发展。

2. 关于区域承载力方面，$K_1 > K_2$，这样的结论似乎与由内禀增长率得出的分析相左，其实并不然，这是由于，资源型企业相对于科技型企业在资源密集型区域已经具有了成熟的规模效应，因此，在短时期内区域资源对其有序度的承载力是强于后者的。

3. 通过 β 参数的求解，可以得出在复合系统中，两者对对方的影响是促进还是抑制。$\beta_{21}(-0.044) < 0$、$\beta_{12}(4.0029) > 0$，说明在两者组成的协同系统中，科技型企业的入驻对于当地固化的重工业产业是有利的，这是因为科技型企业的进入，带来了新的科技力量、新的管理方式，使资源型企业可以以较低的成本实现部分的改革，摆脱困境。

4. 通过比较参数 a，资源型产业的 Allee 效应明显弱于科技型产业，即在资源密集型区域对于科技型企业是强 Allee 效应。这意味着相对于资源型企业,科技型企业需要更高的有序度才能顺利生存,换言之,并非所有嵌入该区域的创新企业都能生存,而是对于那些自身有很好的适应性、发展较好的成熟性企业才可能获得成功。

5. 协同平衡点分析。基于对于协同系统的平衡点定性分析,$p_3(4.0335, -12.6131)$ 即为针对于大冶市十一年的数据求得的具体值。该值显示,在协同系统中,当资源型企业与科技型企业协同演化、实现竞争共存在现实世界中很难实现,即平衡点不存在——科技型企业的有序度为负值,这显然是不可能的。只能是科技型企业大幅降低构成自身有序度的某一要素的投入,例如平均从业人员数和固定资产投资,因两者的权重超过一半,以此降低自身的有序度,保证资源型企业的有序发展。

第六章　铜城的重生

——基于白银的案例分析

作为绵延一千年的资源重地,矿产资源产业发展的历史已经刻画在了每一个白银市民的基因里。一个城市的名字被冠以某一种资源的名称本身就是对这个城市存在意义的一种肯定,在大约 600 年前开始的规模化开采金属矿藏,很快就让这座城市的经济变得异常重要。称重货币的重要性在于矿产品本身的价值可以和产品相连接而无须国家信用,这会使贵重金属的产区快速聚集要素,并成为经济活动,包括贸易和货币兑换的中心。有明一代,白银的经济地位在整个国家中都处于最中心的地位。经济的繁荣支撑了城市功能的建构,而城市功能复杂程度的升级加速了分工和专业化程度的加深,产业初步建立,城市愈加繁荣。

对尚处于农耕文明阶段的经济体而言,出现超越于第一产业的就业岗位意味着大量技术在一个地区聚集,会提升此地相对于其他农业地区的经济增长和竞争优势。无论是前文所述的大冶,还是现在正在讨论的白银,都算是从古至今一直繁荣的矿产资源产区和交易的城市,尤其是考虑到冶铁的国家专卖制度和铸币权,这两座城市的发展一方面是要素效率较高的原因,另一方面也是国家意志的体现。在现代工业尚不存在的阶段,对于矿产资源产业而言,铁、贵重金属和煤炭是核心产业,这些城市的重要性与其现在发展的状态不可同日而语。

由于地理的原因,中国的矿产资源产区和人口密集的农业文明区域并不重合,大部分的矿产品集中在高海拔地区,由于降雨和温度的影响,这些地区如果不以矿产资源产业作为核心的话就会毫无竞争力可言——农产品的产量与矿产品开采所需要的人力并不能完美地匹配,而交通条件也不足以支撑起物资大规模的跨区域转移,因此,为类似的地区构筑功能完整的城市比仅仅作为矿产品作业区有更明显的价值。

这与欧洲的矿产区的发展逻辑不同,在欧洲,城市的产生与东亚本身就有较大的差异,在中国东部的农耕区,城市是纯粹的经济组合,而在中世纪,欧洲大部分地区的城堡或者集镇并不能提供完备的城市功能,即便某些矿产品具备了经济价值可以大规模开采,也不会因为劳动力的聚集而产生与农产品产区相同规模和功能的城市。但是,在工业革命之后,由于规模化产业发展的需要使人口暴增,原始的城堡和集镇已经不能满足人口聚集所要求的复杂功能,由此现代化城市出现的条件被创造了出来。

进入 20 世纪之后,地质学的大发展带动了矿产资源和能源产业的大发展,矿产资源密集型区域从之前的经济边缘一下成为要素密集的地区,在德国的鲁尔和法国的洛林,我们看到,因为矿产资源禀赋,整个区域实现了经济的大发展,重工业和相关产业密布于此类区域,并支撑起了超过百万人口的现代化大城市。这种情况不是在欧洲独有的,我们可以看到,在北美也有如此的现象产生,可以说现代工业集群首先就是围绕着矿产资源密集型区域和海港建立起来的。

对于中国而言,这种变化并不是顺理成章的,我们大部分的有价值的矿产资源密集型区域交通禀赋不足,既不临海,同时在铁路修建的成本上也难以控制。特别是从今天的视角来看,大部分的矿产资源城市也是在 20 世纪 50 年代之后才开始发展。这主要是我国选择发展工业思路的体现,我们尽可能地在矿产资源产地附近按照现代城市的模板建立新城,而不是考虑从附近的人口聚居点来提升区域交通能力。但是对于像白银和大冶这样原本已经拥有了城市框架的地区,政府的选择就是将现代重工业直接按照和此地矿产资源类型相契合的项目落地,输送技术人员和设备,快速进行生产。

这种方案有其优势,但是问题也很明显,尽管现代交通可以加速物资的流动,但是在一个农业承载水平一定的地区短时间内增加大量人口,则会对地方的各种资源造成不可逆的伤害。在一个要素效率缺失的地区,人口和资本会带来经济增长,但是一旦突破某个临界点,这种增长反而会制约区域的可持续发展。观察这些城市,我们可以看到,由于粗放式的发展和过度的采挖,资源的利用效率并不算高,而且随着这些重要矿产而形成的上下产业链条也没有内在的技术创新的动力。随着时间的推移,这种技术流动的僵化桎梏了产业升级和发展的动力,而激增的人口数量对区域的资源承载能力也造成了难以消解的压力,区域可持续发展成为几乎不可能的事情。

第一节　案例描述

在对白银进行具体分析之前,我们希望能够引入一个对比的对象,这一方面是想了解到底是什么样的要素影响这类型城市的发展;另一方面,也可以通过控制某些变量的方式对这些城市的发展脉络进行总结。为了保证样本的一致性问题,我们选择了同在甘肃省的资源型城市"玉门"来进行对比分析。

一、白银的兴与衰

白银,这个位于甘肃省中部的城市,距省会兰州仅 69 千米之隔。这个新中国成立后唯一以贵金属命名的城市,但它却在中国的整个战略版图上具有不可估量的重要意义。官方早在明朝洪武年间,便在这里设立了办矿机构"白银厂",其所产金矿和银矿被运送到兰州,因而古代的兰州得名"金城",而白银的名字也源于这个历史的办矿机构。由此便知,在古代以金条、白银等交易的时代,白银这个盛产金银的矿区一度成为中国经济重地,其矿产关乎到国家经济命脉以及货币安全问题。清乾隆三年,也就是1717年,由于地震原因,清廷暂时停止了白银的开采计划。直到1949年新中国建立后,地质学家探明了此地的铜矿资源才使白银再次贡献出它的矿藏。

白银市之前发展水平并不突出,遍布荒滩和沙漠,在地质学家宋叔和等人的努力下,白银重新获得了生机,大规模的矿产调查为白银重新建立矿产资源产业奠定了基础。白银铜城连续十八年创造了铜产量、产值、利税在全国同行业第一的伟大业绩。铜的用途十分广泛,在日常生活中随处可见,如水龙头、衣服架子、铜线等,事实上很多工业产品都需要铜作为原料。

油城玉门与铜城白银一样,在新中国成立50年来拥有着自己的繁华。此外,玉门还慷慨地向大庆、陕北等发现新油田的地方输送了二十余万名技术人才和石油工人,支援了四千多台相关石油开采设备,铁人王进喜就是其中的杰出代表。

白银发展的现状不够乐观,今天的白银再也不能承担整个国家经济稳定的重任,因为曾经拥有的丰厚的铜储量在国家战略的支持下很快就被耗尽了。持续近五十多年的铜矿挖掘使白银一度陷入危机。

1999年,白银跌入了最低谷,工业增长率降为建市以来最低的5.4%。而21世纪以来,全市的工业总产值也是处于下滑的状态。如表6-1所示:

表6-1　白银市2005—2015年工业总产值增长率

年份	2005	2006	2007	2008	2009	2010
工业总产值增长率(%)	26.2	32.3	22.2	13.5	12.1	19.9
年份	2011	2012	2013	2014	2015	
工业总产值增长率(%)	29.6	16.2	7.4	32.5	-8.7	

资料来源:中国城市统计年鉴。

从表6-1中可以看出,2012年比2005年的工业总产值的增长率几乎下降了 10 个百分点,而 2013 年又直线下滑到 7.4%,虽然在 2014 年实现 32.5% 的增长率,但 2015 年增长率出现负值,这种衰退令人惊叹。

在缺乏市场洗练、没有第一产业支援的戈壁滩,仅由地下深藏的矿产便创造一座新城,吸引大量的人口。矿产资源是真正的宝藏,它可以帮助落后的国家迅速发展,也可以让人民的生活水平不断提高。但它又是一柄"双刃剑",单一的产业和僵化的技术体系不利于区域的可持续。拔地而起的新城提供给它的初代居民种种便利,但这种便利并不是人为发展的结果,而是一种无中生有的创造。新城虽然能够聚拢大量的人口,为区域经济的发展提供动力,但是,它却跨越了一个城市成长本该有的所有阶段。一个没有孩提时代记忆的人,总会重复自己犯过的错误,在这一点上,白银也不例外。

在 20 世纪 90 年代初,玉门人口达 10 万以上。玉门人在此安居乐业。他们开始倾向于选择新的行业,但是,由于石油产业高昂的利润使更多的石油产业的工人愿意把自己的子女继续送入石油石化企业。这使玉门的劳动力结构开始慢慢显得僵化,技术的扭转也变得僵化,直至最后单一的产业顽固到难以从中寻找突破得到转型。持续近五十年的过度开采使玉门的油田原油储量锐减,石油产量开始下滑,环境破坏十分严重。这为所有的玉门人敲响了警钟。

到了 2009 年,玉门老城的人口锐减到大约两万人,只有十年前的 20% 不到,在其半径三百千米的范围内没有超过 100 万以上人口的城市支持,产业升级和技术替代几乎不可能出现在这样的地区,当劳动力禀赋的边际效率崩溃之后,按照凯恩斯的理论,城市的衰败已经不可避免。

如下是 2015 年度甘肃各市州矿产资源开发利用情况,可见甘肃的矿产资源分布及开发并不均匀,而白银和酒泉(玉门包含在酒泉)相差了 13 个百分点。

表 6-2 　2015 年度甘肃各市州矿产资源开发利用情况

统计项目 地区名称	矿山企业数		从业人员		工业总产值	
	数量 （个）	占总量比重 （%）	数量 （个）	占总量比重 （%）	数量 （万元）	占总量比重 （%）
合计	3290		119881		6899	
兰州市	250	7.6	12764	10.02	162579.93	5.89
嘉峪关市	13	0.4	27	0.13	581.82	0.02
金昌市	171	5.2	265	4.27	690859.71	25.05
白银市	392	11.91	20189	15.42	471482.23	17.09
天水市	238	7.23	761	7.90	42794.55	1.55
武威市	290	8.81	3340	6.70	75875.49	2.75
张掖市	278	8.45	4327	5.5	127402.29	4.62
平凉市	414	12.58	33075	19.91	723291.91	26.22
酒泉市	179	5.44	5659	5.00	102946.79	3.73
庆阳市	301	9.15	29615	7.93	24274.71	0.88
定西市	293	8.91	659	5.46	21923.02	0.79
陇南市	189	5.74	9200	6.60	153387.69	5.56

二、技术革新与重生

新中国成立之后,随着地质大调查项目的开展,在白银,地质学家们从铜厂沟的绿水、含铜百分之二十等线索猜想铜次生富集带应该是存在的。在经过中俄相关技术人员及专家的合作勘探后,通过技术攻关,首次成功探明了其地下的铜矿床,论证并肯定了白银产多金属矿位于海相火山岩系中,属黄铁矿型铜矿床。这在当时的地质科学研究中是一个令人轰动的重大发现。从此,这个之前受到极少关注的地方得到了国家的重视。在国家战略的支持下,白银的城市功能也逐渐得到完善。

在新中国成立之初,国家需要大量的铜作为电线制造的原材料,同时铜在许多轻工、机械制造行业中也被广泛需要。正是出于这些原因,被誉为"中国铜城"的白银市认为自己的重要性盖过了与之类似的资源型城市。同时由于缺乏长远的规划、管理的不完善、开采效率低下、开采技术落后等原因让白银在政治和经济的双重压力下变成了一个肆掠过快的行星而脱离了其应有的轨道。城市的开发者们都只见到眼前的利益没有空暇去想可持续发展的问题，他们认为白银的铜矿储量极其丰富且能为城市带来立竿见影的收益。中国的很多城市都因为抓住了改革开放的时机改变了命运，而白银市却在改革开放时迷失了自我。因为老牌企业继续占据着铜矿市场，新型企业没有资本的强大支撑从而无法加入这个市场参与竞争。在这样的环境下，行业内部缺乏应有的有效竞争使老牌企业整体发展怠慢，老牌企业缺乏有效内部管理，技术革新周期缓慢，导致开采效率低下且开采产品质量不高等问题相继暴露出来。曾经不可一世的白银错失了向市场方向改革的最佳时机，反而陷入了资源衰退的进程。眼看着可开采的矿产资源越来越少，而城市未来发展方向又没及时去规划，这一切都使白银的发展停滞。

在命运十字街头，白银没有选择纵火自焚，而是选择推开另一扇窗。

在矿产资源耗竭过速的阶段，由于产业组织繁冗，产业运行效率下滑，经济回报减少，技术成本居高不下等原因，白银的发展路径走进了死胡同，必须通过某种形式对现有产业组织进行替代。在2008年，白银市被国务院确定为首批资源枯竭型城市，看起来，城市的转型已经迫在眉睫。

一方面，白银通过扩大招商引资的方式，努力引进与之前产业结构界限清晰的企业和组织，包括福建盼盼等国内知名企业，尝试通过科学技术来撬动技术革新的步伐。白银市按照该策略进行实施，据2013年的数据，已成功合作了179家科研院所、大专院校和大型企业集团，其中最引人注目的是中国科学院同地方政府合作的第一个高技术产业园落户白银新技术开发区。将曾经单一的铜产业着力升级为依托新能源和新技术发展的新产业，着力打造以"白银制造"为首的现代加工制造业，开发新型有色金属及复合材料等。另一方面，尽可能发挥自身的传统优势，加大传统矿业企业的技术升级力度，围绕煤炭产业布局下游高附加值产业链条,提高产业利润率,为区域产业结构转型提供动力并赢取时间。

2004 年以来,由于白银逐渐从传统型单一企业转向发展科技型多元化企业,财政上的科学技术投入也在逐年递增,如表 6-3 所示:

表 6-3 2004—2015 年白银市科技资金投入

年份	2004	2005	2006	2007	2008	2009
科技投入(万元)	191	156	333	2164	2815	3001
年份	2010	2011	2012	2013	2014	2015
科技投入(万元)	2959	5283	6677	6628	8301	6358

总之,一种依赖多方合作并充分发挥自身优势的技术革新路线在白银的土地上开始出现,这种创新,不但为失去工作机会的年轻人带来希望,同时,也帮助白银找回了信心。2012 年 8 月,第五个国家级新区兰州新区得到国务院的批复。兰州新区是西北地区第一个国家级新区,在兰州与白银的结合地,说明白银的历史与现实地位的重要性不言而喻。

2008 年 3 月,白银成为国家首批资源枯竭型城市。在此之前,伴随着白银的资源逐渐走下坡路,其主导产业受到巨大的冲击,工业总产值的比率开始下跌,也造成了其工业衍生业走向了困难的境地,不断加剧的经营困难令白银市越发恐慌。随着时间的推移,引发了一系列的连带效应,随之带来了一连串的社会问题,失业率的下降加重了人们生活的负担,也带来了一系列的环境问题。

1996—1999 年期间,白银市的有色金属行业的在职员工减少了 1.32 万人。有色金属行业的萎缩,导致其他的企业发生了恶性的转变,与之有关的生产和服务配套的企业也相继陷入了萎缩。在这四年中,白银市的全部职工人数骤减 4 万人,失业者更是达到了 3 万多人,城市低保人口达到了城镇总人口的 20%。经济的下滑,严重影响了人们的生活,没有了经济来源,又谈何生存?劳动力薪酬的降低使物质压力压缩了劳动力期望水平,整个城市的经济活力受到了伤害。

白银市大面积的失业情况导致应届大学生拒绝去当地就业,在 90 年代那会儿,大学生大都走向了北上广寻求就业机会,有谁又会想着这个位于大西北的城市?它叫白银,但是它却失去了如名字一般响当当的号召力。有些大学生响应国家的号召开始为西部崛起而奋斗,但其力量依旧不够。而对于当地的员工呢?企业效益差劲,员工待遇下降,社会秩序混乱,直接导致了白银大量的城市员工大量外流,大量的技术和管理人员离开了这个城市,凭着自己的本事去了外地寻求更广阔的机会。逐渐地,主导产业生产经营的问题导致了城市的失业率飙升、某些企业拖欠员工的工资现象越发严重,如此恶性循环。

难以吸引大学生,技术人员又开始外流,这导致了白银市转型的困难。白银市政府起到了良好带头作用。引入高新技术,改造传统产业,发展新兴产业。同时市委、市政府致力于提升政务部门、机关单位和各企业的服务质量和服务理念,为白银市经济转型以及走出经济阴影起到了至关重要的作用。国家一直没有放弃白银,兰州也为白银提供了动力与支持。

近年来白银市的企业不论从性质还是规模上都开始有了悄然的变化。这都归功于白银重视科技革新的思路使其焕发了新的活力。白银市政府与国际化的机构展开了一些合作。白银市政府更是如三顾茅庐般,凭着坚忍不拔的毅力拿下与国内最高科研机构的合作,创建了中国科学院白银高技术产业园。白银市政府尽其最大力量为中科院白银高技术产业园的发展铺设了"无障碍"的道路。为了能让产业园快速发展,从而为城市带来高新技术,白银市政府决定减免产业园日常管理和运营中的大部分手续费,对于因政策原因无法减免的手续费则采用先由政府垫付,产业园日后偿还的方式。对一切入驻到白银的外来企业均大力支持。而白银西区开发区是另一个重要的产业园,是 1998 年甘肃省首批建立的省级开发区之一。园区已开工建设和运行项目有

29 项,其中有国家发展改革委 4 个示范工程项目和中科院 4 个高技术产业化项目,现已投资 19 亿元。中国科学院白银高技术产业园和白银西区开发区两者共同发展,逐渐成为白银这座城市扩展的重要空间。在短短几年时间里,园区就在招商引资力度的增强及高新技术的引进后,步入了良性发展的新阶段。相信"一园一区"形成的白银新经济发展主体格局,将发挥其在辐射带动区域经济发展中越来越重要的作用。

与紧邻的省城兰州联合打造"兰白经济圈",给白银带来了无限发展潜力,着力于技术研发的白银有了进一步的成长。

白银在转型中为何发生了这些值得乐观的新变化?因为白银在摆脱困境时逐渐形成了区域化的国家创新生态系统。

第二节　宏观政策对白银产业影响

一、指标选择与数据收集

(一)指标选择

本节指标选择和建模内容同第四章第二节和第五章第四节相同,参考传统的道格拉斯生产函数分别形成大庆市和大冶市经济发展生产函数模型,建模步骤及公式不再赘述。

生产函数表达式详见式(4.1),白银市经济发展生产函数模型详见式(4.2),对式(4.2)的时间 t 求异并进行初步数学整理后得到式(4.3),参数解释参考第四章。

(二)数据收集

通过查阅《中国统计年鉴》《中国贸易外经统计年鉴》《中国科技统计年鉴》《中国工业统计年鉴》以及网站新闻收集等,得到初步的数据,对于某些年份的缺失,我们采取曲线拟合的方法进行补充,同时由于年鉴统计项的不完整,对于政府财政支持力度和外商直接投资我们用各自的资本金数据表示。

表6-4　白银市经济发展数据收集结果

年份	从业人员数（人）	固定资产投资（亿元）	外商直接投资（亿元）	科学支出（亿元）	贷款总额（亿元）	主营业务收入:传统（亿元）	主营业务收入:科技（亿元）
2003	85746	42.0044	0.1228	0.0173	73.45	27.15	22.68
2004	83730	54.6325	0.0324	0.0199	78.6	44.10262	27.76372
2005	80585	65.9574	0.1536	0.0156	89.5	52.71044	28.08962
2006	84080	76.2318	1.6299	0.0333	88.8	86.60902	44.92012
2007	84663	90.9635	0.0727	2164	76.7	101.64492	28.72567
2008	76213	111.0954	1.1291	0.2815	77.5	144.55488	47.29334
2009	74555	148.2830	0.0450	0.3001	84.84	156.55857	64.02677
2010	57648	189.1123	0.0529	0.2959	95.62	162.42553	67.11884
2011	61138	221.3745	0.1680	0.5283	138.94	157.1	34.79
2012	73613	267.9383	0.0270	0.6826	186.64	129.94994	1.68637
2013	104681	352.0177	0.1746	0.6628	225.26	39.81688	15.7125
2014	180923	428.4437	0.0151	0.8301	407.31	682.1129	140.5141
2015	179179	474.4632	1.1172	0.6358	511.92	688.5652	175.8054

二、算法——基于耗散理论

进一步讨论,重新审视采用的模型,可以肯定的是,构建模型的逻辑过程没有瑕疵,但是如果仅仅依赖于道格拉斯生产函数,这样一种确定论的前提下继续探讨,可以预判的是其运算的结果没有满足我们采用数据处理方法的要求,由此可以得出,是选取的方法有问题——线性回归法无法精确地解释模型中各要素对于资源型产业的影响,事实上,从系统的角度出发,资源型产业是一个复杂的产业系统,不仅有因变量对自变量的关系,还存在因变量间的互动关系,用一个线性的定量方法去解决非线性的定性世界观,本就是南辕北辙的路线,也许这就是出现上述结果的关键。

考虑到资源型产业的系统属性,其内部运行要素都在不停地变化着,如此看来一个产业的协同运作,似乎是与其内部参与的人、资金、技术永不停止的流动和它们形成的种种结构分不开的,正如湍急的流水中一块礁石前的驻波,产业是一种动态的模式。弗里德曼(Milton Friedman)在讨论浮动汇率制的自稳定性时提出弗里德曼精灵,该精灵角色类似于曼克斯韦妖,该观点传递出这样一个信息,即周期运动和不稳定结构在竞争市场中是不可能存在的。借用物理中热学观点,可能更易理解,即为在不对外做功的条件下制造温差,这将违背热力学第二定律,同样的,嫁接到本书所研究的资源型产业,其内部的要素如同一个个完全理性的弗里德曼精灵,在不断的变化中,是会带来系统的耗散,正是因为这种耗散,导致了投入与产出失衡。因此,如何度量"精灵们"在对资源型产业做贡献的时候耗散能量的大小,成为本书的关键。通过这样一种方式,尝试根据耗散能量的大小来对得出资源型产业各要素的贡献率大小,弥补通过线性回归带来的偏差。

三、基于熵计算原理及步骤

本节对耗散熵模型的描述与第四章第二节和第五章第四节内容相同。分析得到影响因素的集合 A'详见式(4.4),经归一化处理得到矩阵式(4.6),每个影响因素的每一年指标的相对比重公式见式(4.7),影响因素熵值表达式见式(4.9),熵权表达式见式(4.10)。相关分析及参数解释见第四章。

四、计算结果

1. 利用 Matlab 软件,对表6-4中预处理后的数据进行归一化处理得到如下矩阵:

$$A_1 = \begin{pmatrix} 0.53525 & 0.50338 & 0.45367 & 0.50891 & 0.51813 & 0.384\ 56 & 0.35836 & 0.09112 & 0.14628 & 0.34347 & 0.83454 \\ 0.00405 & 0.03679 & 0.07843 & 0.13078 & 0.19135 & 0.258\ 18 & 0.33582 & 0.42950 & 0.55738 & 0.72051 & 0.90578 \\ 0.05569 & 0.00458 & 0.07311 & 0.90784 & 0.02736 & 0.62\ 470 & 0.01170 & 0.01620 & 0.08125 & 0.00153 & 0.08499 \\ 0.00442 & 0.00795 & 0.00212 & 0.02614 & 0.27464 & 0.362\ 99 & 0.38824 & 0.38254 & 0.69795 & 0.90736 & 0.88266 \\ 0.04043 & 0.06877 & 0.12877 & 0.12492 & 0.05832 & 0.062\ 72 & 0.10312 & 0.16246 & 0.40089 & 0.66344 & 0.87601 \\ 0.01760 & 0.12752 & 0.18333 & 0.40312 & 0.50061 & 0.77882 & 0.85665 & 0.8\ 9469 & 0.86016 & 0.68413 & 0.09973 \\ 0.29265 & 0.36295 & 0.36746 & 0.60020 & 0.37625 & 0.633\ 02 & 0.86442 & 0.90718 & 0.46011 & 0.00233 & 0.19630 \end{pmatrix}$$

2. 计算收集的七类因素数据每年在 11 年中的相对比重矩阵：

$$A_2 = \begin{pmatrix} 0.11443 & 0.10761 & 0.09699 & 0.10880 & 0.11077 & 0.08221 & 0.07661 & 0.01948 & 0.03127 & 0.07343 & 0.17841 \\ 0.00111 & 0.01008 & 0.02150 & 0.03584 & 0.05245 & 0.07076 & 0.09204 & 0.11772 & 0.15277 & 0.19748 & 0.24826 \\ 0.02948 & 0.00242 & 0.03870 & 0.48060 & 0.01449 & 0.33071 & 0.00619 & 0.00858 & 0.04301 & 0.00081 & 0.04499 \\ 0.00112 & 0.00202 & 0.00054 & 0.00664 & 0.06976 & 0.09220 & 0.09861 & 0.09716 & 0.17728 & 0.23047 & 0.22420 \\ 0.01503 & 0.02557 & 0.04787 & 0.04644 & 0.02168 & 0.02332 & 0.03834 & 0.06040 & 0.14904 & 0.24665 & 0.32567 \\ 0.00326 & 0.02359 & 0.03391 & 0.07456 & 0.09260 & 0.14406 & 0.15845 & 0.16549 & 0.15910 & 0.12654 & 0.01845 \\ 0.05780 & 0.07169 & 0.07258 & 0.11855 & 0.07432 & 0.12503 & 0.17074 & 0.17918 & 0.09088 & 0.00046 & 0.03877 \end{pmatrix}$$

3. 计算各因素数据每年的 $f_{ij} \ln(f_{ij})$ 得到如下矩阵：

$$A_3 = \begin{pmatrix} -0.24806 & -0.23989 & -0.22629 & -0.24134 & -0.24372 & -0.20540 & -0.19681 & -0.07672 & -0.10836 & -0.19175 & -0.30752 \\ -0.00755 & -0.04635 & -0.08254 & -0.11931 & -0.15461 & -0.18741 & -0.21957 & -0.25185 & -0.28702 & -0.32034 & -0.34589 \\ -0.10390 & -0.01460 & -0.12586 & -0.35214 & -0.06134 & -0.36594 & -0.03150 & -0.04081 & -0.13533 & -0.00576 & -0.13954 \\ -0.00763 & -0.01253 & -0.00405 & -0.03329 & -0.18575 & -0.21979 & -0.22844 & -0.22652 & -0.30670 & -0.33825 & -0.33523 \\ -0.06309 & -0.09374 & -0.14549 & -0.14255 & -0.08306 & -0.08764 & -0.12503 & -0.16952 & -0.28370 & -0.34526 & -0.36536 \\ -0.01865 & -0.08838 & -0.11475 & -0.19357 & -0.22033 & -0.27912 & -0.29192 & -0.29769 & -0.29246 & -0.26158 & -0.07366 \\ -0.16478 & -0.18893 & -0.19038 & -0.25280 & -0.19318 & -0.25996 & -0.30180 & -0.30808 & -0.21795 & -0.00354 & -0.12601 \end{pmatrix}$$

4. 经过以上几个步骤得到影响因素的 H_i，如表 6-5 所示；进一步依据公式计算出集中度 J_i：

表 6-5 各影响因素熵值及集中度

从业人员数 (H_1)	固定资产 投资(H_2)	外商直接 投资(H_3)	科学支出 (H_4)	贷款总额 (H_5)	主营业务 收入:传统 (H_6)	主营业务 收入:科技 (H_7)
0.95328077	0.84342242	0.57413020	0.79159871	0.79421887	0.88916192	0.92056054
从业人员数 (J_1)	固定资产 投资(J_2)	外商直接 投资(J_3)	科学支出 (J_4)	贷款总额 (J_5)	主营业务 收入:传统 (J_6)	主营业务 收入:科技 (J_7)
0.04671923	0.15657757	0.42586980	0.20840129	0.20578113	0.11083808	0.07943946

5. 由 H_i 得到 W_i，如表 6-6 所示：

表6-6　各影响因素熵权

从业人员数（W_1）	固定资产投资（W_2）	外商直接投资（W_3）	科学支出（W_4）	贷款总额（W_5）	主营业务收入:传统（W_6）	主营业务收入:科技（W_7）
0. 0378715	0. 1269248	0. 3452184	0. 1689342	0. 1668102	0. 0898475	0. 0643952

6. 主要结论

从分析的结果可以看出,FDI、贷款总额、科学支出三个投入要素在白银市经济增长的过程中有较大的贡献。这说明外部的资本和技术的投入对新技术在区域经济系统内部的流动有着重要的作用。从贡献率的角度来看,这说明这些要素对区域经济系统的产业规模变化程度和产业结构的有序度也会产生重要影响。接下来,本章将对白银现状产业结构的有序度和规模变化进行分析。

第三节　产业规模对矿产资源密集型区域产业结构演化的影响

一、两类企业规模的变化

对于矿产资源密集型区域而言,在资源储量不断下降、环境压力持续增强的发展阶段,如何实现原本单一依赖资源禀赋的产业结构向多元化产业结构的演进,无疑是最为关键的问题。在对于产业结构演变的研究上,有学者认为通过建立投入产出分析框架,可以描述经济系统中各产业之间演变的关系及对区域经济增长的影响,也有学者尝试构建产业结构合理化的评价体系,以判断区域产业结构变化的效率。事实上,产业结构演变最为明显的标志就是各产业内部企业数量的波动,通过对企业数量波动的分析,我们可以更明晰地描述产业结构变化对区域经济增长的影响机理。因此,本章将视角放到微观层面,尝试对构成经济系统最基本的单元——企业的数量波动进行分析,以期解释区域经济系统波动的趋势。

现实世界中的经济活动呈现出高度的复杂性和不确定性,运用传统的分析工具在解释区域经济系统内产业结构的波动方面存在困难。基于以上考虑,本章引入 Logistics 映射来对矿产资源密集型区域经济系统内产业结构的波动进行解释。最初,Logistics 映射被用来描述某个生存系统内部生物种群随时间而变化的过程(一般包括缓慢增长、快速增长、稳态、衰落等阶段),同时从技术上的角度考虑,在该映射中出生率和死亡率的效应被合成为一个数,这样,我们可以既方便又全面地了解种群数量兴衰往复、由量而质演变的整个过程。如果把区域经济系统考虑成一个抽象意义上的生存系统,把企业看作生存系统内部的种群个体,我们可以方便地把 Logistics 映射运用到对经济周期波动的解释中去。作为充斥着复杂性和不确定性的经济系统,运用 Logistics 映射来描述企业数量的波动显然比其他线性增长方程更适合,它用一种极简方式,带来对秩序、随机规则和可测性的重新认识。

任意一个区域经济系统中,企业的类型都是复杂而多变的,出于技术上处理简便性的考虑,本章将区域产业结构中的企业分为传统型企业与新型科技企业两类。本章假定,这两种类型的企业数量的波动意味着区域经济系统发展趋势的变化。如果为这两种截然不同的发展模式分别构建 Logistics 方程,我们可以较容易地得到企业数量的变化趋势,但由于这种方法的前提是将作为观察对象的复杂经济系统简化为单一系统,人为地忽略了这两类企业之间复杂的动态关系,因此会在解释力上存在缺憾;另外一种方法是把这两类企业纳入一个统一的复合系统内考虑,尽管可能这样在技术处理上更为困难,但是明显更符合现实逻辑。

考虑一个资源禀赋较好的区域,在其发展的初始阶段,若技术水平一定,区域经济系统会向强烈依赖资源开发利用的路径靠拢,以实现区域经济的发展。但由于资源储量有限性和技术水平制约的客观现实,这种发展方式难以长久维持,并且这种"路径依赖"会把区域产业结构推向"单一化"的境地,最终导致经济增长失速和环境持续恶化。在 2008 年,我国首批矿产资源枯竭型城市名单公布,名单中的大部分城市都存在上述的问题,并对未来的发展道路难以选择。但这并不是最令人担心的,由于过于依赖单一的、以资源禀赋为基础的增长模式,会对技术进步和人力资本产生挤出效应,进一步加剧经济系统的脆弱性。对于此种局面,学界的普遍观点是若要实现区域的可持续发展,必须扭转传统增长方式为绿色增长方式,把对矿产资源的依赖降到最低。严格意义上说,实现这种"扭转"必然需要新技术和新产业的进入,但是对于这种区域产业结构变化的动力机制,学界还没有统一的观点。不可否认的是,在产业结构变化的过程中,最为明显的标志就是不同产业规模的变化,因此,本章拟以 Logistics 生长方程为工具,构建资源依赖型企业与科技驱动型企业协同演化模型,尝试对矿产资源密集型区域产业结构变化过程中不同产业企业数量波动的趋势进行解释,以期对该类型区域可持续发展路径的选择提供理论支持和现实依据。

二、协同演化模型构建

该部分内容与第四章第三节相同,单个种群的 Logistics 方程见式(4.11),复合系统的协同演化模型见式(4.12)和式(4.13)。具有 Allee 效应的复合系统演化模型见式(4.14)。模型演化过程及参数解释详见第四章。

三、复合系统平衡点分析

该部分内容和第四章第三节、第五章第四节相同。平衡点的解释详见第四章,特别依据见表4-6,模型的分析与求解也参考第四章内容。

四、实证分析——产业规模对产业结构变化的影响

本章选取甘肃省白银市作为分析对象。白银市是国家首批资源枯竭型城

市,其建立和发展依赖于国家资源战略的布局,是一个典型因矿而生的城市,近年来,由于矿储下降的影响,城市发展陷入困境。从2006年开始,白银市开始大力引入新科技型企业,建立了新产业技术开发区,区域的产业结构有了一定程度的变化。由此可见,白银市的发展脉络大致符合本书的假定,适合作为本书的案例进行实证分析。

本章暂且讨论资源依赖型企业与科技驱动型企业两个产业群中所含个体数量,在两者组成的复合系统内协同演化。

(一)案例描述

本章从《中国工业企业年鉴》中筛选出甘肃省白银市1998—2015年,总计18年规模以上企业的个数,我们定义科技驱动型企业的标准与第四章第三节和第五章第五节相同,详细内容参见第四章。

依据分类标准,分别统计出规模以上的大中型资源依赖型企业与科技驱动型企业数量,得到表6-8:

表6-7　白银市1998—2015年资源依赖型企业与科技驱动型企业数量

年份	1998	1999	2000	2001	2002	2003	2004	2005	2006
资源依赖型	20	33	28	28	29	37	53	62	60
科技驱动型	11	12	13	12	16	16	32	24	22
年份	2007	2008	2009	2010	2011	2012	2013	2014	2015
资源依赖型	67	72	62	66	67	100	101	73	63
科技驱动型	25	30	20	28	24	65	78	77	105

(二)参数求解

该部分和第四章第三节、第五章第五节内容相同,故不复述。内禀增长率的精确解表达式见式(4.22)。企业存活率见式(4.23),企业繁殖率见式

（4.24）。参数第 t 期种群的存活率比、第 t 期种群的生殖率 m_t，及其他参数和模型解析内容详见第四章。

由此，计算得到企业的 l_t，m_t，$l_t \times m_t$，$t \times l_t \times m_t$，如表6-8、表6-9所示：

表6-8　白银市1998—2011年资源依赖型企业存活率与繁殖表

企业存 活率与繁殖率　　年份	1998	1999	2000	2001	2002	2003	2004
l_t	1	0.65	-0.1515	0	0.0357	0.2759	0.4324
m_t	0.65	-0.1515	0	0.0357	0.2759	0.4324	0.1698
$l_t \times m_t$	0.65	-0.0985	0	0	0.0099	0.1193	0.0734
$t \times l_t \times m_t$	0.65	-0.195	0	0	0.0493	0.7158	0.514
企业存 活率与繁殖率　　年份	2005	2006	2007	2008	2009	2010	2011
l_t	0.1698	-0.0323	0.1167	0.0746	-0.1389	0.0645	0.0152
m_t	-0.0323	0.1167	0.0746	-0.1389	0.0645	0.0152	0.1163
$l_t \times m_t$	-0.0055	-0.0038	0.0087	-0.0104	-0.009	0.0009	0.0018
$t \times l_t \times m_t$	-0.0438	-0.0339	0.0871	-0.11	-0.1075	0.0127	0.0247

表6-9　白银市1998—2011年科技驱动型企业存活率与繁殖率

企业存 活率与繁殖率　　年份	1998	1999	2000	2001	2002	2003	2004
l_t	1	0.0909	0.0833	-0.0769	0.3333	0	1
m_t	0.07909	0.0833	-0.0769	0.3333	0	1	-0.25
$l_t \times m_t$	0.0909	0.0076	-0.0064	-0.0256	0	0	-0.25
$t \times l_t \times m_t$	0.0909	0.0152	-0.0192	-0.1026	0	0	-1.75

续表

年份 企业存 活率与繁殖率	2005	2006	2007	2008	2009	2010	2011
l_t	−0.25	−0.0833	0.1364	0.2	−0.33334	0.4	−0.1429
m_t	−0.0833	0.1364	0.2	−0.3333	0.4	−0.1429	0.1044
$l_t \times m_t$	0.0208	−0.0114	0.0273	−0.0667	−0.1333	−0.0571	−0.0149
$t \times l_t \times m_t$	0.1667	−0.1023	0.2727	−0.7333	−1.6	−0.7429	−0.2088

注：为计算方便将时间轴由 1998—2011 转化为 1—14。

进一步可得表6-10：

表6-10　内禀增长率

	资源依赖型	科技驱动型
r_m	−0.1268	0.0967−0.2996×i

(三)结果解释及进一步讨论

由于资源型产业的发展强烈依赖于区域的资源禀赋,而从资源有限性的假定出发,可得该类型产业的内禀增长率为负值,通过数据的计算,(−0.1268)也验证了这种推理。而科技驱动型产业的发展模式与资源型产业不同,它是通过技术创新而非单一依赖矿产资源实现发展,而技术创新是资源转变为财富的关键,这种发展模式会在技术的驱动下实现可持续发展,这决定了其内禀增长率应该为正值。同时,依照本书的假定,可知带有入侵性质的科技驱动型企业,其是从一个旧的生存环境进入崭新的生存环境。这就意味着,该企业的内禀增长率必然带有异质空间的性质,在同质作用空间中的入侵扩散一般是数值,而在异质空间中一般是带有空间变量函数。以上的计算结果(0.0967−0.2996×i)较好地支持了这一观点,复数事实上是空间向量的一种表达形式,实部 0.0967 代表的是其增长率,虚部−0.2996×i 代表其空间方向。

计算出两种类型企业的内禀增长率后,将其数值以及表 6-10(其数据先进行中间差分,中间差分是基于泰勒公式,近似得到不同时间点的 $\dfrac{dN_1}{dt}$,$\dfrac{dN_2}{dt}$,这里不再多述)同第五章第五节做法,以第四章式(4.25)为模型,利用遗传算法求得其余参数值。

由此得到表 6-11 及表 6-12:

表 6-11　参数计算结果

	K	β	a
资源依赖型	10.7077	−0.2141	4.3529
科技驱动型	9.7576	−0.2199	5.0997

表 6-12　平衡点稳定性判别

	p	q	稳定条件
$p_1(10.7077, 0)$	−0.451192066	0.041132914	$\alpha_1 < 1, \alpha_2 > 1$
$p_2(0, 9.7576)$	0.488398154	0.037877211	$\alpha_1 > 1, \alpha_2 < 1$
$p_3(13.42905, 12.71065)$	0.017174089	0.032422098	$\alpha_1 < 1, \alpha_2 < 1$
$p_4(0, 0)$	0.0301	−0.01226156	不稳定

由计算结果得到,β_{21},β_{12} 均小于 0,但 Logistics 模型建立的出发点是扣除已生存的企业占有资源之后剩余的资源。这部分剩余资源是新个体所能支配的全部,因而虽然 β_{21},β_{12} 均小于 0,但代入模型后,事实上是大于 0,即说明在科技驱动型企业入侵矿产资源密集型区域后,资源依赖型企业和科技驱动型企业在企业数量方面是"共赢"的,即均相互增加各自的企业数量,促进各自的发展,并且采取的发展模式为共同发展,即改变过往该区域企业单一发展模式,形成战略联盟,使各自的生存能力加强。其最终的目的是在当地形成产业

规模效应,协同演化,使系统向平衡点演化,最终实现系统的稳定。同时,由于 β_{21},β_{12} 两者的值十分相近,也就是单纯从企业生存这个角度而论(即只考虑数量不考虑发展质量、潜力等),两者在企业的相互影响程度基本一致。

对于代表自抑效应的参数 a ,资源依赖型企业群是 4.3529,科技导向型企业群是 5.0997,后者的 Allee 效应明显高于前者,说明在新技术进入区域经济系统后,科技型企业存在较强的 Allee 效应,其生存和发展需要依赖更大的企业密度。这也就意味着小型的科技型企业生存会显得较为困难,需要更多规模以上企业联盟存在,这样的科技型企业才能实现生存的目标。这是由于对区域经济系统而言,新产业结构替代旧产业结构的成本本身就比较高。同时又考虑到研究目标区域白银市地处西部,在吸引人力资本和新技术上明显弱于东部沿海地区,因此其生存难度会更高。

五、分析小结

本章集中分析了矿产资源密集型区域经济系统,构建了其系统协同演化模型,以期描述技术型企业和资源型企业在产业结构变化过程中数量的波动轨迹,最终通过对研究目标区域的实证分析,解释了资源枯竭阶段区域内不同产业规模变化和区域经济增长之间的关系。具体说来,研究结论大致归纳如下:

一是对于矿产资源密集型区域而言,在资源枯竭阶段,科技型企业数量的自然增长率高于资源型企业,且资源型企业的自然增长率为负值;

二是对于矿产资源密集型区域而言,在资源枯竭阶段,新技术的引入会同时为资源型企业和科技型企业带来发展机遇,在区域技术水平提高的前提下,两类型企业的数量均会增加;

三是对于矿产资源密集型区域而言,在资源枯竭阶段,在新技术进入的前提下,科技型企业的生存将依赖更大的企业密度,其生存难度将大于传统资源型企业。

对于矿产资源密集型区域而言,其实现可持续发展的目标任重道远。得益于丰厚的资源禀赋,在其初始阶段会保持持续地增长,但随着资源枯竭速度的加快,其单一的产业结构会使其发展陷入困境。事实上,实现该类型区域的可持续发展,最重要的是有新技术的进入以促进产业结构的变化。由此可见,有如下推论:

1. 加大对新技术企业的扶持力度,以保证其数量的稳定增长

由研究结论可知,在区域产业结构的变化过程中,新技术企业的存活需要依赖更大的种群密度。这也就是说,必须保证新技术企业数量的稳定增长,才可以实现区域产业结构的顺利升级。

2. 增加新技术企业与资源型企业的合作,形成企业战略联盟

对于传统资源型企业而言,在资源枯竭阶段如何实现自身快速的转型,是保证其实现可持续发展的关键。和新技术企业进行合作,形成企业战略联盟,会有助于传统资源型企业提升自身的技术水平,并且可以与新技术企业共享区域经济系统内的资源,实现双方的共同发展。

第四节　产业结构有序度对白银地区产业结构演进的影响

本节关注矿产资源密集型区域产业结构的变化过程。对矿产资源密集型区域而言,在资源枯竭阶段,由于经济增速下滑,原本单一稳定的产业结构会向多元、更为复杂的产业结构变化,区域经济系统会因此而变得不稳定。在这种情况下,如何实现由波动的、不稳定的产业结构向有序的、稳定的产业结构演化,是其实现可持续发展的关键。

一、产业结构有序度对区域经济增长的影响

用系统论的视角来看待区域的产业结构,内部各产业之间的联系频度和

比例关系直接会导致区域经济系统的波动。一般认为,合理的产业结构可以推动区域经济的增长,对于任一区域经济系统而言,如何保证产业结构的合理或对不合理的产业结构进行优化就成为最重要的事情。有学者开发了区域产业结构合理化的评价体系,还有学者分析了区域产业的均衡度和集中度,尝试从评估的角度来判断一个区域产业结构的配置是否合理。考虑到区域经济系统内的产业结构并不是稳定不变的,而是在一定的尺度上演化发展的,因此,如果要对产业系统做观察,必须充分考虑其动态和复杂的特性,利用传统的分析工具并不能从根本上解释产业结构波动的成因和机理。有学者尝试通过分析工业结构的变化对国家经济增长之间的贡献来描述产业结构和经济系统的动态联系,这种观点在宏观尺度上对产业结构的演化机理做出了解释。

矿产资源密集型区域由于资源禀赋,会自然形成依赖资源开发利用的产业集群,这种单一的产业发展模式会让区域经济系统保持暂时的稳定。但是,随着资源的枯竭和环境压力的持续增长,单一的产业结构会让经济系统丧失继续增长的动力。对于此类区域的产业结构而言,如何吸引新技术的进入,以形成新产业以替代旧产业就显得尤为重要。区域经济系统总是显示出动态的、复杂的特性,尤其在新旧产业交替的过程中,产业结构的变化往往不是仅通过经济系统内主体数量的波动就可以解释的。在区域经济系统内一个相对稳定的阶段,我们可以通过投入产出法等工具来对产业关联度和区域经济增长进行分析解释,但是在经济系统剧烈波动的阶段,我们用以上的方法却难以得到理想的结果。

如果把产业结构的变动看作区域经济系统内各要素重新组合的过程,那么如何将系统内各要素原本复杂无序的状态向有序通畅的状态演进,就成为我们思考的关键。作为一个巨大、开放且复杂的系统,区域经济系统内包含了大量不同的产业组织,当系统内各部分之间难以协调、相互冲突时,经济发展就会停滞;当系统内各部分协调有序时,经济增长便会实现。尤其是对于矿产资源密集型区域,当资源枯竭,经济增速下滑,原本单一稳定的产业结构会向多元、更为复杂的产业结构变化,区域经济系统会因此而变得不稳定。在这种情况下,如何实现波动的、不稳定的产业结构向有序的、稳定的产业结构演化,就是资源密集型区域实现可持续发展目标的关键。

二、区域经济系统协同演化模型构建

(一)模型构建方法

考虑到区域经济系统复杂和不稳定的特点,在对系统内产业结构进行分析时,有必要运用非线性系统的理论来讨论。对于矿产资源密集型区域来说,如果资源面临枯竭危机,传统资源产业就会遇到发展的困境,为了保持区域经济的持续增长,以新技术为主导的产业便会开始兴起。无论从德国鲁尔地区还是法国洛林地区的经验来看,大致都符合这样一个过程。在分析的过程中,考虑到现实情况的复杂性,如果把上述两类产业分开分析将不能体现出这两类产业实际的互动情况,因此本章把由这两类产业构成的经济系统看作一个复合系统而非单一系统。

毫无疑问地,产业结构的波动意味着产业内部企业数量的变化,所以在讨论产业结构的有序度之前,我们先要明确产业内部主体数量变化的规则。由于区域经济系统的复杂性和不可测性,企业数量的变化轨迹一定会受到大量外生因素的影响,基于此,本章采用 Logistics 方程来描述企业数量的变化。

Logistics 映射描述了在一定的生存系统中,种群数量随时间变化的轨迹。在这个过程中,种群数量的波动不是保持在一个恒定的速率下的,而是会经历缓慢增长、快速增长、稳态和衰落等过程。这与区域经济系统中企业数量变化的趋势是相似的,其可以较好地描述企业群落由盛及衰,自然涨落的整个过程。同时,它将群落中主体的出生率和死亡率效应合成一个数,在技术层面上较为简单并易于实现。由此,本章以生态学种群 Logistics 生长方程为视角,构建资源依赖型企业与科技驱动型企业共生发展模型,通过分析区域内部企业数量的变化趋势,来探讨矿产资源密集型区域产业结构演进的过程中如何向有序稳定的状态转移。

(二)复合系统协同演化模型构建

考虑一个富含矿产资源的区域经济系统。在其发展的初始阶段,由于受到资源易获得性的影响,其经济发展方式会强烈依赖矿产资源的开发利用,并且可以实现较快的经济增长。但是,随着资源储量的下滑和环境压力的持续增大,经济增长速度开始受到限制。同时,随着经济增长失速和环境恶化的影响,区域对资本的吸引程度持续下降,在技术进步和人力资本上出现挤出效应,经济系统稳定性降低,产业结构变化动力增强。

借助生态学的相关理论,我们可以把这样一个系统看作一个复合系统。在一般的复合系统中内部各子系统间为实现系统总目标,在外界输入物质、能量、信息的作用下彼此间相互协作会形成一种宏观的集体效应,被称为协同。由于协同效应的存在,我们在考察区域产业结构有序度的问题上,必须假定种群数量变化的趋势受多种要素的共同作用,其演变趋势不符合一个稳定的规律。

因此,考虑一个单个种群的 Logistics 方程,式(4.11)已于第四章给出,此处不再赘述。

(三)复合系统协同演化模型

该部分内容与第四章第三节相同,式(4.12)、式(4.13)及参数解释见第四章。

(四)具有 Allee 效应的复合系统协同演化模型

该模型见第四章第三节式(4.14),参数解释同第四章。

三、系统性质分析

（一）协同演化模型的平衡点

有关均衡点计算内容和第四章第三节相同。平衡点解释详见第四章，判别依据见表4-6。

（二）模型分析

模型分析内容参考第四章，不再复述。

（三）演化算法与最优化目标

模型求解也参考第四章，不作赘述。

四、实证分析检验

本章通过对目标区域数据的计算，集中讨论资源依赖型产业与科技驱动型产业两个产业群的有序度，以期能够有效反映矿产资源密集型区域产业结构变化的趋势。

（一）数据描述

本章从《中国工业产业年鉴》中筛选出甘肃省白银市 2001—2011 年，统计十一年规模以上产业，我们定义科技驱动型产业的指标与第四章第三节相同，详细内容可参考第四章。

基于模型解释效果和技术层面可操作性的双重考虑，本章拟采用 C—D 生产函数来对资源依赖型和科技驱动型两类子系统的有序度进行分析，并借鉴该模型的描述变量来构建产业有序度的度量变量。因此，实证数据方面，我们梳理《中国工业产业年鉴》甘肃省白银市 2001—2011 年（共 11 年）规模以上产业的指标。

表 6-13 数据指标

成本性指标	固定资产投资	效益性指标	工业产值
	平均从业人员数		
	研究开发投资		

注：依据柯布—道格拉斯生产函数 $Y_t = A_t^\gamma K_t^\alpha L_t^\beta$，其中 Y_t 为第 t 期实际产值；A_t 表示第 t 期技术投入；K_t 表示第 t 期的固定资产投入；L_t 表示第 t 期劳动力投入；γ、α、β 分别表示技术投入、固定资本投入、劳动力投入的产出弹性。以年鉴中的平均从业人员数表示劳动力投入，研究开发投资代表技术投入。

收集初始数据后，为了排除固定资产的经济折旧、折旧资产的处理价值等因素的影响，根据永续盘存法对数据进行初步处理，得到表 6-14、表 6-15。

表 6-14 白银市 2001—2015 年资源依赖型产业各项指标数据

资源依赖型 年份	工业总产值	从业人员 平均人数	固定资产投资	研究开发投资
2001	5329761	77668	2312800	14728
2002	4819115	70138	3535886.648	4414.963246
2003	5032336	70077	3896324.313	19474.93965
2004	16637449	72615	7082166.249	2846.968
2005	9838620	75317	8413452.441	872
2006	14117623	63239	10867871.78	1312
2007	16788615	61275	11932988.06	4420
2008	17582933	49548	18682677.18	162189
2009	16823598	51551	15336995.53	26585
2010	14403057	61155	11340565.51	4420
2011	20531750	87113	18141400.52	2252
2012	24230000	106100	19590000	15400
2013	18040000	107100	21140000	1176
2014	7498000	98680	22620000	1815
2015	2599000	90330	24340000	5867

表 6-15　白银市 2001—2015 年科技驱动型产业各项指标数据

年份 科技驱动型	工业总产值	从业人员平均人数	固定资产投资	研究开发投资
2001	2232485	8078	1401590	5095
2002	3853218	13592	2999545.534	40609.27487
2003	3089359	10508	2606050.116	29841.30824
2004	7227900	11465	3377320.579	29298.8
2005	3111855	9346	2315765.865	455
2006	5107948	12974	3897435.982	34242
2007	6958099	13280	5028157.7	48853
2008	4741532	8100	5204927.014	4643
2009	4631798	9587	6053996.074	430606
2010	304915	12458	700413.2781	49124
2011	8233064	17568	7259325.088	24876
2012	1536683	14924	5962000	43970
2013	1775825	12661	6211000	35710
2014	1670293	10923	6371000	18510
2015	2019761	20815	6612000	58430

注:1. 运用永续盘存法预处理数据时,经济折旧率、折旧资产处理价值分别取 0.096、0.04;2. 表中加
　　下划线的数据,同样由于数据缺失,从而根据其他年份的数据回归预测获得。

(二)有序度计算

由于有序度计算推演过程及模型公式在第四章第四节、第五章第六节已出现,此处不再赘述。详细过程请见第四章。

将表 6-3、表 6-4 的数据代入式(4.26)、式(4.27)、式(4.28),依次得到资源依赖型系统有序度(见表 6-16)、科技驱动型系统有序度(见表 6-17)、熵权值(见表 6-18)、序参量有序度(见表 6-19)。

表6-16　白银市2001—2011年资源依赖型系统有序度

年份 ＼ 资源依赖型系统	工业总产值	从业人员平均人数	固定资产投资	研究开发投资
2001	0.054393503	0.354399964	0.921501201	0.987477683
2002	0.026409407	0.501380997	0.97956255	0.921255445
2003	0.038094208	0.50257168	0.894776413	0.901740075
2004	0.674070212	0.453031459	0.988390204	0.729247322
2005	0.30148512	0.400290058	0.999509073	0.657166778
2006	0.535980314	0.636045293	0.997031918	0.524275833
2007	0.682354315	0.674381382	0.979534193	0.466606669
2008	0.725884023	0.903285309	0.091310759	0.101154623
2009	0.684271431	0.864187964	0.854747496	0.282301663
2010	0.551622486	0.676723709	0.979534193	0.498682522
2011	0.887483213	0.170039293	0.991739813	0.130461256

表6-17　白银市2001—2011年科技驱动型系统有序度

年份 ＼ 科技驱动型系统	工业总产值	从业人员平均人数	固定资产投资	研究开发投资
2001	0.222964398	0.932988237	0.895142075	0.990099462
2002	0.40751721	0.475569492	0.677877577	0.915057218
2003	0.320536611	0.731405439	0.731378806	0.937810107
2004	0.791792137	0.652016658	0.626513754	0.938956436
2005	0.32309823	0.827800176	0.770847027	0.999903858
2006	0.550393273	0.526836228	0.55579676	0.928511374
2007	0.761069906	0.501451728	0.402059262	0.897638091
2008	0.508669496	0.931163207	0.378024991	0.991054545
2009	0.496174089	0.807807808	0.262582128	0.090987753
2010	0.003472066	0.569641465	0.990476898	0.897065464
2011	0.906250128	0.145736897	0.09870072	0.948301885

注:序变量上限值和下限值分别取2001—2011年最大值和最小值的90%、110%。

表6-18　熵权值

	工业总产值	从业人员平均人数	固定资产投资	研究开发投资
资源依赖型	0.232870609	0.258957406	0.260321384	0.247850602
科技驱动型	0.240939077	0.254722125	0.248760804	0.255577994

表6-19　序参量有序度

年份	资源依赖型	科技驱动型	年份	资源依赖型	科技驱动型
2001	0.334738117	0.767097479	2007	0.445748952	0.640535458
2002	0.380144274	0.621822751	2008	0.614013443	0.707075763
2003	0.362465805	0.685156948	2009	0.56179052	0.413888857
2004	0.537462357	0.752685403	2010	0.519888524	0.621598862
2005	0.430004791	0.736015957	2011	5.332778741	0.522391445
2006	0.551487223	0.642375614			

将其数值以及表6-19代入式(4.30),得到表6-20、表6-21。

表6-20　参数计算结果

	α	K	β	a
资源依赖型	−0.0147	−0.8661	2.6012	−0.5152
科技驱动型	−0.2962	0.479	−0.5894	−0.1984

表6-21　平衡点稳定判别

平衡点	p	q	稳定条件
$p_1(-0.8661,0)$	0.130296019	−0.002131441	$\alpha_1 < 1, \alpha_2 > 1$
$p_2(0,0.479)$	−0.29981583	0.001071009	$\alpha_1 > 1, \alpha_2 < 1$
$p_3(0.8334, -0.01243)$	−0.388454491	−0.001440508	$\alpha_1 < 1, \alpha_2 < 1$
$p_4(0,0)$	0.3109	0.00435414	不稳定

（三）进一步讨论

由计算结果可知，α_1，α_2 均小于 0，说明资源依赖型产业及科技驱动型产业两者发展有序度的内禀增长率均为逆增长。在此对其分别讨论。

对于资源依赖型产业而言，其对区域资源禀赋的强烈依赖使之尽管稳定，但发展模式相对单一。在资源储量较高的阶段，通过持续地对矿产资源开发利用可以驱动区域经济增长，但在矿储下降的阶段，则会陷入发展乏力的困境。如若仔细观察其全阶段的发展轨迹，可以发现其呈现的大致是一个"倒钟型"的曲线，随着资源枯竭而陷入衰退，无法实现持续发展——内禀增长率为负。

而对于新技术驱动型产业，通过计算结果比较 α_1，α_2 的大小，发现当科技驱动型产业被导入到矿产资源密集型区域后，其自身逆增长的速度甚至比资源依赖型产业更大。为什么会出现这样的一种结果呢？

重新讨论研究所选取的目标区域甘肃省白银市，从研究所选取的时间边界来看，在此时期，该市在成为资源枯竭型城市之后开始努力推动产业升级，大量引进科研机构和技术密集型产业，重新合理规划产业园区。虽然这些措施对区域产业结构的变化起到了重要的推动作用，但是这种技术嵌入引起的产业结构波动依然存在滞后效应，系统中各要素的匹配程度还无法重新驱动区域经济增长。从收集的数据可知，在这一阶段，该市与技术发展水平相关的其他要素诸如人力投资、资产投资等未能与之协调，导致技术导向型产业的全要素生产率比较低下。也就是说其支撑产业生存的源动力未能发挥其关键作用，众多科技导向型产业尚处在萌芽阶段，高新技术的嵌入还不明显，未能形成规模效应。

进一步地，结合 K 值（环境最大容纳力）继续对技术导向型产业演化的轨迹进行分析，我们可以发现实际上，相对于传统的资源依赖型产业，技术导向型产业更能显示出发展的潜力。其 K 值达到了 0.479，远超出资源依赖型产业,这说明外部经济系统对其有序度的容纳力更高,几乎达到了整个经济系统容量的一半。换言之,技术导向型产业的发展空间较大,如若将系统内 u 与之相关联的其他要素(人力、资本等)一并优化,那么该类型发展模式就会呈现出持续增长的态势。

转观 $\beta_{21}(2.6012) > 0$、$\beta_{12}(-0.5894) < 0$,这说明在科技导向型产业入侵矿产资源密集型区域后,其发展会进一步限制资源依赖型产业的发展。这说明,在新科技产业进入到区域经济系统内的情况下,如果资源型产业未能有效消化新技术以强化自身的发展,则会由于资源储量的进一步下降而加速衰退;相反地,$\beta_{12}(-0.5894) < 0$ 说明资源型产业的进化对科技型产业的发展存有积极作用,这进一步表明了资源型产业自身的转型会提高科技型产业有序度。显然地,这支持了本文对 α_1,α_2 均小于 0 的分析——如果资源型产业自身实现转型,就意味着系统内其他要素向新科技产业倾斜,从而促进科技型产业更好地发展。

对于代表自抑效应的参数 a,资源型产业群是 -0.5152,科技型产业群是 -0.1984。这个结果与两者的性质是相匹配的,由于建立协同演化的模型的环境是资源密集型区域,且当地的发展模式基本上都对矿产资源强烈路径依赖,而我们设定的研究时间边界内目标区域已经进入到资源枯竭期。因此资源型产业的自抑效应更大,这就意味着在资源枯竭阶段,资源型产业必须依赖极大的产业有序度才可以正常生存。而科技型产业的发展路径与矿产资源的关联度不大,所以,无须较大的有序度即能适应区域经济系统,但这种适应并非被简单同化,而是从系统底层推动区域产业结构的变化。

五、分析小结

对矿产资源密集型区域内不同产业子系统进行有序度的分析,可以帮助我们描述该类型区域的产业结构变化趋势。通过构建区域经济系统演化模型,并选取甘肃省白银市作为研究对象,我们得出了该区域内不同产业子系统

的有序度,并进一步对该区域产业结构变化的结果进行了解释,主要表现在以下四个方面:

一是对矿产资源密集型区域而言,在资源枯竭阶段,无论是科技型产业还是传统资源型产业,其内禀增长率均为负值,即在不受其他条件约束的情况下呈现出逆增长的状态。

二是对矿产资源密集型区域而言,在资源枯竭阶段,实现由传统资源型产业向技术型产业转移的关键在于保证系统内其他要素向新技术产业倾斜。

三是对矿产资源密集型区域而言,在资源枯竭阶段,经济系统对新技术产业的有序度的容纳力更高,新技术产业的发展潜力更大。

四是对矿产资源密集型区域而言,在资源枯竭阶段,资源型产业必须依赖极大的产业有序度才可以正常生存;而科技型产业的发展路径则与矿产资源储量的关联度不大,无须较大的有序度来适应区域经济系统,从而推进区域产业结构的变化。

第七章 矿产资源密集型区域的可持续发展路径

——生态创新系统

第一节 技术创新、矿产资源开发以及新生态的建立

无论是矿产资源密集型区域,还是传统意义上的单一产业结构区域,它们的发展均会显示出同一特性。单一产业的发展势必会使大量的资源涌向该产业,使产业的发展呈现出单极快速的特点。这样选择的好处在于会将有限的资源投入核心产业,这会加速产业在一定阶段的发展;但同时也必须看到,一个主导产业的过分膨胀会使区域产业结构产生倾斜,使其他产业发展的空间被严重约束。一般来说,单一产业结构的区域往往是在从无到有的过程中建立的,一个人口相对稠密、发展过程较长且较稳定的区域很难形成某个产业一支独大的效果,大部分都是各个产业发展随时间推移略有起伏,除了严重不适应时代发展的产业被历史自然淘汰或升级之外,绝大多数产业会保持一个长期尺度下的稳定发展。

严格说来,矿产资源作为经济发展的核心力量的时间并不算久。直到最近三百年左右,随着产业革命的爆发和科学技术的发展,经济主导产业的第二

产业对矿产资源的依赖才显示出与时俱增的特点。尤其是进入20世纪以来，几乎所有的战争和国际争端都围绕着矿产资源来爆发。几乎所有的国家都把矿产资源作为绝对核心的国家利益的体现，矿产资源产区成为炙手可热的区域，成为国家经济增长的先导地区。最为著名的例子是德国的鲁尔地区，鲁尔区蕴含着大量的非金属矿藏，特别是煤炭储量特别丰富，且20世纪德国现代工业的开端就是以鲁尔区的兴盛为标志的。由于鲁尔区拥有优越的资源禀赋，大量工业在鲁尔区布局，而优良的交通条件意味着可贸易品的增加和规模效应的涌现，低成本的矿产开发和工业制造使德国经济高速增长。综合国力进一步增强，鲁尔区大大超越了同时代其他区域的发展水平，这也间接地导致了两次世界大战的爆发——现代战争的竞争基础是国家的工业水平。

一、技术创新

人类在依赖劳动力密集的第一产业向依赖矿产资源的第二产业的演进过程中，某一个要素发挥了极其重要的作用，这就是技术。我们知道，钢铁冶炼技术的革新是现代建筑产业的基础，在19世纪后半叶之前，钢铁存在性的体现是其冷兵器时代的武器工业的支柱，极低的良品率使制作成本居高不下，更遑论用于民用产业。而随着贝赛麦炼钢法的发明，人类发现可以通过提高矿产品的燃烧效率来提升粗钢的冶炼水平，而通过技术的扩散，大规模生产的钢材的生产成本大幅下跌，帮助钢产品进入国民经济的各个部门，在市场的控制下，钢材成了城市发展的基石。这个故事说明了矿产品的重要性，矿产品是冶炼工业的重要原材料，控制诸如煤炭、石油或者天然气这样的燃烧原料，就是控制了现代制造业的发展。这不同于在马尔萨斯时代对于土地资源的崇拜与渴求，人类发现我们可以通过对矿产资源的利用提升经济增长。诚然，现代工业的增长远远超过了传统农耕时代的劳动生产率，这无疑是矿产资源的胜利，它把人类的目光从争夺耕地的低水平讨论中引入对地下资源的竞争性掠夺，但同时我们也必须看到,矿产资源利用效率的核心不是重复农耕时代的生产关系与要素集合,而是通过一种全新的力量来实现——创新。

创新作为一个人类自发的社会活动,整个人类的历史可以被看成是一部创新的历史。我们可以在历史教科书中的每一个角落看到创新的身影,诸如耕种技术、面粉的发明和防腐技术的运用,这些新技术的主要诉求是保证生产资料的完整性和食品的可获性,是一种人类渴求生存的本能表现。人类相信,如果可以在有限的土地资源上养活更多的人,那么这些新技术的发明和使用就具有极其强烈的现实意义。这种思潮主宰了东方和西方世界超过 3500 年,大量的非文化艺术发明和创造集中关注人类生存这一主题。作为一种非主动行为的创新活动与其他的诉求和新技术领域缺乏足够的沟通,我们可以看到,在产业革命之前的创新行为比起产业革命之后的创新活动更加显示出独立的特性。

在进入产业革命洪流的历史征程中,创新开始脱离原本孤立的状态,同时,随着科学方法论的完善,创新不再是一种感性驱动的主观活动,慢慢开始向一种协作的、系统的、认识论和方法论完备的集合体的方向发展。自罗吉尔·培根(Roger Bacon)以来,大量工作者围绕着他的实验法开发出了成系统的创新工具,随着笛卡尔(Rene Descartes)、弗朗西斯·培根(Francis Bacon)等人的持续工作,创新活动已经完全脱离了启蒙运动之前严重依赖个人的精神感悟与偶然发现,一种成熟的、逻辑严密的、依赖于实验的创新方法开始在人类创新活动中扮演唯一的角色。除了对制造业发展的渴求而形成的机械工业之外,地质学作为一门严谨科学渐渐受到主流学界的重视。

二、矿产资源开发

地质学是一门复杂的科学,它的方法论体系在最近不到两百年才被建立起来,但是它的重要性不言而喻。在矿产资源对工业的高度支持还不明显的时代,地质学是一种西欧上流社会纨绔子弟的游戏,是一种纯粹依赖个人兴趣和无知觉好奇驱动的研究范畴。直到找矿技术随着地质学理论体系的形成而高速发展的时候,人类才发觉矿产资源对现代工业的驱动作用如此之大,依托于相对成熟的地质学理论体系,大量创新活动围绕其开展,新技术的引入大大提高了矿产资源开发利用的效率,同时也为制造业、建筑业等下游产业的发展提供了可能。因此,从严格意义上来说,矿产资源区域在彼时事实上是新技术运用与创新活动的"温床"。

三、新生态的建立

一个全新的生态被建立了起来,其间重要的角色除了矿产资源本身以及劳动力之外,技术创新活动被赋予了非常重要的位置。换言之,缺失了技术创新的本色,矿产资源开发利用和区域的持续发展是不完整的。这看起来很好理解,无论是对制造业而言,还是对矿产资源产业来说,一个剥离了技术的增长方程是难以解释 20 世纪后半叶这种高效的增长趋势的。但是对于这三者之间的关系的回答,远比认清这三者对于区域或产业发展的支撑作用来得重要,或者说,在这个复杂的生态之中,到底什么决定了系统各要素之间的关系?什么才是驱动这样的系统运动才是问题真正的关键。

第二节　技术流动与矿产资源密集型区域发展

一、技术流动

人类是真正健忘的生物。在一切都顺利、平静的情境下,任何可能危及这种顺利和平静的潜在风险都会被人类选择性地无视。

关于鲁尔区,我们很容易发现,在 20 世纪的前半叶,矿产开发水平的提高呈梯级增长,而开发利用水平提高振兴了以矿产资源作为原材料的重工业的发展。大量资本涌入该区域,在此类型的区域,资本获利的速度远远超过国家中央银行对货币存量的调节速度。财富的激增使鲁尔区迅速崛起,在那个时代,创新和冒险是社会的主流,从没人去关注地表下那快速减少的矿石的命运何去何从。

鲁尔区的高速发展带来的滚滚财富没有让身处其中的人觉察到风险的临近。市场资本对地质科学发展的盲目信心忽略了矿产资源开发速度远远超过它再生的速度这一客观现实,甚至地方政府也没有关注过这一问题。资本冲入鲁尔区的产业之中,在20世纪50年代末期,携第二次世界大战后经济腾飞之势而高速发展的鲁尔对有可能崩溃的未来一无所知。

矿产资源严格意义上来说,是一种不可再生的能源。矿产资源的形成机制极为复杂,并且成矿时间要经过数以百万年,人类几乎无法通过一种循环利用的方式来减缓其储量下降的事实。为什么人类社会在最近150年的发展超越之前4500年?最重要的就是通过漫长历史积存下来的矿产资源为经济社会的发展提供了最有效率的支持。在工业化高速发展的时代里,矿产资源作为机械生产的引擎推动了一次又一次的技术革新,同时技术的更迭也为矿产资源开发利用效率的提升带来了足够的空间。

但无论如何,即便是最伟大的技术推动也无法改变一个事实——技术的增长仅能减缓矿产资源消耗的速度,却无法完全解决矿产资源必将走向完全耗竭这一历史难题。虽然我们的科技水平的增长是呈几何梯数增长的,但是我们对于矿产资源的消耗比这个还要快,在人类科技实现短期重塑矿产资源或在外太空找寻到矿产品持续供给的解决之道之前,我们必须考量目前这种用度强度对人类社会破坏的潜在的可能性。

二、矿产资源密集型区域发展

回到对鲁尔区的讨论过程中。鲁尔区毫无疑问是20世纪欧洲工业文明发展史上最璀璨的那一颗明珠。它的伟大在于开启了矿产资源、工业社会与技术创新之间的合作模式,以及便利的物流通道和充足的劳动力。鲁尔区的发展得益于矿产资源的开发,同时也得益于这个技术创新爆炸的时代。

不仅仅是鲁尔区,在 20 世纪,全球的矿产资源密集型区域在工业高速发展的羽翼之下都实现了快速的发展,这种发展是技术与资源的高度融合的结果。在中国,东北和西北广袤的土地下埋藏的矿石让建立在戈壁之上的城市们焕然一新,甚至被生生地从荒原上创造了出来。边际成本的快速下降与丰厚的利润吸引了大量淘金的劳动力在此冒险,就像 19 世纪末美国西部的"Golden Rush"热潮,人们对矿产地的开发很快被一种"人定胜天"的狂热所主导,甚至没有人去关心过这热潮过后残余的片段回忆。

比人们想象的还要快,矿储下降所带来的经济增长失速压迫的矿业城市管理者几乎喘不过气来。鲁尔区作为全球转型案例中的佼佼者,它的转型路径被全球大部分的矿产资源城市用来学习,但是成功复制鲁尔的例子却屈指可数,像日本东北部的夕张,中国西北的玉门市都以失败告终。导致这一现象的根本原因在于作为一种"储蓄"的矿产资源是有限的,而围绕其展开的产业布局的生命周期也是可以预期的,矿产资源产业从来都不是一个可以实现永续发展的产业类型。

从人类经济发展的历史可以看出,人类社会生产形态和产业结构的变化从来都是由第一产业、第二产业向第三产业演进的方向来发展的。向更高层次的产业类型迭代从来都是由技术在产业组织内部的密度来决定的。矿产资源产业作为现代工业的重要组成部分,其产业技术密度事实上是在发展的过程中不断增长的,但是由于矿产资源本身的不可替代性以及其突出的产业集中度,极容易在发展的过程中陷入单一产业的格局。根据本书的内容可以发现,越是产业结构单一的区域,其技术改变产业规模和产业有序度的难度就越大,矿产资源产业实现可持续发展的阻碍正在于单一产业结构对产业经济本身的伤害。

把矿产资源产业作为唯一经济驱动源泉的地区,矿产资源密集型区域极易陷入发展的困境之中。由于产业结构的单一性和外部市场波动的敏感反应,矿产资源密集型区域的发展不容易通过产业自身的内聚效应来实现一种稳定的、可持续的道路。通过观察我们可以发现,大部分的矿产资源密集型区域都会把产业转型这一种目标的赌注压在接续产业的培育上,无论是来自地方政府还是矿产资源型企业,往往认为"烧冷灶"才是对于地底埋藏宝藏的尊重。就生态环境的关注和对某种水平开发利用效率的向往,使矿产资源密集型区域往往容易在发展到矿产枯竭的阶段做出错误的判断——降低资源环境承载力是该类型区域唯一的脱困之道,但如果这种判断是正确的话,像前述的夕张和玉门就不会陷入如此尴尬的境地之中了。

像鲁尔区这样成功转型的矿产资源密集型区域还是太少了,归根结底,鲁尔的经验并不能生搬硬套在中国的矿产资源型城市之中。回首 50 年前鲁尔启动转型之初,我们可以发现其时鲁尔所面临的外部和内部环境的动荡要远远小于今天我国的矿产资源枯竭型城市。便捷的陆路和水路交通禀赋、发达的铁路运输和邮政系统、储量尚可的资源开采阶段和区域应用型科研机构的普及,这些都是我国矿产资源城市所不具备的条件。

我国矿产资源大开发大体上是从 20 世纪 50 年代开始的,大量矿业城市的产生并不完全遵从于经济社会发展的阶段所限,很多城市是因矿而生,这就说明了我国的矿产资源型城市的产生过程缺乏技术、资金和劳动力的流动过程,三者之间的自洽效应也很难在城市发展的过程中被观察到,更多的时候城市像积木一样被搭建而成,而非技术、资本和人力共同作用的结果。当要素的配置效率不能在区域经济增长的过程中表现出来,一个区域的经济发展很难稳定和健康。

在一个缺乏技术流动的经济系统内部,很难期待其可以通过自身的调节来稳定敏感、波动的外部经济系统,而固化、封闭的单一型产业结构也在无形之中阻碍了新技术在经济组织之间的流动,注定在矿产资源密集型区域的发展过程中是一种无法挽回的悲剧式结局。

第三节 新技术的嵌入和增长的极限

一、技术与产业

为了避免这些矿产资源城市在转型的阵痛中沉沦,我们必须重新讨论技术这一关键要素在区域经济增长中扮演的重要角色。

新技术是经济增长的重要引擎,唯有新技术才可以重构在旧产业结构内部出现的低效配置方案。虽然这种论断几乎无人怀疑,但是如果要设计一种新技术参与旧产业发展的方案则并不是一件简单的事情。在这里,理解技术本身传递的过程尤为重要,因为技术的传播和转移的路径从来都不是预先设计好的,它都是通过一连串难以被观察到的复杂机制来对产业组织实施深远的影响。如果把技术在某产业系统内部传播的过程看作一个随机的、偶然的过程的话,在这个过程中,几乎所有的交互都可以被当作一种随机自洽行为的体现。同时,由某种技术驱动的发展模式究竟会对区域经济系统造成怎样的影响也是一个难以立即给出结论的问题,尤其是当旧产业本身就已经在其生命周期的末期挣扎,很难想象技术究竟如何发挥作用。

矿产资源密集型区域的发展必须分为几个阶段来单独梳理,在不同的阶段,要素之间配置的方案也是大相径庭的。在其发展的大部分阶段里,技术对经济增长曲线的贡献很难用准确的数值描述出来。新技术在矿产资源密集型区域的发展过程中,只需等合适的时机与其他要素之间产生化学反应就能够促成经济和社会的健康发展。但在真实的世界里,天才的发明家也很少会对自己的技术创造有清晰的时间表和路线图,市场更是难以在需要新技术产生的阶段便唾手可得能改变旧格局的重要发明。

而这正是问题的关键:我们究竟应当把新技术的产生看作一种预设,还是一种偶然?

技术本身是没有改变世界的功用的,只有结合了具体的产业,才会创造出极大的效果。换言之,缺乏产业对新技术的吸收和传递,新技术本身并没有特别的作用,在技术与产业结合并创造出结果之前,并没有人可以未卜先知,了解到技术与其他要素之间的效率问题。技术是不具备方向性的,并且它的产生也极具偶然性,而其与产业碰撞并实现共融则更是一个概率极低的结果。大量的技术在与产业交互的过程中便被选择性地淘汰掉了,只有适配性极高的新技术才可以在巨浪中生存在下来。

从另外一个角度来讨论这个问题,我们可以看到,技术既不会在某种预设的情境下进入到传统产业的内部,也不会一味地迎合新兴的产业组织,它能否作用于不同的产业主体是一种偶然的,或者说是受主体之间内部机制的主导。对于矿产资源密集型区域而言,新技术究竟是帮助行将就木的矿产资源开发利用产业重振雄风,还是帮助新产业埋葬低效的旧产业,是决定区域经济系统究竟向哪个方向发展的关键问题。新技术的产生和传播不是预先计划的结果,它的波动呈现出非线性的特征,你可以判断出新技术是否对区域产业结构施加了影响,但你却很难约束这种变化朝着你预先设定的方向演进。通过本书前述的研究结果,我们可以发现,新技术往往会导致区域产业结构的有序度和规模发生变化,这种变化往往被看作成产业结构是否真正实现转型的征兆——当新技术激活了传统产业,扫清了制约传统产业发展的低效症结,或是新技术带动了新产业的发展,取代了原本处于核心地位的传统产业。

二、矿产密集型区域的新技术嵌入

在矿产资源密集型的区域,新技术带着全新的要素配置方案犹如一阵春风,深深地影响到传统单一的区域产业结构。这种变化的影响是深远的,因为它会影响到区域选择走怎样的一条路——是延长现有产业结构的生命周期,还是创造全新的事业。这对于区域地方政府、矿产资源型企业、新兴企业和科研机构都具有非常重要的意义,它会影响到政府的政策情境、市场的投资偏好，以及新技术在产业组织中的产业化进度，是实现区域可持续发展目标的关键所在。

这像极了病毒对宿主的侵入过程。

新技术在矿产资源密集型区域经济系统内部并不是一种温和的存在，而是向病毒一样入侵到区域产业系统内部的企业（宿主）之中，通过与宿主之间的信息交互和共融作用来适应区域产业经济系统的波动。病毒入侵的过程实际上是病毒与抗体之间的博弈过程，而新技术嵌入区域经济系统实际上也正是新技术、新产业与传统产业之间的对抗。若对抗成功，新产业取代旧产业；如若失败，则传统产业继续支配矿产资源密集型区域的产业经济系统。

如果把新技术的传播看作病毒入侵的结果，那么所有新技术的嵌入则不会是一个"无限"的过程。众所周知，病毒入侵宿主的过程是一个动态波动着的过程，宿主体内抗体的数量多的话，病毒入侵失败；而抗体过少，病毒数量激增，而养料的缺乏也一定会影响到病毒成活的数量。因此，入侵区域产业经济系统内部的新技术的数量一定是有一个上限的，那么由此可见，区域经济系统的增长也不会是无极限的。

三、增长的极限

本书在研究中引入了 Logistics 方程，这是由于 Logistics 方程描述了一个存有上限和下限的系统，它意味着所有的增长和衰退都有其极限的位置。为解释这种极限存在的原因，Logistics 方程用一个自抑项来对其进行描述——自抑效应的存在是增长和衰退存有极限的原因。本书通过对产业内部的有序度、数量规模来分析区域实现技术嵌入的效果，均是采用 Logistics 方程来描述其间的波动的。

增长的极限寓意着可持续发展目标的不可达成性，我们不可能在一个存有极限的约束条件下强调某个经济系统的永续发展，但是我们可以在另外一个程度上来定义区域经济系统能否重拾信心。不同于 150 年前来自马尔萨斯危言耸听版的预言,我们的世界在被我们无度开发摧毁之前也许就已经达到了增长的上限,无论对经济系统内部各要素的投入如何增长,在突破一个度之后,配置效率都会重归于零——超越了上限的投入不会对区域经济系统有任何帮助。而在这个前提之下,我们可以对影响区域经济发展的若干投入要素进行分析,分析的结果可以进一步帮助我们了解到在这种自抑效应的约束下我们在哪些要素的投入上失效,这对于地方政府实现区域可持续发展有着重要的政策意义。

相信增长的有限性和技术的嵌入,这是解开矿产资源密集型区域可持续发展魔咒的关键钥匙。通过分析在自抑效应约束下各投入要素配置效率的高低,可以帮助地方政府制订更为合理的投入和经济刺激计划,而对新技术嵌入方式的探索可以更好地解释区域产业结构有序度和规模的变化趋势,这些都是实现一种新的区域创新系统的关键。

第四节 生态创新系统

一、技术嵌入的自抑效应

大量关注区域生态创新的研究都把目光聚焦在企业、政府和中介机构三者之间的互动上。诚然,这三者是区域经济系统持续发展的关键角色,但是它们之间究竟是通过什么样的互动机制实现技术在区域经济系统内部的流动还缺乏足够的文献研究支持。真正让矿产资源密集型区域的地方政府感到无助和头痛的地方是如何运用新技术撬动原本显得僵化的区域创新体制。传统产业在陷入滞涨的危急时刻,如何激活死气沉沉的产业组织成为政府和中介机构必须回答的问题。毫无疑问,企业的发展除了受许多要素的影响之外,市场的波动也会为企业带来影响,企业究竟应该迎合市场还是痛下决心来升级技术以抵御市场波动是矿产资源企业不得不面对的"伊壁鸠鲁二难选择"。

真正地令企业失去前进勇气的往往不是困难的市场环境,而是技术和资本对行业或产业的抛弃。矿产资源密集型区域的产业布局严重僵化,并且其单一的产业结构对技术产生一种"天生的排斥"。尽管技术有可能向其下游产业侵染,但是整条产业链始终无法摆脱对矿产资源的依赖。在中国,几乎所有的矿产资源枯竭型城市都在资源的魔咒和技术的拒绝中艰难前行,事实上的窘迫局面根本无力支持类似的城市形成区域创新的联动机制。地方政府和企业往往只能够继续在矿产资源开发利用这条不归路上渐行渐远。

究竟是为什么,新技术不能在这样的区域实现传播,不能在资本及劳动力的双重抛弃下奋力提升区域经济发展的信心? 如若想探寻矿产资源密集型区域可持续发展的路径,这个问题必须回答。

通过实地调研和观察,事实上矿产资源枯竭型城市的地方政府在区域技术投资和鼓励创新方面做了大量的工作,但是这些新技术的投入难以驱动区域经济增长。这才是问题的关键,新技术或者说创新并不是简单地通过投入就可以进入到产业的内部发生化学反应,也就是说,新技术的投入必须通过某种我们目前并不完全了解的机制来实现对区域产业组织的影响。上一节讨论了新技术对区域产业系统的影响方式,就像是病毒侵入宿主一样,新技术在宿主群内部通过病毒感染的方式扩散。而病毒能否成功侵入宿主,最关键的是阈值究竟应当如何观察和获得。换言之,病毒和宿主之间数量的变换应当是一种此消彼长的动态波动,这就是技术嵌入的自抑效应。

二、生态创新系统的建立

本书在对新技术能否成功嵌入区域经济系统的问题上,选取亥维赛函数作为阈值来讨论技术对于经济系统的侵染方式。亥维赛函数就如同一个阀门,把符合标准的新技术放入区域经济系统的内部,在自抑效应的约束下,新技术不会无限制地扩张,而是会与产业组织、资本、政策等主体进行交互,实现嵌入以改变区域经济系统的产业结构。这是以一种全新的视角来审视区域创新系统,它的关注点并不在于创新是如何产生,或者说这种创新是如何与系统内各主体之间产生交互行为。它所真正关注的是为什么新技术可以突破传统产业的阻碍,侵入区域经济系统,通过技术的传播来实现区域产业结构的升级,最终实现矿产资源密集型区域可持续发展的目标。

与传统对区域创新系统进行的研究不同,本书始终把区域经济系统内部企业数量和有序度的波动、要素之间的配置效率等问题看作一种非线性的表达,而非稳定、确定的描述。正如同经济不可能永远稳定地发展,经济学家们甚至很难预测到三个月之后经济系统的波动轨迹,大量的数据噪声被稳定的回归模型遮掩,技术对不同类型产业组织的作用方式似乎也被预先确定下来。

但最重要的是,我们几乎没有一次可以猜到故事的结局。

区域创新系统的内涵需要添加进非线性理论的色彩,这样才能对矿产资源密集型区域这种类型区域的发展给出一个令人满意的回答。在新技术取代既有技术的过程中,区域产业结构的波动会超出所有的预测结果。大量不确定和不可控的经验证据表明,实现区域的可持续发展并非简单地重复其他成功区域的经验,而是应该让新技术自己选择一条拥抱区域产业经济系统的道路,这是对传统区域创新理论的一种视角转移,也可被称为是一次艰难的"再思考"。区域创新系统的决定性力量不再被看成是一种稳定、高效、专注的力量,而是一种充满不确定性的、穿越某种极限的可能性。就如同生态环境中变化游移着的病毒,新技术也在不断地试探过程中接近能与之共融的宿主,从宿主行为结构的底层来改变宿主的发展趋势,最终引起整个宿主群的改变——新技术颠覆旧产业结构的方式。在这种模拟生态环境视角下的区域创新系统被更加深刻地认识,尤其是在对于单一产业结构的区域(矿产资源密集型区域)而言,这种全新的解读方式具有更强的解释力。它是一种全新构成的创新系统,在各种约束条件的制约下,系统内部的各要素之间形成一种自组织运动的方式,以结合成具有全新特性的区域创新系统——生态创新系统。

如何真正理解生态创新系统的真正路径和含义? 图 7-1 可以较好地回答这些问题:

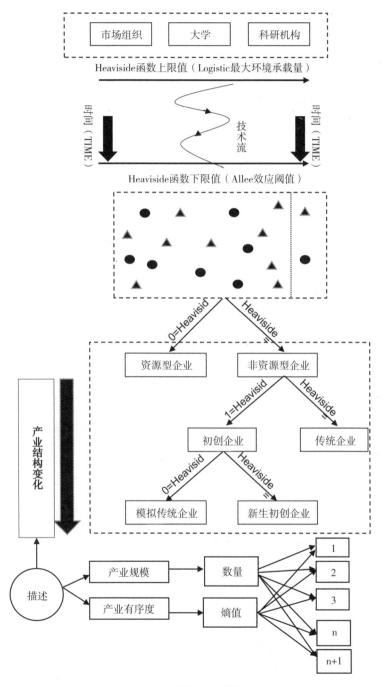

图7-1　生态创新系统指示图

科研机构和大学是新技术诞生的"温床",但是这些新技术之所以会被这样的机构创造出来,更加重要的是这些新技术是市场需要的具体反映。任何新技术的创造和传播都不能离开市场组织、科研机构和大学之间的信息互动。新技术能够穿越阻碍进入到区域经济系统内部,最为关键的是这些新技术可以冲破某种阈值来影响区域产业系统内部的各个主体,进而使这些系统主体数量波动呈现出一种强自抑效应——任何类型主体数量的波动和整个经济系统的增长都不会是无极限的,这是所有问题的重中之重。

既然系统内部主体的数量在作为入侵病毒的新技术的影响下不会呈现出无极限的增长方式,那么,区域经济系统内部的熵的波动也一定符合这样的要求。熵的数量是经济系统有序度的重要反映指标,熵的数量越大,系统距离稳态也就越遥远。但在一个以单一产业结构为主的区域内,系统的稳定性越高,证明其发生产业更迭和升级的可能性也就越低。矿产资源密集型区域如若想实现可持续发展的目标,在现有基础上进行技术的改造和产业的适配,或向下游产业链延伸都不是长久的解决之计,唯有通过新技术的嵌入,改变现有的产业结构才能实现可持续发展的目标。因此,我们通过对区域产业结构系统内部企业数量的变化和区域经济系统有序度的分析可以有助于我们理解矿产资源密集型区域发展的可持续能力。

对于矿产资源密集型区域而言,各种投入事实上是衡量区域发展平衡程度的重要指标。在 Logistics 方程的约束条件之下,我们知道自抑效应的存在会让各种投入要素之间维持平衡以保证系统的稳定性。考察不同投入要素在整个区域经济系统内部的贡献能力,我们可以发现要素配置的效率,而考察矿产资源密集型区域经济系统的有序度和企业数量的波动能够描述区域经济系统产业结构的变迁和演进。而结合这两者,我们就可以从新技术对区域投入要素配置方案、产业结构转型水平等角度重构技术与区域可持续发展目标之间的影响路径,明确制约矿产资源密集型区域可持续发展目标实现的关键因素。

第八章　研究结论及政策建议

第一节　研究结论

　　矿产资源密集型区域的可持续发展问题，无论是对政府、企业、学界，还是身居其间的居民来说，从来都是一个难解的问题。从全球的角度而言，没有哪一个城市或区域可以在资源枯竭的状况下全身而退。从西方到东方，我们可以寻找到非常多的例证来说明资源耗竭对城市文明吞噬的过程，例如日本的夕张、中国的玉门。当然，我们也可以找到一些看似自救成功的案例，诸如法国的洛林和德国的鲁尔。但是，当仔细对这些城市进行考察后，我们会发现不论是困难转型的自赎还是宿命般的沉沦，我们都无法得到观察对象真正的可持续发展道路。

　　我们也曾试图为这些区域嵌入全新的产业结构，但这种嵌入并不是在现有基础上的改变，而几乎是一种摧毁后的重构。这是一种悲观主义的论调，认为之前区域经济系统构筑起的产业结构不能使区域的发展在极为有限的水平上实现。有一些地区在这种假定水平上实现了区域产业结构的完全更迭，例如法国的洛林和德国的鲁尔。但是从全球的视角来看，这种成功经验的复制并不多见，更多的情况下，我们看到的是大部分的矿产城市深陷泥潭而无法自拔，其中包括中国大部分的矿业城市。

有很多学者对这个现象进行了解释,从很多的角度,得到了一些有价值的结果。之所以我们没有实现真正意义上像鲁尔和洛林这种形态的转型,关键是由于我国矿产资源密集型区域的产业构筑历程和国外的矿业城市诞生的轨迹大不相同。国外的资源密集型区域和其周边城市的产业结构的联系密度并没有我国的大,更多时候,工人通过通勤电车到矿区作业,收工之后再回到城市生活。而我国的矿业城市往往是因矿产储存的位置而完全新建,随着资源的枯竭然后消失,很难在原有的基础上实现转型。这是由于矿业城市的产业结构极为单一,难以承受产业结构转型的重压,因而对于区域的决策者而言,异地建市反而成了成本较低选择。这种判断,使我国大部分的矿业城市呈现出一种因矿而兴,因矿而废的状态。

结束这种悲观主义的发展模式,为矿产资源密集型区域的可持续发展提供驱动力以保证其不会在资源枯竭之后陷入全面的衰败,我们应当努力寻找实现区域产业结构平稳变迁的路径。基于此,本书以探寻矿产资源密集型区域可持续发展路径为出发点,通过理论分析、实地调研、数据计算,得到相应的结果,具体结论大致如下:

一是矿产资源密集型区域可持续发展的标志在于区域产业结构的变化。

对于矿产资源密集型区域而言,实现永续发展的最明显的标志即是原本单一依赖于矿产资源用度的产业结构向着不过分依赖资源的产业结构发展。通过技术创新,我们发现,区域经济系统中各要素的配置发生了变化,伴随着这种变化,产业结构也发生了改变,这种改变帮助区域走上了一条与以往发展方式完全不同的道路,因此,我们认为矿产资源密集型区域的标志在于区域产业结构的变化。

二是矿产资源密集型区域产业结构的变化由产业规模和产业有序度的变化来定义。

矿产资源密集型区域产业结构演变的过程中,我们可以发现其产业结构和产业的有序度在发生明显的变化。本质上,我们认为经济增长的实质是产业结构从波动着的、无序的状态向有序的、稳定的状态转移。同时,在这一过程中,必然伴随着产业规模的变化,对于矿产资源密集型区域而言,这种变化的核心就是产业内企业数量的变化,因此,我们认为矿产资源密集型区域产业结构的变化由产业规模和产业有序度的变化来定义。

三是矿产资源密集型区域经济系统内各要素的变化趋势会影响资源产业的发展。

本书通过分析发现,在矿产资源产业发展的过程中,其内部的各种要素配比的水平是持续变化着的,不同的投入比例对产值的影响非常重要。通过进一步的分析,我们发现导致产业发展效率低下的关键在于投资和人力的过剩,而技术投入却严重不足,因此,我们可以推出,矿产资源产业发展的局限在于各要素投入效率低下。

四是要素的投入效率会制约区域经济系统的平衡。

通过对大庆、大冶和白银的案例分析,再进行区域经济系统各要素的投入对区域经济系统支持度的分析,发现在上述地区中,技术投入、贷款总额、固定资产投资、外商直接投资(FDI)等要素的贡献率较大,其他要素的贡献率不足。这就说明,在一个存在内禀增长的经济系统中,对于区域经济系统而言,如何改变以支持传统产业发展为主的要素配置效率非常重要,保证区域经济的稳定增长要让投入向新技术产业倾斜,消除阻碍经济系统内部产业转型和升级的投入要素。

五是过高向传统产业投入会制约区域经济系统产业规模变化效率,降低区域产业结构的有序度。

大量的贷款总额和技术投入会提振区域的经济增长能力,但是其配置效率才是凸显其转型是否成功的关键。从大庆、大冶、白银三个案例的分析来看,投入要素的聚集方向对矿产资源密集型区域的转型路径影响明显。将投入要素聚拢到传统产业的话,区域产业结构的有序度就会失衡;反之,将投入要素向新技术产业倾斜,区域产业结构的有序度就会提高。

六是外部的投资会刺激新技术在区域经济系统内部的流动,加速区域产业规模的变化和升级。

从白银的案例可以发现,外商直接投资对区域经济增长水平的影响显著。白银市是三个案例中产业规模变化水平和区域经济系统有序程度最高的城市。在它的各要素投入贡献率对比中,我们发现外商直接投资是其区别于其他两个城市最明显的地方。由此可见,外部的资本和技术投入有利于区域产业转型目标的实现,可以加速其变化和升级的进程。

七是实现矿产资源密集型区域可持续发展的关键在于新技术在产业内部发挥的效用。

通过本书第五章、第六章和第七章的分析,我们发现新技术对区域产业结构的变化起着非常重要的作用。新技术企业的数量和规模对整个产业结构有序度的影响是显著的,但是通过第六章的分析我们发现,在目前我国资源产业发展的过程中,恰恰最为低效的就是在技术投入这块,这就说明了我国矿产资源密集型区域在发展上裹足不前的关键原因正是技术对其经济系统影响水平过低导致的。因此,本书认为,实现矿产资源密集型区域可持续发展的关键在于新技术在产业内部发挥的效用。

八是生态创新系统的建立是矿产资源密集型区域实现可持续发展的关键。

生态创新系统的核心在于如何看待技术在区域经济系统内部的流动和新技术是如何作用于传统的产业结构的。一种否定无限增长的认识论将技术的进入、共融和传播过程看作在某种约束条件下非线性的波动,在这个过程中,传统的产业结构开始分裂,区域经济系统由单一的发展模式向更为复杂的模式转变,从而实现矿产资源密集型区域的可持续发展。

第二节　政策建议

根据上述研究结论,针对矿产资源密集型区域的可持续发展问题,本书特提出以下八条政策建议：

一是拓宽投融资渠道，加大对新技术产业的扶持力度，是实现矿产资源密集型区域可持续发展的必要条件。

第四章、第五章和第六章的研究发现，区域经济系统内部的各投入要素对于区域经济发展水平的贡献水平不一。对于大庆、大冶和白银三个城市来说，投入要素贡献率排在前三位的要素并不全部相同，但是也存在共性。在上述三个案例区域中，贡献率较高的要素中均有技术支出和贷款总额，这就可以发现，无论区域经济水平的增速如何，这两个要素都起着至关重要的调节作用。

银行的贷款是支持区域经济系统内部产业组织实现再生产和扩大规模的关键，但是仅从贷款总额本身来看，是无法区分这些贷款的投入方向的。同时考虑到这三个案例城市在陷入资源枯竭的困境后所采取的新发展路径也各不相同，因此贷款总额所包含的内涵也是不尽相同的。

对于产业结构相对单一的矿产资源密集型区域而言，要保证区域产业结构的升级和优化，不但要加大对接续产业的培育，还要对新兴技术产业予以扶持。地方政府和银行应当通过政策或其他金融杠杆对新技术产业给予扶持，鼓励其在区域内部的发展，加速新技术在区域经济系统内部的扩散速率，以最终实现产业结构升级的目标。

二是优化固定资产投资策略，保证资金向新技术产业倾斜，支持新技术产业与传统产业协调发展。

从大冶市各投入要素对区域经济系统贡献率的分布来看，固定资产投资占据了非常显著的位置。我国自改革开放以来，各地的固定资产投资增长速度较快，较好地支持了区域经济的发展，但同时也必须看到，过度的固定资产投资挤压了新兴产业的发展空间。一般而言，投资新技术产业的周期较长，并且无论是市场培育，还是企业之间的合作渠道的完善都需要较长的时间和较大的资本、技术投入力度。因此，在政策走向和市场选择两方面，固定资产投资策略都倾向于投向见效较快，并且对其他产业拉动较大的基础建设项目。

特别是对于矿产资源密集型区域这样产业结构相对单一的地区,固定资产的投入方向极可能向地方主营及传统产业靠拢,很难保证对新兴和技术产业的支持。但是这样的投入模式反而容易将区域经济的发展挤向越发单一的路径。

对于区域政府而言,如何通过政策的指导来优化固定资产投资的效率,对实现区域经济的可持续发展具有非常重要的意义。单一产业结构发展的模式是一种危险性较高,对于外部市场波动反应敏感、脆弱的经济发展模式。矿产资源密集型区域的地方政府应当着力优化固定资产的投资策略,保证其向新技术产业倾斜,使新技术产业和传统产业能协调发展,帮助区域摆脱单一的产业结构。

三是降低传统产业在区域经济系统内部所占的比例,提升新技术产业对区域经济的贡献水平。

矿产资源密集型区域往往体现出一产独大的状态,由于资源禀赋的优越和前期区域产业布局的制约,选择围绕矿产品来布局产业链条和产业政策对于区域地方政府而言是一种最"经济"的做法。在矿产储量优渥的阶段,这种模式可以促进区域经济的高速发展,但在市场波动明显、矿产储量下降的阶段,这种战略布局和政策会使区域经济的发展陷入困境。

本书所选取的三个案例大庆、大冶和白银在进入资源枯竭阶段之前都表现出这种依赖于矿产资源开发利用的发展模式,无独有偶,在经历了高速发展的阶段之后,全部陷入了发展转型困难的泥潭。这种局面的出现,最大的原因在于传统矿产资源产业一直在区域经济系统中占有过高的比重。高比重的产业规模具有强大的向心力,区域内部流动资本和劳动力结构无形中会因这种高比重单一产业结构而出现变化,大量适配单一主体产业的劳动力和游动资本涌向该地区,使区域内部其他产业的发展举步维艰。由此可见,矿产资源密集型区域要想实现可持续发展的目标,必须改变现有产业结构单一、独大的局面,要进一步提升新技术产业对区域经济的贡献水平。

四是鼓励外部资本和新技术对区域经济系统的投入,优化区域产业结构和布局,提升区域经济系统内部产业组织的自洽能力。

白银市是本书选取的三个案例中,发展路径相对清晰、相对健康的一个。从白银市区域产业组织内部的有序度和规模变化来看,该城市是处于一个相对较稳定的转型过程中的。通过对白银市各投入要素对区域经济增长贡献的分析来看,作为一个较稳定发展的经济体,白银与大庆和大冶经济投入贡献率最大的差异在于白银市的外商直接投资值贡献较高,这说明外商直接投资对于区域产业结构的变化有着积极的作用。这种作用不但可以提振区域经济的增长能力,还可以对原本相对固化、单一的产业结构进行优化,加快新技术产业在区域经济系统内部的成长。

对于矿产资源密集型区域而言,实现可持续发展目标的根本手段在于改变原有单纯依赖于矿产资源产业和其延伸的下游产业的布局形态。加速新技术产业在区域经济系统内部比例的提高,改善区域内部的劳动力结构和产业结构,培育新产业的自我升级和造血能力,实现这些目标的关键在于加快新技术在区域产业经济系统内部的流动。地方政府应当通过政策上的引导,提升区域经济系统内部产业组织的自洽能力,并提高区域产业经济的活力。

五是提高区域经济系统内部产业组织的协同效应,加强传统产业和新技术产业的交互,并促进其形成战略联盟。

矿产资源密集型区域的形成是由很多因素导致的,不仅仅是最初的资源禀赋的约束,国家层面的宏观政策和市场的选择也十分重要。我国在新中国成立之初选择了在矿源地兴建城市的方式来将资本和人力在该区域聚集以发展矿产资源产业。这种模式虽然在期初的投入较低,经济回报见效较快,但是也有其弊端,城市的发展并没有经过各种产业之间的融合发展,而是在一张白纸上几乎同时建立起来。区域产业结构内部各产业组织之间的协同效应难以体现,计划性的产业战略替代了通过市场自发的选择而形成的产业布局,经济系统内部各主体间无法形成有效的呼应。

德国鲁尔区在矿产资源进入枯竭期之前便开始前瞻性的转型。其开发战略与我国在 20 世纪 50 年代实施的国家矿产资源开发战略类似,在矿源地附近兴建了大量居民区,区域的劳动力结构严重失衡,几乎所有的产业布局都是为了矿产资源的开发而形成。但在其转型的阶段,鲁尔区选择了新兴技术产业和矿产资源产业协同发展的策略,从 60 年代之后逐步降低矿产资源产业在区域经济系统中的比重,并进一步加强传统产业和新技术产业的交互。借助技术的转移和传播,逐步形成了具有特色的区域产业战略联盟。因此,我国的矿产资源密集型区域要想实现可持续发展的目标,也必须实现新兴产业和传统产业之间的协同发展。

六是运用政策杠杆,充分调节区域产业结构,保持经济系统内部各投入要素之间的平衡。

从本书所选取的案例来看,矿产资源密集型区域在投入要素方面,容易出现投入失衡的状态。一般认为,提振经济增长的动力关键在于投资、消费和贸易,对于矿产资源密集型区域而言,其投资能力和消费能力呈现出一种联动效应,这是由区域单一产业结构的现状决定的。一旦投资出现下滑,产业自身增长的内驱力也会下降,而单一的产业结构和单一的劳动力结构决定了产业增长一旦出现降速,区域的收入水平就会下降,同时区域的消费能力也会下降。这就有可能出现涟漪效应,导致区域经济增长失速。同时,我国矿产品的国际贸易争端不断,矿产品定价权的缺失和部分矿产品价格的内管控机制使我国矿产资源产业对于外部市场的波动非常敏感,区域经济增长的安全难以保证。

由此可见,要想保证矿产资源密集型区域经济的稳定增长,在现有产业结构水平下,必须通过一定的投资来保证经济增速的稳定,或者说,通过投资来进一步优化现有的产业结构和劳动力结构。这就要求政府应当通过政策杠杆来调节区域产业结构,保证区域经济系统内部各投入要素之间的平衡,进而优化投入效率,提升各个要素对区域经济增长的贡献水平。

七是通过职业技术教育、人才引进等途径改善区域内部劳动力结构,满足新技术产业发展的需要。

德国鲁尔区在转型之初,没有单纯地通过引入外部劳动力来稀释现有的产业密度,而是通过和中介科研机构的合作来兴建教育培训机构,通过本地劳动力的再教育和新劳动力的培养,成功地实现了区域劳动力结构的优化和升级。在 20 世纪 60 年代之前,巴登—符腾堡州并没有应用型科研力量和劳动力培训机构,在转型的过程中,大量专科院校和科研机构的建立,为鲁尔区的转型提供了大量的劳动力和专利。

对于我国的矿产资源密集型区域而言,大部分地区的科研机构都是围绕矿产资源产业建立的,而缺乏向新技术产业转移的技术储备,如大庆的东北石油大学,就是为了给大庆的石油产业提供技术和智力支持的科研中介组织。在产业转型的关键时期,如何突破原有的科研和学科布局,将新技术与区域产业组织相结合,就成为矿产资源密集型区域寻找转型路径的关键所在,因此,非常有必要通过职业技术教育、人才引进等途径改善区域内部劳动力结构,满足新技术产业发展的需要。

八是鼓励新技术产业与外部市场之间的合作,提高区域经济系统的抗压性,实现区域可持续发展的目标。

无论是矿产资源密集型区域,还是其他单一产业结构为主的地区,由于产业资源分布不均,其经济系统的抗风险性和抗压性并不高,区域经济发展的安全问题刻不容缓。新技术虽然可以改变区域产业结构,但是这种变化如果缺乏外部力量支持的话,并不能持续地为区域经济系统提供转型的动力。目前,大庆市、白银市和大冶市都建立了高新技术产业开发区,但各自内容大不相同。大庆市的高新开发区中的企业大部分都是石油开采和加工的下游产业,其发展目标是服务于大庆的主营业务。新技术可以较好地在区域产业系统内部流动,但是很难改变现有相对单一的产业结构。大冶市的转型依赖于传统产业和新兴产业共同发展,除了进一步提升钢铁企业的市场竞争力外,还通过并购等方式降低本地的开采压力,同时,大力支持食品加工、特色建筑、地质旅游等产业的发展,稀释原本密度过高的单一产业结构布局。白银市是与中国科学院等科研机构进行合作,通过技术转移等方式嵌入原本的经济系统之中,随着新产业的布局和与大学、科技研究机构的合作,使区域的产业结构和劳动力结构都发生了较大的改变。

因此,地方政府必须进一步鼓励新技术产业与外部市场之间的合作,提高区域经济系统的抗压性和抗风险性,以期最终实现矿产资源密集型区域可持续发展的目标。

参 考 文 献

敖荣军:《制造业集中、劳动力流动与中部地区的边缘化》,《南开经济研究》2005年第1期。

曹裕:《基于生命表方法的我国企业生存问题——以湖南省企业样本为例的实证研究》,《系统管理学报》2011年第1期。

曾刚、林兰:《不同空间尺度的技术扩散影响因子研究》,《科学学与科学技术管理》2006年第2期。

车峰、钟书华:《生态创新的"专利测度"方法》,《科技管理研究》2014年第5期。

陈军昌:《非线性产业或经济系统的演化(创新)分析》,江西财经大学2009年。

陈良文、杨开忠:《集聚与分散:新经济地理学模型与城市内部空间结构、外部规模经济效应的整合研究》,《经济学》(季刊)2008年第1期。

陈柳钦:《产业集群、技术创新与技术创新扩散》,《武汉科技大学学报》(社会科学版)2007年第5期。

陈蓉:《兰州—白银经济区高新技术产业集聚与区域经济增长关系的实证研究》,甘肃农业大学2014年。

陈涛:《德国鲁尔工业区衰退与转型研究》,吉林大学2009年。

陈晓红等:《基于生命表方法的我国企业生存问题研究——以湖南省企业样本为实证研究》,第三届(2008)中国管理学年会——组织与战略分会场2008年。

陈秀山:《中国区域经济问题研究》,商务印书馆2005年版。

陈瑜、谢富纪:《基于Lotka—Voterra模型的光伏产业生态创新系统演化路径的仿生学研究》,《研究与发展管理》2012年第3期。

邓明、钱争鸣:《资源禀赋与"资源—经济"系统的有序度——"资源诅咒"在中国省际层面的再检验》,《厦门大学学报》(哲学社会科学版)2012 年第 1 期。

董颖、石磊:《生态创新的内涵、分类体系与研究进展》,《生态学报》2010 年第 9 期。

段彩芹等:《矿产资源型城市经济转型中接替主导产业研究——以河北省迁西县为例》,《河北经贸大学学报》2011 年第 4 期。

范斐等:《社会、经济与资源环境复合系统协同进化模型的构建及应用——以大连市为例》,《系统工程理论与实践》2013 年第 2 期。

冯春萍:《德国鲁尔工业区持续发展的成功经验》,《石油化工技术经济》2003 年第 2 期。

付韬、张永安:《我国核型集群创新网络的多 agent 仿真研究》,《计算机应用研究》2010 年第 8 期。

高建民:《矿产资源型县域经济发展的困境与出路——关于河北省鹿泉市县域经济发展转型的调查报告》,《经济研究导刊》2011 年第 28 期。

龚常、游达明:《区域产业生态创新系统健康评价研究——以长株潭城市群为例》,《经济学家》2015 年第 6 期。

顾淑林:《包容性发展:历史经验和全球趋势》,《人民论坛》2011 年第 12 期。

关中:《玉门:被废弃的"石油城"》,《中国城市经济》2007 年第 6 期。

郭丕斌等:《煤炭资源型经济转型的困境与出路:基于能源技术创新视角的分析》,《中国软科学》2013 年第 7 期。

何爽:《国家创新系统国际化研究》,上海交通大学 2011 年。

胡剑波、刘辉:《我国区域工业生态创新效率评价——基于 SBM 模型和 CCR 模型的比较分析》,《科技管理研究》2014 年第 14 期。

黄溶冰、胡运权:《产业结构有序度的测算方法——基于熵的视角》,《中国管理科学》2006 年第 1 期。

黄玮强、庄新田:《网络结构与创新扩散研究》,《科学学研究》2007 年第 5 期。

黄裕婕等:《区域 PRED 系统发展的滚动模型建立方法的探讨——以江西省为例》,《系统工程理论与实践》1996 年第 8 期。

黄中伟、陈刚:《我国产业结构合理化理论研究综述》,《经济纵横》2003 年第 3 期。

《辉煌镌刻历史,发展缔造未来大庆油田发现 50 周年》,《国际石油经济》2009 年第 9 期。

计国君、刘华:《面向再制造的产品生态创新之演化博弈分析》,《科学学与科学技术管理》2013 年第 6 期。

柯善咨、赵曜:《产业结构、城市规模与中国城市生产率》,《经济研究》2014年第4期。

孔凡斌:《建立我国矿产资源生态补偿机制研究》,《当代财经》2010年第2期。

邝国良、冯延炜:《跨国R&D联盟的技术扩散博弈模型中政府的作用研究——以摩托车产业集群为例》,《特区经济》2006年第11期。

邝国良等:《珠江三角洲产业集群模式下技术扩散机制的博弈分析》,《科学学与科学技术管理》2007年第3期。

邝国良、张永昌:《我国产业集群模式下的技术扩散政策博弈分析》,《改革与战略》2005年第4期。

雷蕾:《资源枯竭型城市转型模式研究——以"白银模式"为例》,《甘肃联合大学学报》(社会科学版)2011年第6期。

李国平、宋文飞:《区域矿产资源开发模式、生态足迹效率及其驱动因素——对"资源诅咒"学说的另一种解读》,《财经科学》2011年第6期。

李慧珍:《邻近技术扩散的效应与评价研究》,南京航空航天大学2013年。

李佳蔚:《"废城"玉门》,《新城乡》2015年第5期。

李生祥、丛树海:《中国财政政策理论乘数和实际乘数效应研究》,《财经研究》2004年第1期。

李晟晖:《矿业城市产业转型研究——以德国鲁尔区为例》,《中国人口·资源与环境》2003年第4期。

李文超等:《生态创新促进经济可持续发展的路径研究》,《科学管理研究》2013年第2期。

李欣广:《可持续区域经济发展论》,中国环境科学出版社2002年版。

李新春:《国家在技术创新和扩散中的作用》,《科研管理》1994年第6期。

李学良:《白银市产业转型问题研究》,兰州大学2008年。

刘朝马:《国家创新系统的研究现状与展望》,《科技进步与对策》2006年第4期。

刘佳等:《中国旅游生态创新效率测度及其影响因素分析》,《改革与战略》2013年第9期。

刘力钢、罗元文:《资源型城市可持续发展战略》,经济管理出版社2006年版。

刘若斯:《网络嵌入性对企业绩效的影响——一个理论视角的探析》,《湖湘论坛》2008年第6期。

刘亦文、胡宗义:《能源技术变动对中国经济和能源环境的影响——基于一个动态可计算一般均衡模型的分析》,《中国软科学》2014年第4期。

刘志广等:《局域种群的 Allee 效应和集合种群的同步性》,《生态学报》2012 年第 1 期。

龙如银、汪飞:《基于系统观的资源型城市经济转型初探》,《管理学报》2008 年第 5 期。

龙如银、周德群:《矿业城市可持续发展的系统结构及其调控研究》,《科学管理研究》2003 年第 2 期。

娄策群:《技术创新扩散的创新技术信息传播机制》,《科技进步与对策》1999 年第 5 期。

罗家德:《网络理论、产业网络与技术扩散》,《管理评论》2003 年第 1 期。

罗荣桂、江涛:《基于 SIR 传染病模型的技术扩散模型的研究》,《管理工程学报》2006 年第 1 期。

马英林:《铁人王进喜的社会影响与历史贡献——纪念铁人王进喜诞辰 90 周年》,《大庆社会科学》2013 年第 5 期。

毛丰付、潘加顺:《资本深化、产业结构与中国城市劳动生产率》,《中国工业经济》2012 年第 10 期。

潘喜润:《基于产业集群的科技型中小企业技术创新战略研究》,《经济论坛》2008 年第 5 期。

庞博:《矿产资源开发对中国矿产资源型地区经济发展的影响及其机制研究》,西北大学 2013 年。

任保平:《衰退工业区的产业重建与政策选择》,中国经济出版社 2007 年版。

任家华:《基于低碳经济理念的产业集群生态创新研究》,《科技管理研究》2010 年第 23 期。

尚德萍等:《资源型城市的补偿机制》,《企业文明》2012 年第 12 期。

邵帅等:《资源产业依赖如何影响经济发展效率?——有条件资源诅咒假说的检验及解释》,《管理世界》2013 年第 2 期。

邵帅、齐中英:《西部地区的能源开发与经济增长——基于"资源诅咒"假说的实证分析》,《经济研究》2008 年第 4 期。

邵帅、杨莉莉:《自然资源丰裕、资源产业依赖与中国区域经济增长》,《管理世界》2010 年第 9 期。

邵帅、杨莉莉:《自然资源开发、内生技术进步与区域经济增长》,《经济研究》2011 年第 S2 期。

邵云飞等:《产业创新的新范式:生态创新研究》,《技术经济》2009 年第 6 期。

沈体雁等:《城市增长时空系统动态学模拟研究》,《系统工程理论与实践》2007 年第 1 期。

沈颖:《基于产业集群的技术创新扩散模型研究》,长沙理工大学 2009 年。

生延超:《要素禀赋、技术能力与后发地区技术赶超》,《湖南财经高等专科学校学报》2010 年第 5 期。

施晓清:《产业生态系统及其资源生态管理理论研究》,《中国人口·资源与环境》2010 年第 6 期。

石峰:《基于兰州白银区域经济一体化背景下的府际合作研究》,西北师范大学 2012 年。

宋梅、刘海滨:《从莱茵—鲁尔区的改造看辽中南地区资源型产业结构升级》,《中国矿业》2006 年第 7 期。

孙理军、严良:《基于生态创新系统的矿产资源密集型区域可持续发展模式研究》,《宏观经济研究》2012 年第 12 期。

汤长安:《产业集群初期技术创新扩散过程的博弈分析》,《科技管理研究》2008 年第 7 期。

唐汉清、邝国良:《产业技术扩散的博弈分析模型》,《科技进步与对策》2011 年第 17 期。

万会:《我国资源枯竭型矿业城市可持续发展评价及经济转型研究》,中国地质大学(北京)2006 年。

王帮俊等:《产业集群中技术创新扩散的学习机制——一个动态博弈分析的视角》,《工业技术经济》2009 年第 12 期。

王斌:《基于网络结构的集群知识网络共生演化模型的实证研究》,《管理评论》2014 年第 9 期。

王峰:《企业规模、效益、年龄和企业生存:理论与再认识》,《未来与发展》2011 年第 7 期。

王缉慈:《创新及其相关概念的跟踪观察——返朴归真、认识进化和前沿发现》,《中国软科学》2002 年第 12 期。

王今诚:《20 世纪 50 年代以来甘肃白银工业变迁研究》,西北大学 2010 年。

王青云:《德国鲁尔区是怎样推进经济转型的》,《中国城市经济》2007 年第 6 期。

王珊珊、王宏起:《技术创新扩散的影响因素综述》,《情报杂志》2012 年第 6 期。

王武科等:《农业科技园技术扩散的实证研究——以杨凌示范区为例》,《经济地理》2008 年第 4 期。

王晓琳等:《我国矿业循环经济与矿产资源综合利用问题研究》,《中国矿业》2010年第1期。

王志强:《研究型大学与美国国家创新系统的演进》,华东师范大学2012年。

王子龙等:《企业集群共生演化模型及实证研究》,《中国管理科学》2006年第2期。

吴海燕等:《国外区域创新体系最新研究现状与展望》,《科技管理研究》2011年第5期。

吴仲雄、高清平:《矿产资源可持续力评价研究》,《中国矿业》2007年第7期。

肖智等:《劳动力流动与第三产业的内生性研究——基于新经济地理的实证分析》,《人口研究》2012年第2期。

徐康宁、王剑:《自然资源丰裕程度与经济发展水平关系的研究》,《经济研究》2006年第1期。

徐舒等:《技术扩散、内生技术转化与中国经济波动——一个动态随机一般均衡模型》,《管理世界》2011年第3期。

许祥左:《德国鲁尔矿区产业转型的具体实践及其启示》,《煤炭经济研究》2013年第5期。

闫军印等:《矿业城市资源产业循环经济系统的设计与优化——以河北省唐山市为例》,《资源科学》2010年第7期。

杨开忠:《构建特色区域创新体系的三种途径》,《人民论坛》2006年第4期。

姚远:《定位的思考——谈大庆高新技术产业开发区的规划与建设》,《城市规划》2001年第3期。

尹冰囡:《企业技术创新过程模型研究——基于供应商和用户共同参与的模式》,《技术经济与管理研究》2012年第7期。

于喜展、隋映辉:《基于生命周期的资源产业转型与科技创新互动研究》,《内蒙古社会科学(汉文版)》2009年第5期。

于志明、孙宋芝:《资源型产业城市发展规律初探》,《经济问题探索》2009年第5期。

詹文亮:《踏寻石油足迹　感受摇篮气息——走进玉门油田矿史展览馆》,《石油政工研究》2014年第4期。

张复明:《资源型经济:理论解释、内在机制与应用研究》,山西大学2007年。

张海洋:《中国工业部门R&D吸收能力与外资技术扩散》,《管理世界》2005年第6期。

张树良等:《矿产资源领域国际科技发展态势分析》,《资源科学》2010 年第 11 期。

张贤平、胡海祥:《我国矿产资源开发对生态环境的影响与防治对策》,《煤矿开采》2011 年第 6 期。

张永安、付韬:《集群创新系统中知识网络的界定及其运作机制研究》,《科学学与科学技术管理》2009 年第 1 期。

张永安、付韬:《我国核型结构产业集群中小企业创新问题机理研究》,《科学学与科学技术管理》2010 年第 7 期。

张韵、钟书华:《基于产业链的生态创新》,《科技管理研究》2014 年第 5 期。

赵杨:《国家创新系统中的信息资源协同配置研究》,武汉大学 2010 年。

郑适、汪洋:《借鉴德国鲁尔工业区发展经验　推进吉林省产业结构调整》,《经济纵横》2006 年第 14 期。

周密:《非均质后发大国技术空间扩散的影响因素——基于扩散系统的分析框架》,《科学学与科学技术管理》2009 年第 6 期。

朱晓霞:《基于 SD 模型的 RIS 创新驱动力研究》,《科学学研究》2008 年第 6 期。

朱英明:《区域制造业规模经济、技术变化与全要素生产率——产业集聚的影响分析》,《数量经济技术经济研究》2009 年第 10 期。

祝树金等:《基于元胞自动机的技术扩散和吸收能力问题研究》,《系统工程理论与实践》2006 年第 8 期。

A.V.and D.B., "Choices without Prices without Apologies", *Journal of Environmental Economics and Management*, No.26(1994).

Allee W., *Animal Aggregations: A Study in General Sociology*, University of Chicago, 1931.

Antonelli C., "The Economics of Innovation, New Technologies and Structural Change", *Routledge*, 2014.

Arthur W.B., "Competing Technologies, Increasing Returns, and Lock-in by Historical Events", *The Economic Journal*, Vol.99, No.394(1989).

Arthur W., "Self-Reinforcing Mechanisms in Economics", *The economy as an evolving complex system*, No.5(1988).

Arundel A.and Kemp R., *Measuring Eco-Innovation* [*UNU-MERIT Working Paper Series* #2009-017], United Nations University – Maastricht Economic and Social Research and Training Centre on Innovation and Technology, 2009.

Auty R.M., "Industrial Policy Reform in Six Large Newly Industrializing Countries: The

Resource Curse Thesis", *World Development*, No.22(1994).

Ayres R.U., "On the Life Cycle Metaphor:Where Ecology and Economics Diverge", *Ecological Economics*, No.48(2004).

Barnett W.and Chen P., "The Aggregation-Theoretic Monetary Aggregates are Chaotic and Have Strange Attractors:An Econometric Application of Mathematical Chaos", *Dynamic Econometric Modeling*, *Cambridge University Press*, 1988.

Bastianoni S., Campbell D.E., Ridolfi R., et al., "The Solar Transformity of Petroleum Fuels", *Ecological Modelling*, No.220(2009).

Baumol W.J.and Wolff E.N., "Feedback From Productivity Growth to R & D", *In*: *Rsund F R F.Palgrave Macmillan UK*, 1983.

Baumol W.and Oates W., "The Theory of Environmental Policy", *Cambridge university press*, 1988.

Beise M.and Rennings K., "Lead Markets and Regulation:A Framework for Analyzing The International Diffusion of Environmental Innovations", *Ecological economics*, No. 52 (2005).

Belmonte-Beitia J., Woolley T.E., Scott J.G., et al., "Modelling Biological Invasions:Individual to Population Scales at Interfaces", *Journal of theoretical biology*, No.334(2013).

Bengt-Ake L., "National Systems of Innovation:Toward a Theory of Innovation and Interactive Learning", *London*, *Pinte*, 1992.

Benhabib J., "Adaptive Monetary Policy and Rational Expectations", *Journal of Economic Theory*, No.23(1980).

Berry B., "Hierarchical Diffusion:The Basis of Developmental Filtering and Spread in A System of Growth Centers, Forthcoming in N", *Growth centers in regional development*, 1970.

Bjørn T.and Asheim A I., "Regional Innovation Systems:The Integration of Local'Sticky' and Global'Ubiquitous'Knowledge", *The Journal of Technology Transfer*, No.27(2002).

Blazy J., Carpentier A., Thomas A., "The Willingness to Adopt Agro-Ecological Innovations:Application of Choice Modelling to Caribbean Banana Planters", *Ecological economics*, No.72(2011).

Braczyk H., Cooke P., Heidenreich M., *Regional Innovation Systems:The Role of Governances in a Globalized World*, UCL Press, 1998.

Brouillat E.and Oltra V., "Extended Producer Responsibility Instruments and Innovation in Eco-Design:An Exploration Through a Simulation Model", *Ecological economics*, No. 83

(2012).

Cai W.and Zhou X., "On The Drivers of Eco-Innovation: Empirical Evidence from China", *Journal of cleaner production*, No.79(2014).

Caniëls M., *Knowledge Spillovers and Economic Growth: Regional Growth Differentials Across Europe* M.A.: Edward Elgar Publishing, 2000.

Carrillo-Hermosilla D.J., González D.P.R.D., L.D.T.K.N., *What Is Eco-Innovation?*, In: Palgrave Macmillan UK, 2009.

Carrillo-Hermosilla J., Del Rio P., Konnola T., "Diversity of Eco-Innovations: Reflections From Selected Case Studies", *Journal of Cleaner Production*, No.18(2010).

Cascini G., Rotini F., Russo D., "Networks of Trends: Systematic Definition of Evolutionary Scenarios", *Procedia Engineering*, No.9(2011).

Chen W.and Chen J.L., *Eco-Innovation by Integrating Biomimetic Design and ARIZ*, In: Lien T K.Procedia CIRP, 2014.

Chenery H., Chenery H., Elkington H., "Structural Change and Development Policy", 1979.

Cooke P., "Regional Innovation Systems: Competitive Regulation in The New Europe", *Geoforum*, No.23(1992).

C.Van Hemela C, Cramerb J., "Barriers and Stimuli for Eco Design in SMEs", *Journal of Cleaner Production*, No.10(2002).

Dalmazzone S., Giaccaria S., "Economic Drivers of Biological Invasions: A Worldwide, Bio-Geographic Analysis", *Ecological Economics*, No.105(2014).

Davies H., Ellis P., "Porter's Competitive Advantage of Nations: Time for The Final Judgement?", *Journal of Management Studies*, No.37(2000).

De Medeiros J.F., Duarte Ribeiro J L, Cortimiglia M N., "Success Factors for Environmentally Sustainable Product Innovation: A Systematic Literature Review", *Journal of Cleaner Production*, No.65(2014).

Deffeyes K., Peak H., *The Impending World Oil Shortage*, Hubbert's Peak, 2001.

Demirel P., Kesidou E., "Stimulating Different Types of Eco-Innovation in the UK: Government Policies and Firm Motivations", *Ecological Economics*, No.70(2011).

Dietz F., Vollebergh H., "Institutional Barriers for Economic Instruments", *Handbook of Environmental Economics*, Edward Elgar, Cheltenham, 1999.

Dong Y., Wang X, Jin J, et al., "Research on Effects of Eco-innovation Types and Regulations on Firms Ecological Performance：Empirical Evidence from China", *J. of Eng. and Tech. Mgt*, 2013.

Etzkowitza H., Leydesdorffb L., "The Dynamics of Innovation：from National Systems and 'Mode 2' to a Triple Helix of University - Industry - Government Relations", *Research Policy*, No.29(2000).

F.M., *Sectoral Systems in Europe*, Cambridge University Press, 2004.

Fagerberg J., Verspagen B., "Innovation Studies—The Emerging Structure of a New Scientific Field", *Research Policy*, No.38(2009).

Faucheux S., Nicolai I., "IT for Green And Green IT：A Proposed Typology of Eco-Innovation", *Ecological Economics*, No.70(2011).

Ferrer J. B., Negny S., Cortes Robles G., et al., "Eco-Innovative Design Method for Process Engineering", *Computers & Chemical Engineering*, No.45(2012).

Franks D.M., Boger D.V., Cote C.M., et al., "Sustainable Development Principles for the Disposal of Mining and Mineral Processing Wastes", *Resources Policy*, No.36(2011).

Fukuda K., Watanabe C., "Japanese and US perspectives on the National Innovation Ecosystem", *Technology in Society*, No30(2008).

Fussler C., James P., "Driving Eco-innovation：A Breakthrough Discipline for Innovation and Sustainability", *London：Pitman Publishers*(1996).

FÜssler C., James P., *Driving Eco-Innovation*, Pitman Publishing, 1997.

Gemba K., Kodama F., "Diversification Dynamics of the Japanese Industry", *Research Policy*, No.30(2001).

Geroski P.A., "Models of Technology Diffusion", *Research Policy*, No.29(2000).

Giurco D., Cooper C., "Mining and Sustainability：Asking the Right Questions", *Minerals Engineering*, No.29(2012).

Gonzalez-Garcia S., Garcia Lozano R, Teresa Moreira M, et al., "Eco-innovation of a Wooden Childhood Furniture Set：An Example of Environmental Solutions in the Wood Sector", *Science of The Total Environment*, No.426(2012).

Grossman G., Helpman E., "Trade, Knowledge Spillovers and Growth", *European Economic Review*, No.35(1991).

Hartwick J., "Intergenerational Equity and the Investing of Rents from Exhaustible Resources", *The American Economic Review*, Vol.67, No.5(1977).

Hofstra N., Huisingh D., "Eco-innovations Characterized：a Taxonomic Classification of

Relationships between Humans and Nature", *Journal of Cleaner Production*, No.66(2014).

Horbach J., Rammer C., Rennings K., "Determinants of Eco-innovations by Type of Environmental Impact-The Role of Regulatory Push/Pull, Technology Push and Market Pull", *Ecological Economics*, No.78(2012).

Horbach J., "Determinants of Environmental Innovation—New Evidence from German Panel Data Sources", *Research Policy*, No.37(2008).

Hua Z., "Research on the Evaluation of China's Provincial Eco-Innovation Capability", *In: Zhang W.Energy Procedia*(2011).

HUANG R., HU Y., "A Metric Method of Industrial Ordered Structure Based on Shannon's Entropy", *Chinese journal of management science*, No.14(2006).

Huber J., "Pioneer Countries and the Global Diffusion of Environmental Innovations: Theses from the Viewpoint of Ecological Modernisation Theory", *Global Environmental Change-Human and Policy Dimensions*, No.18(2008).

Hudson J.C., "Diffusion in a Central Place System", *Geographical Analysis*, No.1 (1969).

Hur T., Lee J., Ryu H., et al., "Simplified LCA and Matrix Methods in Identifying the Environmental Aspects of a Product System", *Journal of Environmental Management*, No.75 (2005).

Jaffe A.B., Trajtenberg M, Henderson R., "Geographic Localization of Knowledge Spillovers as Evidenced by Patent Citations", *The Quarterly Journal of Economics*, Vol.108, No.3 (1993).

Jegatheesan V., Liow J.L., Shu L, et al., "The Need for Global Coordination in Sustainable Development", *Journal of Cleaner Production*, No.17(2009).

JOHN C.H., POUDER R.W., "Technology Clusters versus Industry Clusters: Resources, Networks, and Regional Advantages", *Growth and Change*, No.37(2006).

Karakaya E., Hidalgo A., Nuur C., "Diffusion of Eco-innovations: A Review", *Renewable & Sustainable Energy Reviews*, No.33(2014).

Kemp R., Foxon T., "Typology of Eco-innovation", *Project Paper: Measuring Eco-Innovation*, 2007.

Kesidou E., Demirel P., "On the Drivers of Eco-innovations: Empirical Evidence from the UK", *Research Policy*, No.41(2012).

Klewitz J., Hansen E.G., "Sustainability-oriented Innovation of SMEs: a Systematic Review", *Journal of Cleaner Production*, No.65(2014).

Kobayashi H., "A Systematic Approach to Eco-Innovative Product Design Based on Life Cycle Planning", *Advanced Engineering Informatics*, No.20(2006).

Krajnc D., Glavi P., "A Model for Integrated Assessment of Sustainable Development", *Resources, Conservation and Recycling*, No.43(2005).

Krugman P., *Geography and trade*, MIT press, 1991.

Krugman P., "Increasing Returns and Economic Geography", *National Bureau of Economic Research*, 1990.

Krutilla J.V., "Conservation Reconsidered", *The American Economic Review*, Vol.57, No.4(1967).

Lee V., Ooi K., Chong A.Y., et al., "Creating Technological Innovation via Green Supply Chain Management: An empirical Analysis", *Expert Systems with Applications*, No.41(2014).

Lin H., Zeng S.X., Ma H.Y., et al., "Can political Capital Drive Corporate Green Innovation? Lessons from China", *Journal of Cleaner Production*, No.64(2014).

Malerba F., *Sectoral Systems in Europe*, Cambridge University Press, 2004.

Mansfield E., Lee J., "The Modern University: Contributor to Industrial Innovation and Recipient of Industrial R&D Support", *Research policy*, No.25(1996).

Mansfield E. "Academic Research and Industrial Innovation", *Research policy*, Vol.20, No.1(1991).

Mansfield E., "Technical Change and the Rate of Imitation", *Econometrica*, Vol.29, No.4 (1961).

Meadows D.H., Meadows D.L., Randers J., "Beyond the Limits: Global Collapse or A Sustainable Future", *Earthscan Publications Ltd.*, 1992.

Mehlum H., Moene K., torvik R., "Institutions and the Resource Curse", *The Economic Journal*, Vol.116, No.508(2006).

Mistro D. C., Diaz Rodrigues L. A., Petrovskii S., "Spatiotemporal Complexity of Biological Invasion in a Space-And Time-Discrete Predator-Prey System with the Strong Allee Effect", *Ecological Complexity*, No.9(2012).

Montobbio F., "An Evolutionary Model of industrial Growth and Structural Change", *Structural Change and Economic Dynamics*, Vol.13, No.4(2002).

Morrill R.L., "Waves of Spatial Diffusion", Journal of Regional Science, Vol.8, No.1 (1968).

Morris B., "*Can Differences in Industrial Structure Explain Divergences in Regional Economic Growth?*", Bank of England Quarterly Bulletin, Summer, 2001.

Mortensen P., Bloch C., "*Oslo Manual-Guidelines for Collecting and Interpreting Innovation Data*", Organisation for Economic Cooporation and Development, OECD, 2005.

Müller M.O., St Mpfli A., Dold U., et al., "Energy Autarky: A Conceptual Framework for Sustainable Regional Development", *Energy Policy*, Vol.39, No.10(2011).

Negny S., Belaud J.P., Cortes Robles G., et al., "Toward an Eco-innovative Method based on a Better Use of Resources: Application to Chemical Process Preliminary Design", *Journal of Cleaner Production*, No.32(2012).

North D.C., "*Institutions, Institutional Change and Economic Performance*", Cambridge University Press, 1990.

Organisation for Economic Co-operation and Development (Paris)., "*Eco-innovation in Industry: Enabling Green Growth*", OECD, 2009.

Pearce D.W., Atkinson G.D., "Capital Theory and the Measurement of Sustainable Development: An indicator of 'Weak' Sustainability", *Ecological Economics*, Vol.8, No.2(1993).

Pedersen P.O., "Innovation Diffusion within and between National Urban Systems", *Geographical Analysis*, Vol.2, No.3(1970).

Peneder M., "Industrial Structure and Aggregate Growth", *Structural Change and Economic Dynamics*, Vol.14, No.4(2003).

Prior T., Giurco D., Mudd G., et al., "Resource Depletion, Peak. Minerals and the Implications for Sustainable Resource Management", *Global Environmental Change*, 2011.

Przychodzen J., Przychodzen W., "Relationships Between Eco-innovation and Financial Performance-Evidence from Publicly Traded Companies in Poland and Hungary", *Journal of Cleaner Production*, No.90(2015).

Pujari D., "Eco-innovation and New Product Development: Understanding the Influences on Market Performance", *Technovation*, Vol.26, No.1(2006).

Quitzow R., Walz R., Köhler J., et al., "The Concept of "Lead Markets" Revisited: Contribution to Environmental Innovation Theory", *Environmental Innovation and Societal Transitions*, No.10(2014).

Radetzki M., "*Is Resource Depletion a Threat to Human Progress? Oil And Other Critical Exhaustible Material*", Energex 2002: Energy Sustainable Development±A Challenge for the New Century, 2002.

Rennings K. , Wiggering H. , "Steps towards Indicators of Sustainable Development: Linking Economic and Ecological Concepts" , *Ecological Economics* , Vol.20 , No.1 (1997).

Rennings K. , " Redefining Innovation-Eco-innovation Research and the Contribution from Ecological Economics" , *Ecological Economics* , Vol.32 , No.2 (2000).

Robinson J. A. , torvik R , Verdier T. , "Political Foundations of the Resource Curse" , *Journal of Development Economics* , Vol.79 , No.2 (2006).

Rogers E. , "*Diffusion of Innovation*" , Edition , 4th , New York , NY : Free Press , 1995.

Rothenberg S. , Zyglidopoulos S. , "Determinants of Environmental Innovation Adoption in the Printing Industry" , 2003.

Russo D. , Bersano G. , Birolini V. , et al. , "European Testing of the Efficiency of Triz in Eco-innovation Projects for Manufacturing Smes" , *Procedia Engineering* , No.9 (2011).

Russo D. , Rizzi C. , Montelisciani G. "Inventive Guidelines for a TRIZ-based Eco-design Matrix" , *Journal of Cleaner Production* , No.76 (2014).

Russo D. , Rizzi C. , "Structural Optimization Strategies to Design Green Products" , *Computers in Industry* , No.3 (2014).

Santolaria M. , Oliver-Sola J. , Gasol C.M. , et al. , "Eco-Design in Innovation Driven Companies : Perception , Predictions and the Main Drivers of Integration. The Spanish Example" , *Journal of Cleaner Production* , Vol.19 , No.12 (2011).

Schilling M. , Chiang L. , "The Effect of Natural Resources on a Sustainable Development Policy : The Approach of Non-Sustainable Externalities" , *Energy Policy* , Vol.39 , No.2 (2011).

Schumpeter J. , *The Theory of Economic Development : An Inquiry into Profits , Capital , Credit , interest , and the Business Cycle* , Ransaction Publishers , 1934.

Sezen B. , Çankaya S. Y. , "Effects of Green Manufacturing and Eco-innovation on Sustainability Performance" , *Procedia-Social and Behavioral Sciences* , Vol.99 , No.6 (2013).

Taylor M. , "Beyond Technology-Push And Demand-Pull : Lessons from California's Solar Policy" , *Energy Economics* , Vol.30 , No.6 (2008).

Tilton J. E. , Lagos G. , " Assessing the Long-Run Availability of Copper " , *Resources Policy* , No.32 (2007).

Triguero A. , Moreno-Mondejar L. , Davia M.A. , "Drivers of Different Types of Eco-innovation in European Smes" , *Ecological Economics* , No.92 (2013).

Valero A. , Valero A. , Arauzo I. "Evolution of the Decrease in Mineral Exergy Throughout the 20th Century. The Case of Copper in The Us" , *Energy* , Vol.33 , No.2 (2008).

Valero A., Valero A., "A Prediction of the Exergy Loss of The World's Mineral Reserves in the 21st Century", *Energy*, Vol.36, No.4(2011).

Valero A., Valero A., "Physical Geonomics: Combining the Exergy and Hubbert Peak Analysis for Predicting Mineral Resources Depletion", *Resources, Conservation and Recycling*, Vol.54, No.12(2010).

Vatin A., Bromley D., "Choices without Prices without Apologies", *Journal of Environmental Economics and Management*, No.26(1994).

Wang G., Liang X.G., Wang F.Z., "The Competitive Dynamics of Populations Subject to An Allee Effect", *Ecological Modelling*, No.124(1999).

Wang Q., Huang W., "Limit Periodic Travelling Wave Solution of a Model for Biological Invasions", *Applied Mathematics Letters*, No.34(2014).

Watts D.J., Strogatz S.H., "Collective Dynamics of 'Small-World' Networks", *Nature*, No.393(1998).

Weber C.L., Peters G.P., Guan D., et al., "The Contribution of Chinese Exports to Climate Change", *Energy Policy*, Vol.36, No.9(2008).

Wilts H., Dehoust G., Jepsen D., et al., "Eco-innovations for Waste Prevention-Best Practices, Drivers and Barriers", *Science of The total Environment*, No.461(2013).

Yang C.J., Chen J.L., "Accelerating Preliminary Eco-innovation Design for Products that Integrates Case-Based Reasoning and TRIZ method", *Journal of Cleaner Production*, No.19 (2011).

Zabalza Bribian I., Valero Capilla A., Aranda Uson A., "Life Cycle Assessment of Building Materials: Comparative Analysis of Energy and Environmental Impacts and Evaluation of the Eco-Efficiency Improvement Potential", *Building And Environment*, Vol.46, No.5(2011).

Zhou S.R., Wang G., "Allee-Like Effects in Metapopulation Dynamics", *Mathematical Biosciences*, Vol.198, No.1(2004).

后　记

从全球的范围来看，几乎没有哪个矿产资源产区最终不会落入矿竭城衰的怪圈，此时的萧条往往映射着彼时的辉煌。远到20世纪德国的鲁尔，近到门可罗雀的日本夕张，城市在经济发展模式走到尽头之后的选择，困扰着一代又一代城市的管理者。与其他产业模式相异，矿产资源产业的发展紧密围绕着不可再生的矿产资源，其区域产业要素的形成随着时间的推移效率逐渐走低。从产业自身发展的逻辑来看，这种要素效率几乎意味着在这种情境下的可持续发展形同空谈。

资本的冷漠有时候是抵御经济要素效率下滑的有力手段，矿在城在、城在人在是西方对于矿产资源开发选择的真实写照。一旦区域矿储下降到资本不愿在此逐利的水平，那些随着矿区发展而兴建的小镇、交通体系、工业布局和第三产业就会随之烟消云散。在资本浮华退却的海滩上，往往留下的不过是一地鸡毛，从19世纪美国西部淘金热潮的退散和今天阿拉巴契亚地区煤炭城市的衰落可见一斑。

但在中国，当一座城市的血管真正地植根于一片土地之后，当一种产业通过人口迁移真正成为当地居民赖以生存的途径之后，城市的管理者和产业的投资人真的很难把这一切都当作从来没有发生过的事情。为矿产资源密集型区域寻找一条真正可持续发展的道路是他们无法回避，也不能回避的唯一选择。

国家社会科学基金（12BJL074）"矿产资源密集型区域可持续发展研究——基于生态创新系统的视角"的研究高度关注了这一主题，它为我们的资源枯竭型城市的可持续发展迷思，理出了一条清晰的路径。

课题组并没有在一开始就尝试从非常宏观的层次来归纳矿产资源密集型区域发展的桎梏，而是通过三个各不相同故事，从微观视角逐步揭示了三座命运不同的矿产资源密集型城市发展的脉络。这其中有早已享誉千年的铁山大冶、有西北高原上曾经的经济明珠白银，还有承载着新中国希望与梦想的石油城大庆。虽然它们所面临困境的原因都一样，但是故事却有着不同的结局。

一个陷入产业布局的迷思，一个徘徊于对地下矿藏的渴望，一个执着地在暮冬中重生。通过对这些城市的案例分析，我们看到了不同的可持续发展的思路，一种深植于城市和区域现实的有利选择，而非妄求放之四海而皆准的灵丹妙药。这往往是事情的关键，尽管困境有着极高的相似性，但是区域差异导致的经济要素配置的不同往往会影响城市重生的路径。交通禀赋、区域中心度、人力资源可获性、下游产业布局方向等，都会对城市做出的艰难选择造成足够大的影响。我们可以看到，有的城市选择依赖周边核心城市产业外溢的历史机遇，有的城市在资源勘察的角度上不断前进，有的城市则通过小微技术企业的嵌入从底层改变原有产业结构的布局。

那么，推动这种可持续发展和产业结构调整的终极力量又是什么？本书给出了回答，生态创新系统。

唯有生态创新系统能够将传统产业铸就起来的参天藩篱打碎，让新的经济要素涌进曾经顽固、不可改变的产业生态系统。为什么有的矿产资源密集型区域不能完成转型而放弃城市本身，恰恰在于新技术的缺失让传统产业错过了宝贵的转型机遇，没有新人力资源的替代效应，反而会让产业沉沦加速，最终流失几乎所有的人口。我们不能忘却，不过 20 年前，曾经代表着中国 20 世纪石油工业的老玉门从地图上消失，今天留在长长戈壁滩上的断壁残垣和孤独的钻井,除了被黄沙湮没将不会再有其他结局。这令人伤感的故事恰恰说明,一旦停止创新活动,产业结构单一的城市必将走向终结。

这是本书最大的贡献所在,它为矿产资源密集型区域探寻可持续发展的路径开创了一种新的视角,当固有的产业不能再支撑城市的发展时,一个真正的创新系统会把这种矛盾掩埋在黄沙之下,让区域的发展焕发勃勃生机。书中特别从产业的有序度和规模两个关键的指标入手,通过对产业规模的刻画来反映新旧动能之间转化的效果,而通过产业有序度来描绘创新活动在本地经济系统之中的适配水平,这两个关键的节点正是体现出生态创新是如何植根于矿产资源密集型区域的经济系统之中,从底层撬动原本僵化、封闭的传统产业链条。

当然,并不是每一个矿产资源密集型城市都能够走出一条相同的自救道路,这需要城市管理、劳动力、技术和资本四者充分地融合并提升效能,结合实际,因地制宜。由于本书的篇幅有限所致,也不能穷尽中国所有矿产资源密集型区域和枯竭型城市的现实,这需要在未来的研究工作中进一步扩充,当然,研究要有所为有所不为,聚焦关键,方能破解谜题。

回首新中国发展的画卷,矿产资源密集型区域无论是在计划经济的昨天,还是改革不断深入的当下,都是国家经济发展当仁不让的动力核心,关注它们的未来,正是为了不让玉门这样的悲剧重演,以供给侧改革为工具,借"一带一路"倡议之势,坚持用创新驱动产业升级,方是实现可持续未来的不二法门。

在本书成书的过程中,引用了大量先贤的研究成果,他们富有创新的工作是本书的关键基础。同时,在这里还需要感谢所有支持过课题组的组织和个人,特别要感谢国土资源部对课题组的大力支持,每每在研究中面对困难和挫折时,国土资源部的领导和专家们都会给予课题组无私的帮助,尤其是研究数据和其他难以收集的资料。本书中所选取的三个案例都是在课题组成员实地调研的基础上完成的,同时为了进一步保证研究的客观性,还选取了河南、山西、甘肃等地作为对比的对象进行调查研究。在调研的过程中，课题组得到了当地政府、国土资源管理部门和企业的大力支持，要特别感谢国家图书馆、中国地质博物馆、湖北省地质局、青海省有色地质矿产勘查局、河南省国土资源厅、甘肃白银市政府、国投煤炭公司河南省分公司等部门，没有他们的帮助，课题组无法取得第一手详尽的资料以展开论证分析。而基于这些调查研究形成的调研报告和咨询报告，课题组也在第一时间向这些部门报送，获得了一致的好评。

笔落之时，回望数年光阴，这些文字虽洒洒千言，但绝非一人之力，朝夕之功。课题组那些默默奉献的研究人员、博士生和硕士生，在无数个日夜挥汗如雨，或潜行于荒野，或笔耕于案前，在此篇幅有限，不能一一致谢，但厦高千尺，维基深千丈，正是他们不计名利的付出才为课题研究和专著的出版打下坚实的基础。

从铁山的清晨，到兴安岭的黄昏；从塞外戈壁的初雪，到南望山前的细雨，矿产资源区域和产业发展的话题，流经岁月，虽历经层层的洗练，却从不曾消褪。

城空人已往，宝竭亦非伤，造化虽有尽，智慧把功藏。

作　者

2018 年 7 月于武汉

责任编辑:张　燕
封面设计:石笑梦
封面制作:姚　菲
版式设计:胡欣欣
责任校对:周晓东

图书在版编目(CIP)数据

矿产资源密集型区域可持续发展研究:基于生态创新系统的视角/严良,武剑,
　孙理军 著. —北京:人民出版社,2020.12
ISBN 978－7－01－022606－4

Ⅰ.①矿…　　Ⅱ.①严…②武…③孙…　　Ⅲ.①矿产资源-资源经济-经济
　可持续发展-研究-中国　　Ⅳ.①F426.1

中国版本图书馆 CIP 数据核字(2020)第 212229 号

矿产资源密集型区域可持续发展研究
KUANGCHAN ZIYUAN MIJIXING QUYU KECHIXU FAZHAN YANJIU
——基于生态创新系统的视角

严 良　武 剑　孙理军　著

人民出版社 出版发行
(100706　北京市东城区隆福寺街 99 号)

中煤(北京)印务有限公司印刷　新华书店经销

2020 年 12 月第 1 版　2020 年 12 月北京第 1 次印刷
开本:710 毫米×1000 毫米 1/16　印张:17.75
字数:277 千字

ISBN 978－7－01－022606－4　定价:69.00 元

邮购地址 100706　北京市东城区隆福寺街 99 号
人民东方图书销售中心　电话 (010)65250042　65289539